二战战役

# 法西斯的覆灭
FAXISI DE FUMIE

## 攻克柏林
GONGKE BOLIN

杨隽 编著

中国书籍出版社
China Book Press

图书在版编目（CIP）数据

法西斯的覆灭：攻克柏林 / 杨隽编著 . — 北京：中国书籍出版社，2015.3
ISBN 978-7-5068-4807-7

Ⅰ . ①法… Ⅱ . ①杨… Ⅲ . ①柏林战役（1945）—通俗读物 Ⅳ . ① E195.2-49

中国版本图书馆 CIP 数据核字（2015）第 054277 号

## 法西斯的覆灭：攻克柏林

杨隽　编著

| | |
|---|---|
| 图书策划 | 武　斌　崔付建 |
| 责任编辑 | 戎　骞 |
| 责任印制 | 孙马飞　马　芝 |
| 出版发行 | 中国书籍出版社 |
| 地　　址 | 北京市丰台区三路居路 97 号（邮编：100073） |
| 电　　话 | （010）52257143（总编室）　（010）52257140（发行部） |
| 电子邮箱 | chinabp@vip.sina.com |
| 经　　销 | 全国新华书店 |
| 印　　刷 | 北京世纪雨田印刷有限公司 |
| 开　　本 | 710 毫米 × 1000 毫米　1/16 |
| 字　　数 | 244 千字 |
| 印　　张 | 17 |
| 版　　次 | 2015 年 5 月第 1 版　　2015 年 5 月第 1 次印刷 |
| 书　　号 | ISBN 978-7-5068-4807-7 |
| 定　　价 | 29.80 元 |

版权所有　翻印必究

# · 前 言 ·

## 四面楚歌的第三帝国

1944年6月6日，盟军出动1万多架飞机，近6000艘舰船，再加上接近300万人的强大兵力，发起人类历史上最大规模的登陆战。在盟军强大的空军和海军火力下，希特勒反复吹嘘的"大西洋壁垒"防线顷刻间土崩瓦解，盟军数百万大军在法国诺曼底登陆。盟军上岸后，立即巩固滩头阵地，并向法国腹地进攻。

美国新成立的第3集团军司令巴顿将军，跟德国的古德里安和隆美尔一样，擅长于利用坦克进行突击作战。7月30日，他麾下的坦克部队攻克阿弗朗什之后，即让布列塔尼半岛的德军自生自灭，然后，他率领自己的部队挥师东向，对仍然在诺曼底一线作战的德军进行一次大包抄。

8月18日，巴顿所部、英国和加拿大的部队合力将西线德军主力包围在法莱斯一带。接着，在盟军绝对优势的空军和地面火力打击下，德军部署在西线的两个集团军被全部消灭，德国在法国和比利时的防御也随之瓦解。

8月23日，盟军进至巴黎东南方和西北方的塞纳河一线，两天以后，雅克·勒克莱尔将军所率领的"自由法国"第2装甲师和美国第4步兵师攻入巴黎。

驻防在法国首都的德军部队难以抵挡盟军的进攻，他们仓皇撤出巴黎，向东逃窜。德军撤退时，由于时间紧迫，甚至没能来得及炸毁塞纳河上的一些桥梁。

8月25日，巴黎这座被德国占领了4年之久、有法兰西荣誉之称的伟大城市被盟军收复。

盟军收复巴黎以后，并未停止前进的步伐，他们向东追击，持续打击德军。德军无法抵挡盟军的进攻，只好向着德国本土方向逃窜。

1944年9月1日，已经晋升为元帅的蒙哥马利率领加拿大第1集团军和英国第2集团军攻入比利时。

9月3日，布鲁塞尔解放。

9月4日，盟军兵临比利时海港城市安特卫普。驻防在安特卫普港的德军没有料到盟军的进展如此之快，他们自忖无法挡住盟军的进攻，就赶紧脚底板抹油，逃之夭夭。

德军在撤出安特卫普港时，没有来得及破坏安特卫普的港口设备。这对盟军来说无疑是一大喜事，因为该港口中的障碍物一旦被扫清，就可以成为继法国的瑟堡港之后，美英盟军的又一个主要供应基地。

在英国和加拿大部队的南面，霍奇斯将军所部美国第1集团军以同样快的速度攻入比利时东南部，将纳缪尔和列日收入盟军囊中。

在第1集团军南面，巴顿所部第3集团军攻克凡尔登，将梅茨团团围住，并进抵摩泽尔河畔。

在贝尔福山峡，美国第3集团军与法美第7集团军成功会合。法美第7集团军的指挥官是亚历山大·派契将军，该集团军于1944年8月15日在法国南部海岸一带登陆，并由南至北攻击前进，直抵德法边境地带。

到1944年8月底，西线德军已经损失50万人，其中超过半数被盟军俘虏。除去这些人员损失之外，德军还损失了几乎全部的坦克、重炮和载重汽车。

德国B集团军群参谋长斯派达尔对西线的糟糕战局这样形容道："地面部队已经不复存在，更不要说空军了。"

而9月4日又被重新任命为西线总司令的伦德施泰特干脆这样说道："战争已经结束了！"

1944年6月至9月，对于德国来说，西线的局势极为糟糕，而东线的局势同样不容乐观!

1944年6月10日,为策应美英盟军在西线发起的登陆战,苏军在东线发起声势浩大的夏季攻势,在苏军钢铁洪流的冲击下,德军防线顿时土崩瓦解。

截至8月中旬,东线的北面战场,苏联红军攻至东普鲁士边界,在波罗的海地区包围了德军50个师,深入到了芬兰的维堡,消灭了德军的中央集团军,并最终抵达与华沙隔河相望的维斯瓦河东岸。

同时,在东线的南面战场,苏军从8月20日开始发起新的攻势,他们当月月底就占领了罗马尼亚,以及为德军提供燃料的重要油田——普罗耶什特油田。

8月26日,德国的盟国保加利亚宣布退出战争,并宣布德军必须从该国撤退,不然就将遭到保加利亚军队的攻击。希特勒不希望德国再多树一个敌人,他命令驻扎在保加利亚的德军撤走。

9月间,德国的另一盟国芬兰也宣布退出战争,并向拒绝撤离其领土的德军开火。

此时,从东西两线的局势来看,德军连吃败仗,纳粹德国的最终失败已经不可避免,但是希特勒却不这么想。希特勒的手下们曾经提议跟美英盟军媾和,但他断然拒绝,他决心战斗到底。

1944年8月31日,希特勒在元首大本营对一些将军们训话,试图给他们灌输铁的意志并鼓舞士气。他说道:"我们在必要时将在莱茵河上作战。这没有什么了不起的。我们在任何情况下都要战斗下去,正如腓特烈大王所说,要一直打到那个该死的敌人精疲力竭不能再战为止。我们要作战到底,一直打到赢得50～100年内能够保障德国民族生命安全的一个和平局面为止,为了这个和平局面,首先不能像1918年那样再一次地玷污我们的荣誉,我活着就是为了领导这一战斗,因为我知道,如果在这样战斗背后没有铁的意志,这场战斗是不能胜利的。"

德国元首说完了激励士气的话,接着对自己的将领们提出了严厉的警告,他说道:"不管是谁,不管他的职务有多高,如果胆敢在我面前说出和平而不是胜利，我都要毫不犹豫地拧下他的脑袋。"

德国的将军们听完希特勒的警告，顿感脊背发冷，他们再也不敢提谈判这件事，他们不得不率领自己的部队跟盟军作战到底，直到他们的祖国走向毁灭！

为了保卫德国本土，纳粹的首脑们想尽了一切办法！他们规定15～18岁的孩子和50～60岁的男子都必须应召入伍。从1944年9月到10月，纳粹政府通过在大学、中学、政府部门和工厂中竭力挖掘，一共给德国陆军拼凑出了50万人的军队。

盟国方面见纳粹已经走到了穷途末路，却依然不肯投降，就决定东西夹击，攻入柏林，终结第三帝国，将法西斯完全埋葬！

毫无疑问，战斗仍将继续，盟军的最终目标是：攻克柏林。

## 第一章　西线鏖战

第一节　市场—花园行动 …………………………………… 2
第二节　遥远的桥 …………………………………………… 8
第三节　"莱茵河看守"计划 ………………………………… 15
第四节　阿登反击战 ………………………………………… 21
第五节　"秋雾计划"破产 …………………………………… 27

## 第二章　从维斯瓦河到奥得河

第一节　东线危局 …………………………………………… 34
第二节　维斯瓦河"样板房" ………………………………… 41
第三节　维斯瓦河—奥得河战役 …………………………… 48

## 第三章　政治角力

第一节　纳粹的最后一根救命稻草 ………………………… 58
第二节　雅尔塔会议 ………………………………………… 66

### 第四章　莱茵河战役

第一节　美英盟军新的进攻计划 …………………………… 76
第二节　清扫莱茵河西岸 …………………………………… 83
第三节　夺桥行动 …………………………………………… 91
第四节　横渡莱茵河 ………………………………………… 99
第五节　横扫德国中部 ……………………………………… 107

### 第五章　苏军的后方大清理

第一节　侧翼危机 …………………………………………… 116
第二节　西里西亚战役和波森攻防战 ……………………… 123
第三节　肃清波美拉尼亚、西普鲁士和东普鲁士的德军 …… 130

### 第六章　目标柏林

第一节　争夺柏林 …………………………………………… 140
第二节　苏军在进攻柏林前的准备 ………………………… 149
第三节　德军为保卫首都而做的准备 ……………………… 156

## 第七章　突破奥得—尼斯河防线

第一节　逼近柏林 …… 166
第二节　苏军的侧翼攻势 …… 176
第三节　希特勒的最后一个生日 …… 185
第四节　苏军就在柏林城外 …… 193

## 第八章　兵围德国首都

第一节　纳粹高层的闹剧 …… 204
第二节　孤军困守柏林城 …… 211
第三节　紧缩包围圈 …… 218

## 第九章　欧洲的最后一战

第一节　向柏林市中心突进 …… 226
第二节　攻克德国国会大厦 …… 234
第三节　希特勒自尽 …… 243
第四节　德国法西斯覆灭 …… 251

## 第一章

### 西线鏖战

攻克柏林

## 第一节
## 市场—花园行动

1944年8月底，欧洲的西线战场上，盟军的形势一片大好。诺曼底登陆战胜利结束之后，西线德军损失了绝大部分的兵力和几乎所有的重型装备，其残余部队纷纷逃窜至比利时、荷兰、法国东部地区以及德国本土。

9月初，盟军兵分两路，追在溃退德军的身后，向比利时和法国东部地区发动新一轮的攻势。

9月3日，蒙哥马利率领英、加军队收复比利时首都布鲁塞尔，次日，又收复安特卫普，眼看着就要攻入荷兰境内。

在蒙哥马利的南面，布莱德利率领美国第1集团军攻克了比利时境内距离德国本土已经不远的纳缪尔和列日。在第1集团军的南面，巴顿率领美国第3集团军解放了法国东部地区，并进至德法边境地带。

当时，盟军的进展是如此之快，以至于盟军内部不少人产生了一种乐观的情绪，他们普遍认为，德国已经完全丧失了还手之力，攻占德国本土根本就是小菜一碟，胜利必将很快到来。

就连德国的将军们都认为，盟军如果继续进攻德国本土，德军根本就没有还手之力。

德军的将领们如此悲观，是因为在诺曼底战役期间，德军的西线精锐部队被盟军一扫而光，新征集的部队还在训练之中，无法支援前线，而从盟军手里侥幸逃脱的少量残兵败将，根本不足以守卫那条拱卫德国本土的"齐格菲"防线。

正当德军的将领们心怀忐忑，生怕盟军进攻德国本土之际，一件令他们万分费解的事情发生了,西线盟军不知何故居然停止进攻。

而停止进攻的原因主要是盟军后勤补给跟不上!

现代军队作战时,对后勤补给的要求极高,比如各种车辆和装甲车需要燃油、步兵需要子弹、炮兵需要炮弹。

盟军所需要的全部物资必须先在英国装船,运至瑟堡港和诺曼底的海滩上卸载,再用汽车运输接近400公里才能抵达前线。

用汽车运输物资,不仅运量小,还因为受到法国糟糕路况的拖累,速度也极为缓慢,这就使得前线部队极度缺乏物资。

没有足够的枪支弹药、燃油、粮秣和被服,盟军无力发动大规模的攻势,只能待在原地不动。

就这样,1944年9月上旬,盟军不得不停止前进,开始积攒力量,为下一阶段的进攻做准备。

在盟军积攒力量的同时,盟军总司令艾森豪威尔和英国陆军元帅蒙哥马利之间,在制定进攻德国本土的战略方针时,产生了一点小分歧。

艾森豪威尔认为德国虽然在西线损兵折将,一败涂地,但是其战斗力依然不可小觑,所以他主张盟军必须积攒了足够的力量之后,再沿着德法、德比边境这一条"宽阔的战线"向莱茵河推进,一步一步地压垮德国。

而蒙哥马利受到弥漫全军的乐观情绪的影响,误以为德军已经丧失了战斗力,就

艾森豪威尔

极力向艾森豪威尔推销一个带有一剑封喉性质，但是同时也极其冒险的行动计划。

蒙哥马利表示，为了在圣诞节之前结束这场旷日持久的战争，他打算集中盟军的绝大部分力量，以比利时为跳板，利用空降部队，夺取荷兰境内主要河流上由德军控制的一系列桥梁。

取得这些桥梁的控制权之后，在德军尚未有所反应之前，让盟军的装甲部队快速突击，穿过上述桥梁，跨越莱茵河这个德国边境上最后一个天然屏障，直接攻击德国的"心脏"——鲁尔工业区，摧毁德国的军工设备，然后直捣柏林，完全击败德国，获取最终胜利。

为实现这一构想，蒙哥马利及其参谋人员周密计划，制作出了一份名叫"市场—花园"的行动计划。

该项计划由两部分组成：

第一部分是"市场"行动，指空降部队的作战，盟军的空降兵负责攻占莱茵河流域的桥梁及附近地区。

在"市场"行动中，出战的是盟军第1空降军团的美国第101空降师、美国第82空降师、英国第1空降师，以及波兰军队的1个独立伞兵旅。

这些空降部队中，泰勒少将指挥美国第101空降师，负责占领荷兰艾恩德霍芬西北方的桥梁，以及费赫尔附近的一座桥梁；加文准将指挥美国第82空降师，负责夺占赫拉佛，以及奈梅亨大桥；乌奎特少将指挥英国第1空降师、波兰独立伞兵旅，负责夺占位于荷兰北方阿纳姆地区的公路桥梁，以及位于欧斯特贝克的铁路桥梁。

等到空降部队夺得桥梁控制权之后，再实施"花园"行动。

"花园"行动，指地面部队的进攻。进攻发起时，以英国第2集团军为主的地面部队，将从比利时出发，越过比、荷边界，向北直抵阿纳姆地区。

担负盟军地面进攻先锋任务的是英国第30军，该军管辖1个装甲师和2个机械化步兵师，作战任务是在正面地段上突破德军防线，利用空降兵在该军进攻地带内夺取的桥梁，跨越河流障碍，沿着艾恩德霍芬、赫拉佛、奈梅亨、抵达阿纳姆，为盟军下一步进攻奠定基础。

当这份作战计划摆在艾森豪威尔面前时，盟军总司令简直不敢相信这是一贯谨慎的蒙哥马利拟定的作战计划，他完全不同意这个冒险味儿十足的"市场—花园"计划，他坚持从正面进攻德国本土。

蒙哥马利见艾森豪威尔不同意他的计划，就到盟军高层去告状，他请求丘吉尔出面，向美国人施压，迫使他们同意"市场—花园"行动计划。

蒙哥马利

英国首相丘吉尔非常乐意出面帮忙，因为一向谨慎的蒙哥马利制定出如此冒险的计划，有他一份功劳。

1944年9月8日，英国首都伦敦再度面临着一个可怕的威胁，这一威胁来自德国新式武器——"复仇天使"V2飞弹，这种新式飞弹比V1飞弹更先进，也更难以应付。

当时，不断有V2飞弹越过海峡，在英国国土上爆炸。这些来无影去无踪的飞弹不仅会引发火灾，还会造成英国民众的恐慌。为了躲避飞弹的袭击，不少英国人被迫离开英吉利海峡沿岸地区，向西迁移。

丘吉尔认为，必须阻止德国V2飞弹侵袭英国本土，以免这种新式武器对战况产生不利的影响。

通过英国情报部门提供的线索，丘吉尔了解到德国V2飞弹的发射基地就设在荷兰境内。为了彻底消除V2飞弹对英国本土的威胁，丘吉尔授意蒙哥马利在制定作战计划时，将荷兰考虑在攻击范围之内。

蒙哥马利接到丘吉尔授意后，马上就一反常态，制定出极为冒险的

"市场—花园"行动计划。

由于有这样的背景存在,在英国人的压力下,为了维护反法西斯同盟内部的团结,艾森豪威尔不得不同意蒙哥马利的计划,但是他对这个计划做了一个小小的修改,他要求英国军队夺取阿纳姆附近下莱茵河畔的桥头堡,从而取得从北面包抄"齐格菲"防线的跳板。

经过艾森豪威尔修改的计划,无疑和蒙哥马利构想的,通过荷兰挺进鲁尔区并直捣柏林的原定计划相差甚远,但它总算还是将荷兰纳入到盟军的攻击范围之内,所以蒙哥马利没有提出异议。就这样,"市场—花园"行动计划终于获得通过,接下来就是做好准备工作,执行计划。

蒙哥马利将执行"市场—花园"行动的日期定在1944年9月17日,从9月10日起,盟军就开始进行紧锣密鼓的准备工作。

当蒙哥马利积极为"市场—花园"行动做准备时,盟军的参谋和情报人员突然发现,在荷兰的艾恩德霍芬和阿纳姆之间,也就是"市场—花园"行动的主要空降地区,德军的力量突然之间得到了增强。

蒙哥马利并未重视这份情报,他认为那只不过是从法国逃到荷兰的德国溃军,或者德国临时用老人和小孩儿拼凑起来的乌合之众,他仍然决定如期发动"市场—花园"行动。

此时,踌躇满志的蒙哥马利绝对不会想到,他的这一冒失决定,会使不少盟军士兵枉送性命。

由于情报不够准确,再加上蒙哥马利的轻敌,盟军并不知道,在阿纳姆附近,德军部署了党卫军第2装甲军的两个装甲师和空降第1集团军的部分部队,这是一支数量和火力上都远超英国第1伞兵师的强大力量,所以英国第1伞兵师注定无法完成任务。

1944年9月17日,装载着英国第1伞兵师、美国第101和第82空降师等首批空降部队的运输机,以及装载着轻型火炮、武器弹药、通信器材、医疗用品、食品和汽车等各种物资的滑翔机,自英格兰机场起飞,朝着荷兰飞去。这些伞兵将分别在欧斯特贝克、索昂和格罗斯贝克等地区降落,他们的目标是迅速夺取穿越运河和河流的桥梁,为英国地面部队清理出通道。

如果盟军足够幸运，他们的空降兵能够顺利完成任务，就可以将夺取的一系列桥梁连在一起，形成一条南起比利时的利奥波德斯布尔格，经过荷兰的法尔肯斯瓦德、艾恩德霍芬、费赫尔、赫拉佛和奈梅亨，北抵阿纳姆，直通德国中心地区的"荷兰走廊"，为盟军直接进攻德国核心地区开辟一条通道。盟军地面部队顺着这条通道进攻德国核心地区，战争很有可能提早结束。只可惜，"幸运女神"坚定地站在德国人一边，盟军的行动从一开始就遇到一些小麻烦。由于空降行动是在大白天进行的，盟军的运输机在天上非常显眼，德军的高射炮可以较为准确地瞄准射击。当盟军的首批空降部队从英格兰乘飞机飞越海峡前往荷兰时，德军部署在荷兰沿海地区的高射炮开火射击，将不少运输机和滑翔机击落，给盟军伞兵带来了一定的伤亡。

当然，盟军的伞兵们相信，能给他们带来麻烦的只有德军高射炮部队而已，因为德国空军几乎在欧洲上空绝迹，而驻守在荷兰的德军部队，据说都是些老人和小孩儿，只要过了高射炮这一关，后面的降落过程基本上就没有什么危险可言。

事实与盟军伞兵们所预想的分毫不差，3支空降部队经过高射炮的洗礼，进入空降区空降时，没有遇到任何阻挠，无惊无险。伞兵们落地后，立即集结起来，冲着所要攻占的桥梁冲杀过去。

## 第二节
## 遥远的桥

101空降师需要夺取的5座桥梁中,有4座不费吹灰之力便被拿下,唯有1座位于威廉敏娜运河上的索昂桥例外。在那座桥梁附近,德军利用88毫米高射炮和机枪固守,给美军制造了不小的麻烦。美军经过一番激战,摧毁了德军的炮兵阵地,但是德军早已在桥身上安装了烈性炸药,他们见势不妙,立即引爆炸药,将索昂桥炸断。

82空降师的一支分遣队非常顺利地夺取了马斯—瓦尔运河上的一座桥,而其余部队则牢牢地把守着格罗斯贝克公路,阻滞德军部队的增援。

英国第1伞兵师从一开始就运气不佳,17点30分之前,该师第1旅所部大约5000名英国伞兵顺利降落在阿纳姆西部的奥斯特贝克村附近,但大批装载有吉普车和反坦克炮等重型装备的滑翔机因为德军高射炮的轰击而坠毁,这让英军损失为数不少的重型装备,大大降低了他们的机动性和火力,而大部分的通信设备也无法正常使用,这令他们无法呼叫空中支援,大大削弱了他们的战斗力。

虽然碰到以上种种问题,但是英国第1伞兵师第1旅依然按照原定计划,向阿纳姆大桥发起进攻。在进攻过程中,该旅的第1团和第3团因为受到德军小股部队的阻挡而止步不前,被困在空降场附近,唯有第2团750多人在陆军中校约翰·弗罗斯特的带领下,顺利抵达阿纳姆大桥附近,并成功地控制了它的北侧。

第2团曾两次试图攻入大桥南侧,完全控制大桥,但是均被德军击退。如此,英国伞兵们只好把守住奥斯特贝克和阿纳姆大桥的北侧,等待着英

市场—花园行动中的瓦尔河大桥

国第 30 军的坦克部队。按照计划，他们必须坚守 48 个小时。

14 点 35 分，英国第 30 军在短促的航空火力准备后，对德军防线发动进攻。担负该军突击任务的是爱尔兰禁卫装甲师，该师先头坦克部队朝着他们的当面之敌——德军瓦尔兹师支队的 5 个营碾压过去。

守在阵地上的德军虽然没有坦克的支援，且受到盟军的突然袭击，但是他们依然利用手头上仅有的反坦克火炮和机枪阻击盟军。

德军守得顽强，令盟军的攻击一度受阻，但是，盟军的战斗轰炸机马上就飞临德军阵地上空，丢下大量航空炸弹，顿时就将德军阵地炸得火光冲天。

在盟军猛烈的航空火力打击下，德军败下阵来，被驱逐到公路的两旁。德军防线瓦解之后，英军爱尔兰禁卫装甲师一马当先，两个步兵师紧随其后，朝着美国 101 空降师所在的艾恩德霍芬地区挺进。

英国第 30 军原打算在攻击发起之后 3 个小时内抵达艾恩德霍芬，与美国 101 空降师会合，但是由于受到德军的顽强阻击，这个目标并未实现。

在盟军首轮空降两个小时后，德军空降第 1 集团军司令司徒登特，接到一份从坠毁的盟军滑翔机中搜出的机密文件，上面写有"市场—花园行动"的全部内容。

司徒登特接到这份极为重要的文件后，不敢怠慢，立即将它带往 B 集团军群总部，送呈负责荷兰防务的总司令莫德尔陆军元帅一览。

莫德尔手下的德军将领们看完盟军的作战计划，纷纷建议立即炸掉奈梅亨和阿纳姆大桥，挫败盟军的计划，但是莫德尔拒绝。莫德尔表示，他必须留下这些桥梁，以便日后反击时使用。至于那些盟军伞兵，莫德尔要求德军将他们包围起来消灭掉，另外还要阻止盟军装甲部队与伞兵们会合。

德军的将领们虽然不免要怀疑德军究竟还有什么力量去反击，但是军令如山，他们只好服从，他们打算将装甲力量一分为二，一部分去围剿盟军的伞兵，另一部分则去把守奈梅亨桥，阻挡盟军装甲部队。由于英国第1伞兵师距离德军的装甲部队最近，所以德军自然打算首先解决该师。

17日晚上，德军调集重兵，将英国第1伞兵师第1旅的伞兵们团团包围。

9月18日上午，德国党卫军第9装甲师派出一个营，对阿纳姆桥北侧的英军发起突击，英军依托民房居高临下，使用轻型反坦克炮和机枪，多次打退德军的进攻，德军营长阵亡。

同样是在上午，当英国第1伞兵师第2批空降部队，即第4旅在空降场着陆时，由于德军已经掌握盟军的计划，早就在那里架起机枪恭候多时。

没有什么意外，德军一顿机枪扫射，英军伞兵们死伤枕藉，损失惨重。幸好空降场只有一部分处于德军控制之下，在另一部分空降场着陆的伞兵们安全着陆。如此一来，尽管第4旅3个团另加2个连的建制还在，但是人员损失极大，战斗力受到极大影响。他们一落地就被德军团团包围，自保尚且困难，根本就无法增援阿纳姆。

中午时分，英国第30军与美国第101空降师会合，并顺利攻克艾恩德霍芬。在这座被解放的荷兰小城中，热情的荷兰居民为了欢迎盟军，纷纷走上街头，将道路挤得水泄不通。荷兰人此举无疑大大降低了英国坦克的行进速度，他们在无意间帮了德国人一个大忙。等英国第30军好容易穿过艾恩德霍芬，他们又遇到新的问题：必经之路索昂桥被毁，前无去路，英军只好架设浮桥，这又耽误了12个小时。照这样的速度走下去，英国第30军铁定没办法按原定时间到达阿纳姆，但他们也没有什么办法。英国第30军的指挥官只好祈祷上帝保佑伞兵们撑下去，等待着他们的到来。

18日夜，英国第1伞兵师第1旅第1团和第3团，终于冲破德军的阻击线，抵达阿纳姆桥的北侧与第2团会合。

9月19日，阿纳姆的英军向南岸发起第3次突击，装备有坦克和大炮的德军轻松将之击退。随后，德军坦克突入阿纳姆桥北侧英军防区，逐一爆破，压缩英军阵地。英军第1旅第1团和第3团退回到奥斯特贝克村郊外固守，而第2团600多人则继续留在阿纳姆桥北侧，与德军巷战，死战不退。

同一天，波兰伞兵独立旅先头部队1000多人，在奥斯特贝克村郊外降落。本来，按照原计划，英军第4旅应当守卫波兰伞兵的空降场，但是他们早已被德军击退。所以，迎接波兰伞兵的是德国党卫军第9装甲师的官兵们。这1000多名波兰伞兵跳伞后，还没有落地，就成了德军的枪下冤魂。

在阿纳姆南面，英国第1伞兵师翘首以盼的第30军先头部队，于19日上午与美国第82空降师第504团会合，并于下午进入奈梅亨。由于美国第82空降师未能夺取奈梅亨的瓦尔河大桥，英国第30军不得不停止前进。

为了尽快夺取奈梅亨大桥，美国第82空降师师长加文准将询问英国人是否携带有船只，他打算派人划船渡过瓦尔河，去夺取桥梁。

英国人回复说，他们的确有船，但是装载着船只的汽车还远在几十公里之外。加文准将说，那立即将卡车先开到奈梅亨来，他希望在19日晚上乘船渡河。

对此，英国人回复说他们只能尽量一试，因为交通状况极为恶劣，他们不能保证卡车是否能按时到达。加文准将闻听此言，只好先行布置突击队，耐心地等待船只的到来。

在加文准将焦急地等待着英国船只时，装载着船只的卡车却在道路上缓慢行进，卡车司机们行动如此迟缓绝非有意拖延，而是实在快不起来。

本次行动中，英国第30军一共出动20000辆车，而它们所行使的道路却非常狭窄，仅能容许2辆卡车并排而行，且道路两旁土质松软，军车行进困难，所以英军的车辆只能排成一字长蛇阵行进。另外，为了对付从道路两侧发起袭击的德军，英军不得不让速度相对较慢的坦克开在前面，这就大大限制了车队的速度。而一旦前排的坦克遭到袭击被炸毁，车队就不得不停下来，必须等到损毁车辆被移开，才能恢复交通。这样的道路情况，想要让位于车队后方装载船只的卡车按时抵达奈梅亨，非常困难。

直到9月20日中午，船只才运抵奈梅亨。加文准将立即派遣第504团乘坐皮艇强渡瓦尔河。在付出近一半人死伤的代价后，504团攻占大桥。德军指挥官眼看着大桥即将落入盟军之手，当即决定炸毁桥梁。

当英军的坦克行至桥中间时，德军指挥官下令按下开关，引爆设置在桥下面的炸药。正在这时，也许是炸药装置出现故障，无论德军士兵怎么按动开关，炸药就是不爆炸。这样，英国坦克就顺利地跨越奈梅亨桥，距离阿纳姆越来越近，但是，原计划要与他们会合的英国第1伞兵师，却已经弹尽粮绝，山穷水尽。

阿纳姆桥北侧城区，英军据守的房屋几乎全部被德军坦克夷为平地，英军无处藏身，另外，英军官兵自身携带的弹药也已全部耗尽，败局已定。9月21日早晨，据守阿纳姆桥北侧的英军，通过电台向英国第1伞兵师师部发出了最后一封电报：

"弹尽粮绝，神佑吾王。"

随即与德军展开白刃战，最终全军覆没。而此时，英国第1伞兵师师部所在的奥斯特贝克村，也被德军团团包围，3500多名英军依托轻型反坦克炮死守阵地。德军好意劝英军投降，但遭到拒绝。

此时，因为天气原因而姗姗来迟的波兰伞兵第1旅后续部队，在莱茵河南岸的德里尔村空降，但因为调度失误和德国空军的阻击，他们的补给品被投放到了15公里之外。

对岸的英国伞兵们发现友军来援，大喜过望。英军指挥官派一名伞兵游过460多米宽的莱茵河，向波兰指挥官求援。英国人希望波兰人能及时渡河，增强英国伞兵师的兵力，为盟军在莱茵河北岸保留一个桥头堡。

波兰人同意英国人的请求，并于当天晚上尝试渡过莱茵河。然而就在波兰人渡河时，对岸的德军发射照明弹，将正在渡河的波兰人照得清清楚楚。霎时间，德军的子弹雨点似的打在波兰军队的士兵和渡船上，眨眼的工夫，渡河的波兰士兵全部阵亡，而波兰人仅有的一些橡皮艇也全部被毁。波兰人增援英国伞兵部队的行动宣告失败，他们只好退回德里尔村继续防守。

在奈梅亨，英军第30军肃清德军残存敌军后，又休整了18个小时，才于午夜时分出发。此时，第30军距离阿纳姆还有16公里，而距离18日这个预定到达时间，则已经过去了整整3天。

9月22日，德军继续围攻奥斯特贝克，由于他们惧怕英军的反坦克炮，再加上不想打巷战，他们再次采用火炮射击、逐屋爆破的方式来压缩英军阵地。

22日夜间，英国第30军终于抵达德里尔，与波兰军队会合。英军和波军企图在河上建立舟桥通道，但在德军猛烈的炮火下，未能如愿。

9月24日，鉴于英国伞兵未能占领阿纳姆桥，"市场—花园"行动宣告失败。盟军司令部命令英国第1伞兵师的剩余官兵从莱茵河北岸撤退，在奈梅亨构筑防线。

英军的撤退工作直到25日夜才开始，当时，牧师、医护人员和重伤员自愿留下来断后，掩护其他人撤退。至26日早晨，英军仅撤出2400多人，而17日空降时英军的兵力为10000多人。

1944年9月17日至26日，在这场为期10天的空降战中，盟军一共投入3.5万名空降兵，伤亡近1.7万人，而德军仅仅伤亡3300多人。位于阿纳姆的大桥几乎已经处于盟军的眼皮子底下，但是仍然未被夺取，这座大桥因而被盟军的官兵们称为"远方的桥"。

此战结束之后，盟军意识到德军并未被打垮，他们仍然具有很强的战斗力，所以，1944年圣诞节想要结束欧洲大战非常困难，战争仍将继续。

## 第三节
## "莱茵河看守"计划

1944年9月，随着"市场—花园"行动的失利，盟军内部的盲目乐观情绪被一扫而空。英国人不再嚷嚷着冒险急进，早日结束战争，他们转而支持艾森豪威尔的战略，在宽大的正面全线进攻，压垮德国。盟军内部终于恢复团结，艾森豪威尔乘势命令盟军沿着德比和德法边境向德国本土全线推进，要"猛扑"莱茵河。但是，在推进过程中，盟军却遭到德军的顽强阻击，这令他们的前进速度极为缓慢。

10月24日，在经历一场苦战之后，盟军攻克亚琛，这是盟军占领的第1个德国城市，但是美军仍然无法突破德军的防线，莱茵河距离盟军仍然十分遥远。不过，从总体上来看，德军必然是越打越弱的，而盟军则是越战越勇，照这样打下去，纳粹德国最终难逃灭亡的命运。

希特勒非常清楚，继续寸土必守只不过是延缓末日的到来而已，作为一个天生的冒险家，他不愿意束手就擒，他在构思一个极为大胆的反击计划：让德军放弃防守，集中一支强大的装甲部队，从防御薄弱的阿登高地出击，直取比利时的安特卫普，切断美军第3和第1集团军的联系，并夺取盟军的主要供应基地。没有了后勤保障，驻扎在比利时北部和荷兰的美国第1集团军、英国军队和加拿大军队，除了从海上撤回英国外，没有其他退路。他认为这一攻势结束后，美英盟军必然遭受重创，西线战场短时间内不会再有波澜，这样，他就可以将西线的兵力调到东线去对付苏联军队。

这时，苏联军队虽然在发起夏季攻势后，一路攻城略地，兵锋一度抵

法西斯的覆灭 · faxisi de fumie ·
攻克柏林 · gongke bolin ·

达波罗的海诸国、波兰和巴尔干半岛的保加利亚一线,但是德军通过拼死阻击,终于将苏军挡在东普鲁士和维斯瓦河一线。希特勒认为,只要能将西线的部队调往东线,完全可以挡住苏军,这样,德国的东部和西边边界就能稳定下来。而只有反击计划成功才能达到上述效果,希特勒认为,他的这一大胆行动,成功率极高,因为通过德国情报人员的努力,他已经了解到驻守阿登森林地区的是美军的6个步兵师,他们绝对不是德军装甲部队的对手。另外,他还认为,盟军此时轻视德军,以为处于弱势的德军一定会乖乖地依托防线坚守,不可能发起进攻,所以德军的反击必然会使盟军措手不及,不能在短时间内拿出有效的应对措施。

希特勒拿定了反击盟军的主意后,便于9月16日主持召开德国最高统帅部军事会议。会议中,他首先要求在西线作战的有能力的战士拿出"狂热的决心"来应付当前的危局,接着他下了这样一道命令:"就我们这方面而言,不会有大规模的战事了,我们所能做的就是死守阵地。"

从表面上来看,希特勒只是在号召自己的手下们保卫本土,其实他另有目的。他一直怀疑最高统帅部里有盟军安插的卧底,这个卧底常常泄露德军的军事机密,令德军总是被动挨打,所以他有意在会议中大谈保卫本土,以便让那一个或者那几个卧底将他的命令传递给盟军,进一步迷惑敌人,隐藏他想反攻的真实意图。

不得不说,希特勒考虑得很周到,不过他完全多虑了,最高统帅部里并没有盟军的探子,德军的秘密指令其实都是被盟军的电码破译机"超级机密"截获并破译的。只可惜,这个信息他无法得知。

最高统帅部的军事会议一结束,

希特勒

希特勒又将他的4个心腹将领招入内室，继续召开一个小范围的秘密会议。参与这个秘密会议的有最高统帅部的凯特尔和约德尔，德国陆军总参谋长古德里安，德国空军司令戈林的代表克莱佩将军。

上述4位德国将领进入会议室后，料想希特勒必然会有惊人的消息要告诉他们，所以他们提前聚在一起猜测到底会是什么样的消息。当他们讨论了一会儿，不得要领之时，希特勒进来了，他们当即安静下来，且听元首有何吩咐。

希特勒首先询问约德尔，局势如何。

约德尔简要地做了介绍，他说，德国的盟友要么已经被消灭，要么就干脆已经投靠或者打算投靠盟国。德国陆军的数量虽然仍然有900万人之多，但是在过去的3个月里就伤亡了120多万人，其中有一半损失在西线。东线倒是处于平静状态，因为苏联的夏季攻势似乎已经结束。但在西线，美军正在阿登山脉一线对德军发动着持续的攻势。

一听到"阿登山脉"这个地名，希特勒马上就来了精神，他马上把手一挥，大声喊道："别说了！"

约德尔还以为前线的局势令希特勒感到气恼，他急忙把嘴闭上，而其他人也一个字都不敢说，会议室顿时一片寂静。

过了一会儿，希特勒先是酝酿一下情感，尽量表现出一副信心满满的样子，接着将他的反击计划和盘托出。他兴奋地说道："我已做出了一个重大决策，我要反攻。在这里，在阿登山脉！"

说到这里，希特勒将左手捏成拳头，猛击地图上标示的阿登地区，然后，他接着说道："我们要渡过马斯河，朝安特卫普挺进！"

在场的4位将领听到这个大胆到无极限的计划时，统统都目瞪口呆，面面相觑，简直不敢置信！他们赶紧抛出一大堆反对意见来规劝元首，不要拿德军所剩不多的后备力量去冒险。

他们说，德军1940年在法兰西战役时就曾在阿登森林突破过一次，想必盟军会有所防备。另外，更重要的是，现在的德军与1940年的相比，已经受到极大的削弱，尤其是空军力量，而德军的敌人却是资源雄厚、装备好于德军的美军。

对于这些有可能影响反击计划的缺点，希特勒充耳不闻，他要求他的心腹们服从命令，不要质疑他的决定，他们只好闭嘴。

见将军们安静了下来，希特勒接着下达了一系列命令，他要求他们务必保密，并为这次大规模反攻做好准备，他还特别要求重建一支机械化部队，并想方设法将25万人和数以千计的机械，绝对秘密地运入阿登山区。说完这些，他最后命令约德尔根据他的构思制作一份作战计划，并尽快送呈给他。

此次会议之后，当约德尔等人在为希特勒的反攻计划招兵买马时，局势进一步恶化。到9月底，纳粹德国已经彻底丧失了3个盟友：芬兰、罗马尼亚和保加利亚，而来到10月份，种种迹象显示匈牙利也想弃德国而去，投入苏联的怀抱。

尽管在1944年3月份，德军就派兵控制住了匈牙利，但鉴于苏军距离布达佩斯已经不足160公里，这个国家的傀儡统治者——海军上将霍尔蒂仍然在德军的眼皮子底下派出使者到莫斯科去谈判，希望能够挣到对匈牙利有利的投降条件。

在谈判的过程中，由于保密工作没做好，像"苏匈和谈"这种极为机密的事情，居然可以成为布达佩斯咖啡馆中谈论的话题。通过这一途径，希特勒甚至将匈牙利提出的和谈条件都摸得一清二楚。

毫无疑问，霍尔蒂的这一叛卖行为令希特勒很是恼火，他决定派遣他最信任的突击队长奥托·斯科尔兹内前往匈牙利，去教训一下那个不听话的匈牙利领导人，以求得德匈两国的继续合作。

斯科尔兹内接到命令后，迅速拟定出一个颇有黑社会特色的行动计划，他打算绑架霍尔蒂的儿子米奇作为人质，然后再把霍尔蒂抓起来，他将用霍尔蒂儿子的性命来胁迫霍尔蒂继续跟德国合作。斯科尔兹内为自己的计划起了一个非常卡通的代号，叫作"米老鼠计划"。

当时，匈牙利实际上处于德军的管控之下，所以斯科尔兹内没费什么力气就成功绑架霍尔蒂的儿子米奇，并将他带至机场送到德国关押起来，然后，他又只用一个伞兵营便顺利拿下霍尔蒂的城堡。这个行动前后仅耗时30分钟，代价是7人阵亡。

几天以后，在希特勒的总指挥部"狼谷"，德国元首接见了斯科尔兹内，他对突击队长的优异表现提出了表扬，并希望知道斯科尔兹内到底是怎样完成任务的。

斯科尔兹内满足了希特勒的好奇心，他将整个行动详细地重演一遍，希特勒听得津津有味。

当斯科尔兹内讲完冒险故事，想要起身告辞时，希特勒示意他留下。希特勒将突袭阿登森林的计划告知斯科尔兹内，然后他给斯科尔兹内安排了一个名为"狮鹫计划"的新任务。

希特勒要求斯科尔兹内挑选一些会讲英语的突击队员进行培训，让他们穿美国制服，假扮美国军人，开着缴获的美国吉普和坦克，渗透到美军战线的后面，去夺取马斯河上的桥梁，切断交通线，杀死传令兵，搞乱交通运输，散布谣言，发布假命令，制造混乱和惊慌。斯科尔兹内欣然领命，告辞而去。

斯科尔兹内走后，约德尔又来做客，他将一份他亲自拟定的关于"阿登反击战"的作战计划交给希特勒过目，该计划名为"基督玫瑰"。希特勒对约德尔拟定的计划很满意，不过他却将此计划的名字变更为"莱茵河看守"，他这么做的目的，是欺骗德国最高统帅部的"盟军卧底"。

根据约德尔的意见，这个"莱茵河看守"计划是以下述两个条件为前提制定的：第一个条件是德军发起的是一场出乎盟军意料的突袭战，第二个条件是气候条件不允许盟军飞机起飞。

在满足上述两个条件的前提下，德军将按照以下计划作战：德军将使用3个军的兵力，外加12个机械化师和18个步兵师。进攻发起后，这些德军将在阿登森林地区广阔的战线上突破盟军的防线，争取第2天就越过马斯河，于第7天抵达安特卫普。

约德尔预计，本次战役可以消灭美军和英军30个师，将美、英军完全隔开，令其不能形成统一战线。而盟军一旦遭逢如此大败，将不得不跟德国单独媾和，德军就可以乘势将预备队用于东线，全力抵挡苏军。

希特勒批准了约德尔的计划，然后，他又采取以下措施来为本次计划保密：只有少数几个人可以掌握这次反攻计划的具体内容；各级指挥机构使用不同的暗号，每两个星期变更一次；凡是涉及此次反攻的相关事情，一律不得使用电话或者电报传递消息，各种涉及反攻计划的文件都由值得信赖的军官们亲自传送。

后来的事实表明，希特勒的保密措施非常有效，盟军一直被蒙在鼓里，对德军的反攻计划一无所知。一直到反攻即将发起的前一天，盟军的侦察机才在阿登森林发现数千辆德军汽车，但盟军高层并不明白德军的意图是什么，德军的进攻也就收到了突袭的效果。

11月初，希特勒将"莱茵河看守"计划告知德国西线总司令伦德施泰特和莫德尔，并且点名让莫德尔指挥此次战役。

伦德施泰特和莫德尔接到这份作战计划时，感到不可思议，因为他们认为要实现这样一个野心勃勃的计划，现有的兵力实在是太少，所以，他们决定提出一个更合理的替代性计划。

在新的计划中，他们原则上还是同意发动反攻，但是反攻的目标只限于收复被美军占领的亚琛。他们的意见由莫德尔在12月2日召开的军事会议上当面向希特勒提出来，但遭到断然的拒绝，他们只好从命。

11月间，希特勒及其手下继续为阿登反击战积蓄力量。经过不懈的努力，他们居然硬是拼凑出近1500辆新的，或者改装的坦克，12月又从各个战场挤出1000多辆。除了尽力搜集武器之外，他们还征调28个师（其中包括9个装甲师）的兵力用于突破阿登。除了阿登森林这个主要的进攻地点之外，希特勒还打算派遣6个师去进攻阿尔萨斯。为了策应本次攻势，德国空军司令戈林答应拼凑3000架飞机助阵（由于缺乏燃料，这些飞机飞在天上的时间相当有限）。

对于当时的德国来说，这已经是一支相当可观的力量。这些准备工作完成后，希特勒就打算召开最后的动员大会，发动这次带有赌博性质的大反攻。

## 第四节
## 阿登反击战

截至 1944 年 12 月 11 日，阿登反击战的准备工作基本完成。德国的铁路系统顶着盟军的轰炸，硬是把德军的反击部队运到了阿登山区，并且居然还没有让盟军察觉，这真是一个奇迹。

12 月 11 日晚上，在位于则根堡城堡的元首大本营，希特勒召集参与阿登反击战的部分将领开会。会议开始前，德军将领们的手枪和手提包都被没收，并且还被要求以他们的生命起誓，对会议中即将听到的内容守口如瓶。

会议中，希特勒向 60 位军官详细地讲述"秋雾计划"，这是阿登反击战的最终代号，他将战役发起的时间定为 1944 年 12 月 15 日早晨 5 点 30 分，由德国 B 集团军群司令莫德尔陆军元帅统一指挥，进攻时德军将兵分 3 路突破美军防线，这 3 路人马分别是右翼迪特里希指挥的党卫军第 6 装甲军，该装甲军管辖 4 个装甲师、5 个步兵师，有 640 多辆坦克；中路是曼特菲尔指挥的第 5 装甲集团军，管辖 3 个装甲师、4 个步兵师，有 320 多辆坦克；左翼是布兰登堡指挥的第 7 集团军，管辖 4 个步兵师，其任务是掩护第 5 装甲集团军的侧翼，保障中路的进攻。德军的最终目标是，渡过马斯河，直取安特卫普。

次日，希特勒又会见另外一批将领，将同样的话又说一遍，只是反攻时间改为 12 月 16 日早晨 5 点 30 分。延期的原因是，德国气象学家宣称：自 16 日开始到随后的 5 天时间里，欧洲西部将会大雾弥漫。如此的天气情况下，盟军的飞机，无论是战斗机，还是轰炸机都无法起飞，这就可以

法西斯的覆灭 · Taxisi de fumie ·
攻克柏林 · gongke bolin ·

保证德军的后勤供应可以不受盟军轰炸的影响，一直保持通畅。

12月15日夜间，阿登地区银装素裹，天气寒冷，德军在亚琛以南的蒙却奥、特里尔西北的埃赫特纳姆之间110多公里的战线上，进入他们的进攻阵地。在他们的对面，只有美军6个师的驻防部队。这6个师中，3个师是新组建的，士兵们几乎没有战斗力，另外3个倒是久战之师，却由于连续作战而精疲力竭，战斗力也削减很多。

在这次反击战发起之前，在1944年的整个10月和11月，这条战线都非常平静，盟军拱不动德军防线，德军也无力发起反击，双方就这么僵持着，彼此之间井水不犯河水。

直到德军发动全线进攻之前，没有哪个盟军指挥官会料到，垂死的德军还能发动一次大规模反攻。英国陆军元帅蒙哥马利就曾非常笃定地说，德军已经无法发动大规模进攻。有时候，由于前线过于沉寂，百无聊赖的蒙哥马利甚至向艾森豪威尔提出请求，希望盟军总司令能批准他回英格兰去度假。

盟军高层都抱着小视德军的心态，前线的士兵们自然也受到了感染，他们也认为德军不会发动进攻。反观德军这边，不仅3个军共计25万人的庞大部队枕戈待旦，只需一声命令就可以出击，斯科尔兹内的突击队队员们也摩拳擦掌，准备深入美军战线后方去"大闹天宫"。

1944年12月16日凌晨5点30分，阿登前线战火重燃。在长达110多公里的战线上，德军的迫击炮、6身管火箭炮、88毫米大炮、355毫米口径远程炮，一齐开火，将数不清的炮弹狠砸向对面的美军阵地。整个大地顷刻间地动山摇，蜷缩在睡袋中的美军士兵纷纷被剧烈的爆炸声惊醒。

睡眼惺忪的美军士兵们为了躲避德军的炮火，赶紧

阿登反击战中的重型坦克

连滚带爬地钻进掩体。遭遇突然打击的美军士兵们万分惊恐,他们完全不知道到底发生了什么事。

在延续1个小时的炮火行将结束之际,德军将几百架探照灯打开,一齐指向美军阵地。美军阵地顿时被照得犹如白昼,耀眼的强光让美军士兵们头晕目眩,根本就看不清对面的德军在搞什么名堂。

趁着美军士兵还在发晕的大好时机,德军突击部队在坦克的掩护下,慢慢地向美军阵地逼近。在大雪的映衬下,身着白衣的德军,12～14人排成横排,拉出散兵线,迈着缓慢的步伐,向美军行进。

等到德军士兵已经来到美军士兵跟前的时候,美军士兵才看清形势:只见密密麻麻的德军坦克,掩护着层层叠叠的步兵向他们靠近。不少美军指挥官们掂量一下形势,觉得就凭自己部队的兵力和兵器绝对抵抗不过对面的德军,他们马上做出决策——带着自己手下的士兵们转身逃跑。

在另外一些地段,英勇的美军士兵面对强大的德军,没有选择逃跑,而是选择留下来继续战斗,不过这样的美军只是少数,美军防线大部分地段的防御都已处于崩溃状态。

在阿登森林的北面,有个名叫洛斯海姆山谷的狭窄山路,自古以来是连接欧洲东部和西部的咽喉要道,对于盟军来说极为重要,盟军却只派少量士兵把守。

早在1870年普法战争,以及1940年法兰西战役时,德军就曾穿过这个长11公里的山谷,出其不意地击败敌军,现在他们打算再走这条"胜利之路"。进攻发起时,德军在坦克、装甲车和突击火炮的掩护下在山谷中推进,其间未遇到任何有效抵抗。

到16日黄昏,美军的北部战线宣告瓦解,而德军发起猛烈攻势的消息,自然很快就传到盟军高层指挥官们的耳中。收到前线报告时,在诺曼底战役中将德军打得屁滚尿流的美国将军布莱德利,自信满满地对艾森豪威尔宣称,这只不过是德军发起的一次"骚扰性进攻"。

艾森豪威尔并不同意布莱德利的说法,他不无忧虑地对布莱德利说:"这可不是局部的进攻,德军在我们最薄弱的一环发动局部进攻,这不符合逻辑。"他认为情况紧急,他命令布莱德利马上派遣两个装甲师去增援阿登地区。

12月17日一大早,盟军最高指挥部先是命令驻守在阿登山区的美国第1集团军,不惜一切代价顶住德军的进攻,接着急调美国第82空降师和101空降师火速驰援。

美国第1集团军的官兵们接到上峰的命令,立即使出浑身解数,希望能阻挡德军前进的步伐,但是面对兵力和兵器都占优势的德军,他们的抵抗并无效果。

17日,德军继续推进,将大约8000名来不及撤退的美军团团围困在大雪覆盖的施尼·埃菲尔峰上,这些弹尽粮绝的美军最终不得不选择向德军投降。在美国历史上,除了发生在菲律宾的巴丹战役之外,这是美军一次性投降人数最多的一次战役。

当日晚上,一支德军装甲部队抵达斯塔佛洛,它距离美军第一集团军总部所在地斯巴仅有12公里。当美军的将官们得悉敌军就在十几公里外时,着实吓了一跳,赶紧落荒而逃。

18日,德军的攻势涛声依旧,美军的防线摇摇欲坠。自斯大林格勒战役以来,一直在报道德军不断后退之类消息的德国广播电台,在那一天发出了久违的声音:"我们的部队又向前挺进了。"

当天早晨,曼特菲尔所部装甲部队的前哨,距离比利时的巴斯托尼仅有24公里,而城内只有一些准备撤退的美军一个军的参谋人员,战斗力几乎为零。看起来德军完全可以不费吹灰之力就夺取比利时这个小城,而事实却并非如此,德军在整个阿登战役期间都无法夺取它,因为对于盟军来说,巴斯托尼太重要了。

巴斯托尼是个公路交叉点,是防守阿登森林,以及它身后马斯河的关键。如果美军在此地严密设防,不仅可以阻止曼特菲尔率领的第5装甲军沿着主要公路向马斯河畔的迪南推进,而且还能牵制大批德军,缓解前线的压力。而德军如果拿下巴斯托尼,就可以顺利地推进至马斯河沿岸。

猛然间,这个巴斯托尼成为盟军和德军争夺的焦点,美军的援军和德军,谁先进入巴斯托尼,关系着双方在阿登反击战中的成败。

这时,著名的美国第101空降师正乘坐着汽车,自17日晚上开始,就从160公里之外的莱姆斯,拼命地朝着巴斯托尼飞奔而去。在这场行军比赛中,德军装甲部队受到燃油不足的制约,行进速度极慢,这导致美军先于他们一步进入巴斯托尼。

迟到的德军装甲部队见美军捷足先登,当即发起强攻,打算从美军手里夺取巴斯托尼的控制权,但遭到挫败。无奈之下,曼特菲尔只好分出很大一部分力量将巴斯托尼包围住,其他部队则继续前进。

当曼特菲尔的中路大军朝着马斯河长驱直入之际,在右翼,党卫军第6装甲集团军顺利占领马斯河渡口,而左翼第7集团军也成功渡过奥尔河。至1944年12月20日,德军已撕开美军防线,形成一个宽约40公里、纵深30公里至50公里的突出部。

在德军将美军防守的前线搅得天翻地覆之际,斯科尔兹内麾下,穿着美军制服、说英语的德国第15特种装甲旅的官兵们,也开始执行"狮鹫计划"。他们开着美国坦克和吉普车,打算悄悄地越过混乱的美军防线,潜入到盟军的大后方去。在穿越火线的过程中,除去路上的损失,最终只有少数几辆吉普车成功抵达目的地,但他们在美军的后方所造成的损失却相当可观。

比如,1个德军的小队长,站在美军的必经之路上指挥交通,竟让整整一团的美军走错方向,而他手下的士兵则忙着更换路标、剪断电话线。有一车德军,被一支美军部队拦下来询问前线的情况,这些假冒的"美军"慌慌张张地说德军势如破竹,就在不远处,这番话令那支美军大吃一惊,极为害怕,为了避免被"强大的德军"消灭,他们赶紧逃回大后方。还有一车德军,将布莱德利司令部与美国第7军霍奇斯将军司令部之间的电话线剪断,使得美军北部战线与总指挥部之间通信全无。

毫无疑问,这些德国突击队使盟军蒙受了一定的损失,而最大的损失则来自一支被俘的德国突击队。

在经历初期的混乱后,美军逐渐摸清德国突击队的手段,为了将那些该死的德国间谍抓出来,他们加强盘查,随后成功俘获一支德军小分队。从这个小分队成员的口中,美军掌握到"狮鹫计划"的所有内容,他们马上发布广播宣称,在后方,有数以万计的德军,穿着美军制服,说着英语,正在进行破坏活动。

这消息一经发布,前线美军顿时人人自危。12月20日,在整个阿登地区,约50万美军挤作一团,展开了声势浩大的奸细排查工作。识别铭牌、联络暗语都不能表明身份,只有说出伊利诺伊州的首府是哪里,谁是"修脸",或者贝伯·路斯打了几个全垒,才能证明是美国人。

这些问题,不要说没到过美国的德国突击队员,就算是如假包换的美国士兵,不知道答案的也大有人在。于是,不少无辜的美军士兵被误当作德国间谍被关押起来。

当一部分德国间谍在美军战线后方兴风作浪,给美军制造麻烦时,在远离战线的大后方,另一部分德军间谍也制造了不少混乱,其中最大的一起发生在巴黎。

一份报告说,斯科尔兹内的士兵,穿着牧师和修女的衣裳,刚刚从天而降,他们在和平饭店会师后,将会寻机劫持,或者杀死艾森豪威尔。

美国的安保部门对这个报告深信不疑,他们赶紧在盟国远征军最高统帅部周围架起铁丝网,修筑战壕,甚至还调来坦克。

盟军最高统帅部的安保工作非常严格,所有进出最高统帅部的人,无论官阶高低都要接受最细致的检查。只要最高统帅部的大楼里出现哪怕一点点风吹草动,比如,大门重重一关之类的事情,安保人员就会马上向艾森豪威尔的办公室挂电话,询问他是否还在人间。

从盟军的夸张的反应来看,斯科尔兹内的敌后突击队非常出色地完成了预定任务,而德军的主攻部队同样业绩不俗,他们在正面战场上把美军打得只有招架之功,没有还手之力。

到21日中午,盟军终于摸清德军的意图,德军在阿登地区的进攻绝非"局部进攻",而是一次大规模的进攻,且德军出其不意,已经占得先机。

艾森豪威尔面对严峻的局势,并不慌张,他坐镇盟军最高统帅部,与手下的将官们一道开始研究对策。

## 第五节
## "秋雾计划"破产

德军执行"秋雾计划",发动阿登攻势之初,一路攻城拔寨,势不可挡,令盟军方面很受震动。

在巴黎,在法国政府的很多办公室里,都出现了惊慌和不安的情绪。1940年的闪击战令法国人记忆深刻,那一年,德国人就是从阿登突破,击溃法军,令法国沦入德军之手。现在德军又在同一个地点,发起几乎一样的攻势,且进展神速,这无疑令法国人很是忧虑,他们生怕敦刻尔克大撤退再度上演,为此他们甚至做着随时撤出巴黎的准备。

在盟国远征军最高统帅部里,一个由瑞安将军率领的法国高级官员代表团,神情紧张地来到这里,想探听阿登战场的形势。当法国人发现盟军各个办公室仍然按部就班、丝毫不显慌乱时,这些法国人感到无法理解。有一位法国将军对盟军的工作人员发出了这样的疑问:"我不明白,你们居然还不卷铺盖,准备逃跑?"

盟军当然不会像紧张兮兮的法国人那样,碰到一点儿失利就满脑子想着逃跑,盟军的最高统帅艾森豪威尔将军,不仅没有将德军的此次反击看作盟军的灾难,反而将它看作一个消灭德军有生力量的机会。

12月17日,艾森豪威尔在给美国陆军参谋部的信中写道:"如果局势发展顺利,我们不仅能够阻止这次进攻,而且还能从中得到好处。"

艾森豪威尔非常清楚,盟军的地面攻击绝非德军的敌手,但是德军的空军却是软肋。在诺曼底战役中,只要盟军的空军无法出动,盟军的地面部队就寸步难进,而只要盟军的空军一出马,德军立即一溃千里,跑得比兔子还快，盟军的地面部队马上就又恢复前进。据此，艾森豪威尔认定，只要盟军的地面部队能够坚持到天气好转，空军可以出动的时候，德军必然会失败，所以，现今只有坚守防线，并且布置反攻。

艾森豪威尔拿定了主意之后，便于12月19日上午在凡尔登召开紧急军事会议。会议上，他介绍了阿登前线的态势，他说，德军在阿登地区撕开了美军的防线，推进至马斯河一线，形成了一个突出部。介绍完总的局势，他要求在场的将领们群策群力，想出对策。

所有的司令官都认为，应当继续坚守巴斯托尼，将德军的突破区域压缩在从巴斯托尼到圣维特之间40公里宽的范围内，然后集中优势兵力，从两翼夹击突破口，截断德军的后勤补给，封死德军的退路，将其一举合围并歼灭之。

艾森豪威尔赞同大家的观点，他下令前线美军务必坚守现有防线，不得后退一步，另外，他还决定派遣"铁胆将军"巴顿，率领6个师的兵力发动一次反击，阻遏住德军的攻势。

在艾森豪威尔的严令下，美军发挥出了超强的战斗力，他们利用手中的一切武器，顽强抗击着德军，令德军每前进一步都要付出惨重的代价。在美军的所有防守部队中，驻防在巴斯托尼的美国第101空降师处境最为艰难，也表现得最为出色。

第101空降师所在的巴斯托尼就像一叶孤舟，身处于德军的汪洋大海之中。这些被围的美国伞兵们几乎没有装甲力量，甚至连像样的火炮都没有，但他们打得却异常顽强。

自12月18日被围开始，美国第101空降师每天都要经历这样的战斗：德军长时间的大炮轰击，然后发起冲锋，美国伞兵们依托散兵坑，利用手中的轻武器打退德军的进攻。一次次进攻，一次次反击，循环往复，这座比利时小城周围遍布着交战双方的尸体。

12月22日，德国第47装甲军司令海因里希·冯·卢特维茨将军，写一封信，交给了美国第101空降师师长A.C.麦克奥利夫将军。信中，卢特维茨将军极力称赞美国的伞兵们，他说美国伞兵已经为国家尽了职责，他希望麦克奥利夫将军能够认清形势，尽快投降。

麦克奥利夫将军给卢特维茨将军回了一封信，信上只有一个字："呸"。于是战斗继续进行。

12月23日，绵延多日的大雾寒霜散去，太阳当空而照，天上一碧如洗，蛰伏已久的盟军战机立即抓住机会从各个机场起飞，飞赴前线助战。

中午前，16架大型C-47运输机飞临巴斯托尼上空，为被困官兵空投给养，P-47战斗轰炸机则用杀伤弹、凝固汽油弹和机关炮袭击城外的德军，将德军打得溃不成军，四处逃窜。在盟军飞机的威胁下，德军对巴斯托尼的攻势为之一缓，美军伞兵们的处境得到很大改善。

天气好转，盟军飞机重返战场，令德国第5装甲集团军司令曼特菲尔深感忧虑，此时，他的坦克部队已经远离巴斯托尼，距离马斯河不远，但是位于他左翼的步兵却被远远地甩在后面，并且燃料也逐渐接济不上，这令他不得不停下来等待燃油和步兵。

25日凌晨3点，德军又对巴斯托尼发起新一轮的全线进攻，这一次，德军采用的是车轮战战术，部队一批一批地上，连续不断地进攻，企图使美军疲惫，再一举击溃之。孰料美军极为顽强，与德军对战一整日，竟丝毫也未松懈，整条防线一直固若金汤，德军徒呼奈何。

曼特菲尔在作战略部署

12月26日，曼特菲尔麾下德国第2装甲师的先头部队，顺利抵达马斯河畔的迪南，只需要等到步兵为他们架设浮桥，就可以过河。但是，他们等待多时的步兵并未出现，首先出现的反而是美国第2装甲师，它从北面直冲过来，德国坦克立即迎战。

美国坦克和德国坦克，在一块方圆不到10公里的小凹地里杀作一团。在这场钢铁碰撞中，两军都拿出了看家的本领。只见双方的坦克车来回穿梭，一边躲避敌方的炮弹，一边寻找机会反击，战场上顿时炮声隆隆、穿甲弹横飞，不时有坦克中弹并起火燃烧。

就在美军坦克和德军坦克杀得难解难分之际，天空中传来阵阵马达声，盟军的飞机也飞临现场来助兴。技术高超的盟军飞行员们低空飞行，逮着德军坦克就火箭弹伺候，将其炸成一堆废铁。没多久，在盟军陆地和空中部队的双重夹击下，德军第2装甲师逐渐不支，不得不选择撤退。

与此同时，巴顿所部美国第3集团军的几个师以巴斯托尼为目标，自南向北，对德军发起进攻。作战过程中，盟军的飞机始终盘旋在天空中，将德军压制的抬不起头来，美军乘机步步压缩德军阵地。

到了这地步，局势已经相当明显，德军无法完成预定任务。意识到这一点的曼特菲尔打电话给约德尔，他说他已经无法渡过马斯河，也无法夺取巴斯托尼，更不用说安特卫普，他希望撤军。

约德尔不同意曼特菲尔的意见，他先说希特勒绝对不会同意放弃向安特卫普进军，然后他又说，他只能将曼特菲尔的意见传达给希特勒，让元首定夺。

听完曼特菲尔的电话，约德尔会同西线德军总司令伦德施泰特，一同劝谏希特勒，极言阿登反击战已经失败，德军不仅不能抵达安特卫普，反而有后路被切断和被包围的危险，他们希望希特勒同意德军从比利时和卢森堡撤回德国。

希特勒对任何撤退的建议都听不进去。12月28日，他召开一次大规模的军事会议，会上，他下令继续猛攻巴斯托尼，重新向马斯河推进。另外，他还宣布他要在新年之际发动另一次反攻，代号叫作"北风计划"，进攻地点是阿尔萨斯，选定此处的理由是，那里的美军防线由于巴顿派遣几个师去进攻阿登森林而有所削弱。

德国的将军们坚决反对，他们声称现在德军既没有足够的兵力向阿登森林继续发动进攻，也没有足够的兵力向阿尔萨斯发动进攻。对于这些扫兴的话，希特勒只当耳边风。

会议刚刚结束，9个机械化师和步兵师便向巴斯托尼扑去，而莫德尔则勉为其难地指挥部队在阿登地区继续进攻。

1945年1月1日，元旦，德军8个师的兵力猛扑阿尔萨斯。本来，希特勒认为这次进攻必收突袭的奇效，因为他是神不知鬼不觉地将部队运到出发阵地的，盟军一点儿也没发觉，所以他对这次进攻寄予厚望。但是，事实上，由于他使用电报发布作战指令，盟军情报人员通过"超级机密"电码破译机把"北风计划"给破译了出来，并随即上呈给艾森豪威尔。

根据破译而来的情报，艾森豪威尔在阿尔萨斯做了相应的安排，他将守军的防线收缩，把兵力集中配置在德军的主攻方向上。这样，由于事先得到警告，美军抵挡住了德军的进攻，使德军仅仅推进15英里便止步不前。

在阿登，德军的进攻早已停止，在大举进攻的是盟军。1月3日，英军自北向南，美军自南向北，以巴斯托尼为最终目标，发起向心突击，意图截断巴斯托尼以西德军的退路。

德军当然不会让盟军轻易得逞，与通常一样，他们充分利用地形，挖掘战壕防守。这时，由于雾大，盟军得不到空中支援，大炮的掩护也非常稀少，而他们哪怕要取得一寸土地，都要与德军反复争夺，这使得盟军的进展异常缓慢。

1月5日，9个德国师对巴斯托尼的围攻宣告失败，在长达半个月的时间里，尽管德军对它发起过无数次进攻，但这个比利时小城始终被美军占据着，顽强的美军令德军丧失了夺取这一交通枢纽的信心。

1月7日上午，天气好转，盟军的飞机出动，美军和英军的向心突击重新获得进展。8日，希特勒意识到德军已经抵挡不住盟军的攻势，他急忙命令巴斯托尼以西的德军撤回德国本土。接到命令后,德军所有的装甲部队,包括已经渡过马斯河的在内,全部掉转头,朝着巴斯托尼—列日公路以东撤退。

1月16日,向心突击的英军和美军在巴斯托尼北面几英里处会师,两万名还留在巴斯托尼以西的德军被夹在了中间。

那些侥幸逃出包围圈的德军在撤退的途中,又受到盟军飞机的一路"送行",这使德军死伤惨重。在这场阿登战役的整个过程中,盟军空军的可怕威力,在不少德军士兵的心里留下了很深的阴影。此战结束后,留存下来的德军官兵,哪怕是铁杆的纳粹信徒,在见识过盟军的强大空军后,对获取胜利已经不抱任何希望。

从1944年12月16日到1945年1月16日,恰好一个月的时间,德军回到了他们发起进攻时的地点,这次所谓的阿登反击战以失败告终。

在这场战役中,德军死伤和失踪约12万人,损失600多辆坦克和重炮,1600多架飞机和6000辆汽车。美国方面损失也很大,阵亡近8000多人,48000多人受伤,被俘或者失踪21000多人,损失700多辆坦克和反坦克炮。

从表面上来看,美军与德军的损失都很惨重,但是,美军的损失可以很快补充起来,而德军却不能,他们已经用尽最后的力量。这也是第二次世界大战中德军的最后一次大规模反攻。

阿登反击战的失利不仅使西线的失败成为定局,而且也使东线受到牵累,因为希特勒已经将他最后的后备力量投入阿登战役,并且几乎丢掉一大半,这就使得他没有什么力量再去应对苏联的东线攻势。

1945年,新年伊始,阿登森林这边硝烟还未散尽,东线风云再起,纳粹德国又将面临苏军钢铁洪流的冲击。

· 第二章 ·

从维斯瓦河到奥得河

## 第一节
## 东线危局

苏德战场上，苏军自1943年2月斯大林格勒战役结束开始，就一直在反攻，而在库尔斯克战役中，苏军摧毁德军最后的精锐装甲集群以后，德军只剩下招架之功，苦苦抵挡着苏军的攻势。

1944年初，苏联发动冬季大反攻。在北起列宁格勒，南抵克里米亚半岛的广阔战场上，苏军凭借着优势炮兵和航空兵的掩护，出动有如"钢铁洪流"一般的装甲部队朝着德军防线席卷而去。

截至1944年6月22日，苏德战场上，由北至南德军的态势如下：北方集团军群，被击退至爱沙尼亚的维利卡亚河—普斯科夫湖—佩普西湖一线；中央集团军群，经过拼死奋战，勉强守住白俄罗斯境内波洛茨克—维捷布斯克—奥尔沙—乔瑟—罗加乔夫一线；北乌克兰集团军群，被击退至乌克兰境内勒德乌齐—布查—达地拉登—科约尔一线；南乌克兰集团军群，被击退至罗马尼亚与苏联的旧边界一线。

1944年6月22日，为策应美英盟军发动的诺曼底登陆战役，蓄势已久的苏军发起夏季攻势。第一个遭到打击的目标是中央集团军群，苏军一共动用146个步兵师和43个装甲师，沿着中央集团军群的防线，发起总攻。中央集团军群司令布施元帅抵挡不住苏军的猛攻，德军一路溃败。苏军进抵波兰境内的维斯瓦河和拉脱维亚的里加地区，中央集团军群损失掉25个师的兵力。

听闻这个噩耗，希特勒急忙将他的元首大本营从德国南部迁回东普鲁士，坐镇东线，指挥战事，他把防守不力的布施免职，接着又让擅长打防守战的莫德尔元帅接任。

莫德尔到任后，立即构筑防线，严密布防，终于把中央集团军群的战线稳定在东普鲁士、维斯瓦河和纳雷夫河一线，但苏军还是在部分地段渡过维斯瓦河，取得了几个桥头堡。

局势发展到这个地步，局外人都看得出来，德国必败无疑。于是，纳粹德国的一些盟国，比如芬兰、罗马尼亚、匈牙利和保加利亚，都开始积极跟苏联或者美、英联络，商议着投降条件。在上述几个国家中，最先投降的是罗马尼亚。

当苏军于8月20日开始，向德国南乌克兰集团军群由罗马尼亚军队和德国军队共同防守的区域发动进攻时，早已打定主意向苏军投降的罗马尼亚军队临阵倒戈，加入苏军对德军开战。

德军猝不及防之下，防线全面崩溃。所有驻防在罗马尼亚的德军，不得不在突然转变为敌人的罗马尼亚军队的打击下，狼狈地逃往匈牙利、保加利亚和南斯拉夫。短短几个星期，罗马尼亚即告丢失，德军由此失去最重要的石油来源——普洛耶什蒂油田。

随后，保加利亚反戈，南斯拉夫也不保，德军在巴尔干半岛全线崩溃，苏军再接再厉，横扫大半个匈牙利，且已经逼近布达佩斯。

到了1944年12月底，苏军已经包围布达佩斯，并攻占爱沙尼亚和立陶宛。德军勉强守住拉脱维亚西北部、东普鲁士、波兰西部和捷克斯洛伐克，匈牙利还在两军的争夺之中。

对于德国来说，东线的局势非常糟糕，这令负责东线防御的古德里安异常忧心。这位出生在东普鲁士的闪击英雄不愿意看到苏军染指他的家乡，所以他多次请求希特勒，将刚刚训练出来的战略预备队用于东线防御，但是遭到拒绝，希特勒执意要发起阿登攻势。

1944年12月16日，希特勒将德国最后的一支预备力量，悉数投入到一场带有赌博性质的阿登反击战中。

截至12月24日，任何稍微有理智的德国军人都已经看出，阿登攻势是必输无疑的，古德里安自然也不例外。

24日当天，古德里安赶到措森，从那里又转到元首大本营去参加一个军事会议。出席这场会议的，除了古德里安之外，还有希特勒、凯特尔元帅、约德尔上将、布格多夫将军，以及一些级别较低的军官。

会议中，古德里安着力渲染东线的危机情况。他说，根据情报，苏军在3个地段集中兵力，有大举进攻的迹象。他向与会者介绍苏军集中兵力的地段和兵力：

1. 在维斯瓦河上游的巴拉罗夫桥头堡阵地中，苏军一共集中了60个步兵师、8个坦克军、1个骑兵军和6个坦克师；

2. 在华沙以北地区，一共集中了54个步兵师、6个坦克军、1个骑兵军和9个坦克师；

3. 在东普鲁士边境上，集中了54个步兵师、2个坦克军和9个坦克师。

除此之外，在亚斯沃以南地区，还有15个步兵师和2个坦克军；在普瓦维地区，还有11个步兵师、1个骑兵军和1个坦克军；在华沙以南地区还有31个步兵师、5个坦克军和3个坦克师。很显然，苏军的后备力量非常充足。

古德里安预计，苏军可能会在1945年1月开始大举进攻。而苏军与德军实力对比：在步兵方面是11∶1，在坦克方面是7∶1，在大炮方面是20∶1，在空军方面是20∶1。他说只要苏军在上述地段发起突击，德军无论如何是抵挡不住的，因为东线德军没有预备队。所以，他强烈建议，一定要停止阿登攻势，赶紧把足够的兵力从西线调到东线，在罗兹—霍恩沙查地区建立一支强大的预备兵力，用以阻击突破德军防线的苏军部队，保证东部战线的稳定。

希特勒对古德里安质疑他反击计划的行为大为恼火，他先是大声训斥德国陆军参谋长，他说道："用不着你来教训我，我已经在战场上指挥了5年德国陆军，在这一时期中我获得的实际经验，参谋总部没人能比。我曾研究过克劳塞维茨和毛奇，而且看过施利芬的文件。"

接着，德国元首又对古德里安所说的苏军部队的规模表示怀疑，他说苏军1个师最大的兵力不过7000人而已，而坦克师则根本就没有坦克。

当古德里安分辩说，这些情报都是由最一流的专家分析之后才得出的、绝对可靠，希特勒大声喊道："这是自成吉思汗以来最大的虚张声势！这些胡话是谁说的？"

希特勒一口咬定苏军是在虚张声势，是因为他自己也是这么干的。他所命令成立的新部队，几乎个个都有"水分"。比如1个新成立的炮兵军，实际上只不过是1个旅而已；步兵师减少到只有6个营；有些新成立的人民步兵师只有2个旅，每个旅只有2个营，满员时也只不过有6000名官兵。东线许多已经被苏军消灭的德国师，仍被保留师的番号，专门蒙蔽苏军。

德军在东线作战的命令也充斥着谎言。发号施令时，德军指挥机关把团称作师，营称作旅，旅称作军。其后不久，所谓的"机动反坦克"歼击部队，实际上只是装备了反坦克手榴弹的自行车连。正因为如此，希特勒才认定苏联人跟他一样，用虚假的部队来迷惑他，所以他坚定地认为，苏军兵力薄弱，近期绝对不会发起大的攻势。

总之，说来说去，希特勒就是不同意停止阿登攻势，将战略预备队调往东线。而恰在此时，约德尔也出来帮腔，他说只有在西线，德军还能有一些攻势，且这样的攻势必然会打乱敌军的原定计划，如果再来一次类似的攻势，比如在阿尔萨斯北部来一次突击，也许可以获得一些有限的胜利，迫使西方盟国与德国谈判。所以他支持希特勒的意见，继续让德军在阿登地区冒险进攻。

古德里安见希特勒和约德尔都对东线置之不理，他无奈之下，只好又从后勤补给方面来强调守住维斯瓦河防线的重要性。他说，由于西方盟军的轰炸，鲁尔地区已经陷入瘫痪，那里的军火工业也陷入停顿。与之相对应的是，上西里西亚地区的军火工业却仍然能够全部开工，德国军火工业的中心已经转移至东方。如果维斯瓦河防线失守，上西里西亚必然不保。德军如果失去最后的军火工业，会在几个星期内遭到失败。

尽管从现实来看，古德里安说的在理，但是希特勒却充耳不闻。古德里安未能说服希特勒，纳粹德国那支东拼西凑、缺乏训练和装备的战略预备队，还是被分批投入阿登反击战中。

古德里安见新组建的战略预备队自己要不到手上来，他就退而求其次，要求希特勒将被苏军围困在拉脱维亚库尔兰半岛的北方集团军群从海路撤出来，加上从芬兰撤退出来的德军，加强到东线上去。他的这个要求照样遭到拒绝，希特勒要求古德里安以现有的兵力守住东线。

12月25日，当古德里安还走在回到东线指挥部的路上时，希特勒未经他的同意，直接下令把基勒麾下2个党卫军师，从华沙以北地区，调往匈牙利，去解救24日被苏军围困的布达佩斯。这使本来就缺兵少将的东线，在兵力上更加吃紧，原本可用的14个半师预备队，只剩下12个半，却要支援长达1200多公里的战线。这令古德里安很伤脑筋，但又无可奈何。

12月28日，圣诞节后第3天，希特勒在向他的西线将领们发表冗长的训话时，对俄国战场仍然十分乐观。他说虽然巴尔干半岛丢掉一干二净，但德军自1944年10月以来仍然坚守着波兰和东普鲁士的维斯瓦河防线。

希特勒相信，他的"精兵猛将"们一定能完成这个任务，他对他的将领们说道："很不幸，由于我们的宝贝同盟军的叛变，我们不得不逐步后撤，但尽管如此，我们大体上还能守住东战场。"

正当希特勒对东线的平静态势感到满意时，12月31日，古德里安又来造访，这次他是有备而来。古德里安事先找到西线总司令伦德施泰特，询问他西线是否还有可以调往东线的部队。伦德施泰特了解东线的危局，他给出4个师的番号，他说这4个师就在铁路沿线，便于运输，只要希特勒下令，随时可以去东线。

古德里安请求伦德施泰特先下令

古德里安

让那4个师做好调动的准备，接着他才面见元首，指名道姓地要那4个师。当约德尔怒气冲冲地问，究竟是哪个家伙提供的情报时，古德里安马上回应说这是西线总司令亲口说的，约德尔闻言，不好意思再说什么。于是，希特勒批准将上述4个师调往东线，不过，并不是调往波兰，去守卫东普鲁士，而是调往匈牙利，去解布达佩斯之围。古德里安的盘算再次落空。

1945年1月初，阿登反击战正进行得如火如荼之际，英国首相丘吉尔坐飞机亲临战场，视察美英盟军对德军的反击情况。他发现德军抵抗极为顽强，美英盟军的进展极为缓慢，他对战况很不满。

1月6日，丘吉尔会见艾森豪威尔，他们共同讨论前线的战况。与英国首相一样，盟军总司令艾森豪威尔对美英军队缓慢而又艰苦的进展感到恼火，他问丘吉尔，"能不能取得苏联人的帮助，减轻阿登的压力？"

丘吉尔知道，斯大林要在东线发动一场新攻势，但他不知道究竟是在哪一天，所以他问艾森豪威尔，是否同意他试探性地问问斯大林，苏联人何时发起攻势。

艾森豪威尔完全同意，于是，6日当天，丘吉尔便致电斯大林，说阿登地区的战事"十分吃紧"，并想知道能否指望苏联红军于1月在东线发起新的攻势。莫斯科方面做出了回答，斯大林说，他的确想在近期内发动一次大规模攻势，时间不迟于1月的下旬。

听到这个回复，艾森豪威尔和丘吉尔都很高兴，而古德里安却寝食难安，因为据他派出去的侦察兵汇报，苏军正在加紧朝前线运输兵力、武器和其他相关物资，一场大战迫在眉睫。

1月9日，古德里安再次前往希特勒的大本营"鹰巢"。他第3次劝告希特勒：红军将发动一场大规模攻势。他说，苏军正在以惊人的速度向前线运送兵力和物资，而德军几乎没有什么像样的防御措施。

为了更具体地说明情况，古德里安带来许多地图和表格，这些图表是古德里安麾下情报处主任盖伦精心绘制的，它们清楚地标明了苏德双方兵力的分布情况。除此之外，他还带来盖伦的建议：如果要坚守柏林，德军必须立即从东普鲁士撤退。

古德里安把地图、图表展开后,希特勒看都不看,称它们是"极端愚蠢"的,并下令将绘制这些图表的人关进精神病院去接受治疗。元首极端不负责任的言论激怒了古德里安,后者大声喊道:"绘制这些图表的人是盖伦将军,是我最好的参谋长,如果我不同意绘制这些地图和表格,我就不会带着它们来见你。如果你要把盖伦送进精神病院,最好也把我一道送进去。"

希特勒未料到陆军总参谋长的反应会如此剧烈,他急忙缓和一下语气,做出了有力的保证,他说只要阿登反击战顺利结束,他就立即将所有的预备队用于东线的防御。不过在此之前,希特勒说,东线还是要靠古德里安继续守下去,而且也只有古德里安才能守得下去。

尽管希特勒算得上是拍了古德里安的马屁,但古德里安却根本就不买账,他满含忧虑地说:"东线像即将崩溃的房子,一旦一处被突破,全线就会崩溃。因为战线拉得太长,12个半师的后备兵力,实在是太少了,根本不足以堵住防线的缺口。"

说来说去,古德里安还是要求希特勒尽快结束阿登反击战,把战略预备队补充到东线上去,但希特勒丝毫不为所动。德国元首拒绝动用阿登的后备兵力,理由是,那里还能取得局部的胜利,至于东部战线,他说:"东线只能依靠自己,只能使用现有的兵力。"

与通常一样,又是希特勒说了算,古德里安未能达到目的,他闷闷不乐地回到位于措森的司令部,他非常清楚,只要苏联发动一次大规模攻势,得不到增援的战线就会被突破,但是他也没有其他的办法,他只能用手中少得可怜的兵力来应对苏军的钢铁洪流。

## 第二节
## 维斯瓦河"样板房"

1945年1月初，东线德军现有的兵力，一共为5个集团军群。这5个集团军群中，舍尔纳麾下北方集团军群的第16和第18集团军，被苏军围困在拉脱维亚的库尔兰半岛，自身难保。莱因哈特麾下中央集团军群的第3装甲集团军、第4、第2集团军，在华沙以北沿着纳雷夫河到与它汇合的维斯瓦河一线，扼守着东普鲁士和波兰北部。哈尔培麾下A集团军群（原北乌克兰集团军群）的第9、第17集团军和第4、第1装甲集团军，扼守一条南北防线，这条防线从华沙北部沿维斯瓦河中段延伸到捷克斯洛伐克境内的喀尔巴阡山。韦勒麾下南方集团军群（原南乌克兰集团军群），驻防在匈牙利。魏克斯麾下的F集团军群，扼守着德国南部。

这些部队，兵力远不及苏军，严重缺少飞机、坦克、大炮、粮秣、弹药等各种物资，士气异常低落，东线的所有官兵对获得战争胜利已经不抱任何期望。

苏军部署在其西部战线的兵力，却是相当雄厚。1944年末，苏军的兵力是55个集团军，6个坦克集团军，13个航空集团军，下辖500多个步兵师，94个炮兵师和149个独立炮兵旅。这支强大的苏军共装备有15000多门（辆）自行火炮，15000多架各式军用飞机。除了上述庞大的兵力可供使用之外，苏军还可以得到波兰、捷克、罗马尼亚和保加利亚等国拼凑而来的29个师的支援。

对比一下苏德双方的力量，不难看出，苏军的情况是：兵强马壮，实力雄厚。而德军的情况却是：纸糊的防线，泥捏的兵。正是由于如此悬殊的力量对比，古德里安才非常担心德军守不住脆弱到极点的防线。

就在古德里安提心吊胆之际，苏联方面新的冬季攻势已经进入倒计时阶段。苏军最高统帅部1945年初的战略企图，是在广阔的战线上向东普鲁士、波兰西部、捷克斯洛伐克、匈牙利北部和奥地利推进，以波罗的海、柏林、布拉格和维也纳4个地区为主攻方向。

而上述4个主攻方向中，最为重要的目标无疑是纳粹的大本营柏林。为了抢在美英盟军之前攻克柏林，苏联最高统帅部决心在1945年1月间发动一场新的冬季攻势（亦称"维斯瓦河—奥得河"战役），目的是将战线推进到柏林附近。关于这场攻势的计划准备工作早在1944年10月就开始进行，负责人是安东诺夫和朱可夫。

苏军的这次攻势，堪称第二次世界大战中最大的战略行动之一，它主要是以2支强大的装甲部队平行发起突击。2路大军中，南路将由科涅夫麾下第1乌克兰方面军负责进攻，任务是从维斯瓦河畔的巴拉努夫桥头堡出击，攻入西里西亚的布雷斯劳；北路将由朱可夫麾下第1白俄罗斯方面军负责进攻，任务是从普瓦维和马格努舍夫的两个桥头堡出击，向波兹南（波森）挺进。2路大军将朝着柏林实施突击，首要目标是抵达奥得河，准备直插德国的"心脏"。

在"维斯瓦河—奥得河"战役中，担负主要攻击任务的第1白俄罗斯方面军和第1乌克兰方面军，各有10个集团军，总兵力为160多个师，220多万人，6400多辆（门）坦克和自行火炮（占东部装甲兵力的43%），4700多架飞机。这2个方面军攻击的正面宽度超过480多公里。

这2个方面军中，朱可夫麾下的第1白俄罗斯方面军的攻势分为3个作战方向：

1. 在最北面，配置在华沙以北的佩尔霍罗维奇的第47集团军，将对波兰首都实施两翼合围，而贝尔林的波兰第1集团军和别洛夫的第61集团军，将从小小的马格努舍夫桥头堡的北角发起进攻，从南面合围该城。

2. 在中央，也是从马格努舍夫桥头堡发起进攻，这是主要突击方向，首先向西直接指向库特诺和罗兹，然后指向比得哥什（布朗贝克）和波兹南，突破正面宽度不到16公里。这一西向的突击，将由别尔扎林的第5突击集团军和崔可夫的第8近卫集团军实施，而在他们两翼的卡图科夫第1近卫坦克集团军和波格丹诺夫的第2近卫坦克集团军，将担任第2梯队。

3. 在南面，是从普瓦维桥头堡向拉多姆发动的辅助突击，由茨维塔耶夫的第33集团军和科尔帕克奇的第69集团军以及3个坦克军担任，他们将掩护第1乌克兰方面军的右翼。

朱可夫的南面是科涅夫麾下第1乌克兰方面军，预计要从巴拉努夫桥头堡向前推进，消灭凯尔采的敌人，在12天内赶到拉多姆斯科—琴斯托霍瓦—梅胡夫一线。然后向德国西里西亚地区的首府布雷斯劳推进，这个从巴拉努夫桥头堡向西的突进，将在一个30多公里宽的狭窄的正面实施。

本次突进将派遣第1梯队的3个集团军担负主要突击任务，它们分别是：普霍夫的第13集团军，科罗捷耶夫的第52集团军和扎多夫的第5近卫集团军，由6个突破炮兵师提供火力支援。

这支主要突击部队的两翼有两支部队实施辅助进攻。其中，北翼由戈尔多夫的第3近卫集团军和戈罗江斯基的第6集团军，从施得沃维次和奥斯特鲁韦克以北对拉多姆发动进攻，南翼则由库罗奇金的第60集团军和彼得罗夫的第4乌克兰方面军指挥的莫斯卡连科第38集团军，向南面的克拉科夫实施进攻。

古谢夫的第21集团军、科罗夫尼科夫的第59集团军、雷巴尔科的第3近卫坦克集团军、列柳申科的第4近卫坦克集团军将担任第2梯队。

当朱可夫和科涅夫麾下的部队发起主要攻势之际，在华沙东北方，罗科索夫斯基麾下第2白俄罗斯方面军，将向西北出击。该方面军在肃清维斯瓦河右岸的敌军、攻下马利英堡之后，将逼近波罗的海沿岸的但泽，这样就可以切断东普鲁士与德国其余部分的联系，同时为朱可夫的右翼提供一些掩护。

除了上述规模较大的突击之外，苏军还将发动一些辅助性的进攻。比如，在战线最北面，切尔尼亚霍夫斯基指挥的白俄罗斯第3方面军，将从东面对东普鲁士德国中央集团军群实施突击。在最南面，乌克兰第4方面军将对科希策实施突击。

"维斯瓦河—奥得河"战役的准备工作，自1944年夏季攻势结束之后，就一直在进行。至12月，前线苏军的兵员、兵器、粮秣、技术装备以及其他物资均已准备完毕，只待斯大林一声令下，战役即可发动，但斯大林迟迟没有下达命令。

究其原因，斯大林是在等待一个持续好天气到来。1944年底，1945年初，天气较为温暖，雪融为水，将道路变为稀泥地，令坦克和轮式车辆行进困难。在这样的道路条件下打仗，无法发挥苏军的机械化优势，根本不可能做到快速突进。所以，斯大林打算等到天寒地冻，道路硬化之后，再发动攻势。

当苏军正在磨刀霍霍之际，古德里安也开始利用他手里那点儿可怜的人马来布置防线。

东线参谋部在配置防线时，考虑到苏军的大炮火力过于凶猛，就将德军的防线设置为2层。第1层在最前沿，为所要防守的"主防线"，配置少量的兵力。接着是第2层，为"最后防线"，它将被设置在距离第1道防线约20公里处，配置主要兵力。第2道防线的后方，是专门负责填补防线漏洞的预备部队。

德军这样设置防线是基于以下考虑：苏军崇尚大炮主义，他们在发动攻击之前，会对德军预设阵地进行长时间炮击。德军以往设置防线时，通常只设置1道防线，将主要兵力都放在这道防线里，结果德军官兵总是被苏军猛烈的炮火炸得死伤惨重。

德军吸取教训之后，不再只设置1道防线，进而设置2道防线。他们设置第1道防线的目的，是想用少量兵力吸引苏军的炮兵火力。按照苏军的习惯，他们会将几乎全部的炮弹都倾泻在第1道防线，及其后方的延伸区域，而第2道防线基本不会遭到大规模炮击。

通常来说，苏军的炮击会绵延几个小时才停止，然后，苏军炮兵便不会进行炮火掩护。这时，苏军步兵会在坦克的支援下，排成散兵线冲锋，他们将遭到第1道防线残存德军的打击。等苏军历经困难抵达第2道防线时，已经人困马乏，德军"最后防线"中的主要兵力即可击退苏军。

古德里安对东线参谋部提出的防御设置极为满意，他当即将这个布防意见送到德国最高统帅部，呈递给希特勒一览。希特勒看到这个布防意见，大发雷霆，他称这种设置是极不恰当的，因为他不能允许敌人不费一枪一弹就可以前进好几十公里，他要求把前2道防线的距离限制在3公里以内，古德里安不同意。希特勒跟以往一样，直接向前线部队的将领下令，让他们按照他的意思设置防线。古德里安提出抗议，但完全无效。

既然希特勒对军事上的部署定下了基调，古德里安也不想再争辩，但还有一个问题他希望跟希特勒沟通一下，就是东部德国平民的安置问题。

自苏德战争爆发至今，德军在苏联的统治极不得人心，纳粹的暴力机构对当地平民犯下了严重罪行，这令苏军官兵怀恨在心，他们时常想着以牙还牙、以血还血。

直到1944年年底，苏军官兵才等到机会。在1944年11月，苏军曾短暂地攻入德国本土东普鲁士。苏军占领东普鲁士期间，为了报复德军在苏联领土上犯下的罪行，极为残酷地虐待德国平民，这令德国民众对苏军心怀畏惧。

苏军的行为，令许多处于苏军兵锋威胁之下的东部德国人，包括许多遭到美英盟军的轰炸而转移到德国东部的西德人，对自己的身家性命感到担忧。德国平民不愿落入苏军的手里，多数东部德国人希望逃往西方，哪怕落入美英盟军的手里也在所不惜。

德国平民的心愿，很快就传到东线指挥官们的耳朵里。东线的德军指挥官们其实也希望将平民转移，因为他们知道当苏军发起攻势后，成群结队的难民会妨碍他们的军事行动，他们要求古德里安向最高统帅部请愿，希望能将平民转移。

希特勒拒绝这一建议，因为他认为这是失败主义的表现，他不仅不转移德国平民，反而还命令纳粹党的地方长官设法使这些居民留在原地。在1945年的头几个月里，这个命令给德国平民带来了比较严重的后果，不过，结合苏联平民在德军统治下的遭遇来看，这似乎是一种冤冤相报。

法西斯的覆灭 · faxisi de fumie ·

攻克柏林 · gongke bolin ·

由于1945年初的东线防御战有一部分是在德国本土东普鲁士进行的，德军构筑防线时遇到一些麻烦。比如，在东普鲁士，就连构筑防线、配置部队、甚至砍几棵树这种小事，都要由纳粹党和国家行政机关调控和批准，至于征用民夫修筑防线、征用德国平民的私人财产更是痴心妄想。

纳粹政府的干预，使德军防线的构筑速度极为缓慢，1个集团军的作战区域仅限于前线后方一条狭长的地带，纵深总共不过10公里。重炮兵虽然在所谓的"后方地区"，但是那里却不准构筑工事，不准砍树木，一切都要维持原貌，就像不曾有战争一样。

而在波兰地区，德军构筑防线时，则顺利得多。德军随时可以征用波兰人充作民夫，还可以征用波兰人的自行车、马车等私人财产作为军用。如果波兰人不从，德军会予以惩罚。

在德军竭尽全力布置防线之际，苏军于1944年11月开始，派出大批侦察兵，以7个人为1个小组，通过地面渗透的方式，摸到德军防线后面进行侦察工作。

这些侦察兵经过伪装，长时间地潜伏在德军阵线附近，通过观察和抓获俘虏审问等手段，逐步得知德军的炮兵阵地、6身管火箭炮阵地和坦克部队所在地。除了上述关于武器方面的情报之外，苏军侦察员还对德军日常生活和作息时间，也做了细致的观察，他们详细地记录德军士兵吃饭的时间、如何休息、潜伏哨和警戒队换岗的时间。上面的所有情报都给随后的突击带来巨大帮助。

为了对地面侦察部队的情报进行检查和核实，苏军派出侦察机进行细致的航空侦察。由于采用多种手段相结合的侦察方式，苏军对德军防御纵深内的工事、步兵师、坦克师的驻地和编成、预备队的位置等情况，都已掌握可靠的情报。

苏军第1白俄罗斯方面军参谋部当即召开会议，打算根据情报，拟定进攻策略。根据情报，苏军了解到德军配置2道防线的新情况，他们猜测德军此举的目的，在于利用第1道防线作为掩护第2道防线的屏障。

为应付这种情况，崔可夫提议，苏军的战斗从侦察开始，即派遣配有坦克和自行火炮的加强侦察梯队，去进攻德军的第1道防线。他认为德军的第1道防线兵力薄弱，侦察梯队足以将其攻占。而德军的第2道防线则由进攻部队中的主力第1梯队去攻击。

崔可夫的提议较为合理，苏军的将官们一致认同。于是，他们接着讨论具体的作战细节问题。苏军的参谋人员们发现：夜间的时候，德军第1道防线中的兵力和兵器明显多于其他时间，而在莫斯科时间，上午10点左右，德军会将多余的兵力撤至第2道防线，只留下少量人员驻守。

针对这一情况，崔可夫建议说，苏军25分钟的第1阶段的炮火攻击，不应迟于早晨9点，以便在德军士兵还未撤到后方的时候，迅速就将其消灭掉。对德军第2阵地的攻击，应在侦察攻击后1.5~2个小时后进行，此时天已大亮，苏军的炮兵和航空兵完全可以定准目标，避免了误炸的情况。

崔可夫的建议又获得通过，同时他建议，为了使苏军的准备工作不致引起德军的注意，在夜间进行的时候把人员和技术装备运往前线。每次运送时计算好数量，以便在天亮前将一切掩蔽好，并进行伪装。白天，暴露在德军面前的是积极挖战壕的部队。这样，就会使德军误以为苏军由于兵员和技术资源的消耗，正在准备防守，而不是反攻。这个建议又获得大家的一致认同，朱可夫甚至还通过苏联最高统帅部，要求其他方面军都按照崔可夫的建议来部署攻势。

于是，非常有意思的一幕出现在苏德战场。当士气低落的德军士兵拼命地挖掘战壕、进行防守时，他们惊奇地发现，对面兵强马壮的苏军居然也在大挖战壕。这个场面令他们误以为苏军在前面的大规模战事中损耗过大，正在休整，所以才积极构筑工事，预防德军的反扑。这下德军士兵们宽心了，他们认为短期内苏军不会再发动进攻。

不得不说，苏军这一招的确令德军士兵受到蒙蔽，但却无法欺骗古德里安等高级将领，他们知道苏军的攻势即将发动，大战一触即发。

## 第三节
## 维斯瓦河—奥得河战役

1945年1月初，苏军在作战计划、兵员和作战物资补充方面均已准备妥当，士气方面也丝毫不差——因为最先抵达奥得河的部队将获得重奖。斯大林现在唯一还在等待的就是一个好天气而已。

苏联的气象专家们竭尽全力研究中欧地区的天气，他们发现1月6日以前，天气始终温暖潮湿，未来的气候如何很难捉摸。等到1月7日和8日，他们发现里海以北的大片区域内，有高气压形成并逐渐向北移动，进入苏联中部。1月8日有确切的迹象表明，苏联西部和波兰将会有寒冷和恶劣的天气气候，但是1月9日前还不能完全确定，所以气象专家们不敢妄下断言。

尽管苏联的气象专家们因害怕担责任而说的模棱两可，但斯大林却相信他们的判断。苏联最高统帅本打算在1月15日至20日发动新的攻势，现在却打算将日期提前，至于他的决定是为了策应在西线阿登地区苦战的美英盟军，还是希望在德军的战略预备队从西线调往东线之前打击德军，这都不得而知，因为苏联统帅没有写回忆录的习惯。

1月9日，苏联总参谋部代理参谋长安东诺夫，通过无线电命令科涅夫麾下第1乌克兰方面军于1月12日开始进攻，朱可夫麾下第1白俄罗斯方面军于1月14日开始进攻，罗科索夫斯基麾下第2白俄罗斯方面军也于1月14日发动进攻。在上述3个方面军发起较为主要的攻击时，其他的方面军同时发动一些辅助性质的进攻。

苏军一接到即日起发动进攻的命令，德军对面的苏军阵地顿时一派繁忙景象，这一切自然无法瞒过德军侦察机飞行员。雪片般的情报被呈送到德军东线参谋部，古德里安等人意识到大战已经迫在眉睫，他们打算搞到更多情报来判明苏军的主攻方向和进攻时间。

1月11日，德军小股侦察部队渗入苏军战线后方，成功抓到几个俘虏，这些俘虏提供了一些有价值的情报。他们说1月10日到11日晚间，苏军步兵将交出房舍，移交给坦克部队的人员使用，按照苏军向来以坦克部队打头阵的习惯来看，攻击必将在次日发动。

同一天，德军在普瓦维桥头堡抓获的苏军俘虏供称，"攻击即将开始，第一阶段的进攻将由戴罪立功的敢死队担任。有40辆坦克实施支援，另有30~40辆坦克被部署在主战线后方几公里处的树林中。在1月8日夜间，工兵和侦察兵联合出击，已将地雷清扫一空。"

德军空中侦察人员再次确认，苏军的后续部队正在朝着维斯瓦河上的桥头堡阵地推进。在马格努舍夫桥头堡阵地，苏军又新增炮位60个。

从纳雷夫河前线、华沙以北地区、奥斯特堡附近和东普鲁士方面，德军获得的情报完全一样。东线德军的参谋人员们反复分析苏军的动向，得出的结论是苏军的主攻方向在东普鲁士和波兰一线，拉脱维亚的库尔兰地区和匈牙利的布达佩斯地区苏军并无异样。

防守重担落到了莱因哈特麾下德国中央集团军群和哈尔培麾下A集团军群身上，当这2个集团军群的司令获悉苏军将对他们的部队发起进攻时，当时根本就没有信心守住防线，因为他们2个集团军群的总兵力加起来仅有75万人，而苏军却有300万人之众，且德军几乎没有什么像样的重火力和足够的预备队，苏军却是飞机、坦克、大炮和后备兵力样样不缺。

1月12日，科涅夫麾下苏军第1乌克兰方面军，开始从巴拉努夫桥头堡向格雷泽尔麾下德军第4装甲集团军发动进攻，担负先锋任务的侦察梯队在短促炮火的掩护下，以突然袭击的方式将巴拉努夫桥头堡周围的德军前方支撑点全部收入囊中。

上午10点左右，苏军规模巨大的炮火开始发射，各种口径的火炮加上"喀秋莎"火箭炮，向德军阵地倾泻着炮弹。炮火持续了大约2个小时，德

## 法西斯的覆灭

### 攻克柏林

维斯瓦河—奥得河战役

军的控制和通信系统均遭破坏。

上午 11 点 50 分左右，苏军主攻部队在坦克和火炮的掩护下，向内林麾下德国第 24 装甲军的 3 个步兵师和雷克纳格尔麾下德国第 42 军的 4 个步兵师发动进攻。

由于德军部队构筑的防线以及预备队之间过于接近，在苏军一米一米向前推移的"耕地式"炮击下，德军的防线立告崩溃。截至当天傍晚，尽管雪雾漫天的恶劣天气使苏联空军只能出动几百架次进行空中支援，但是在强大炮兵的有力支援下，苏军第一攻击梯队的各集团军向德军纵深推进达 20 多公里。

1 月 13 日，在希特勒不准后退一步的严令下，德军加强抵抗，在凯尔采—赫梅尔尼克一线，苏军的攻势受阻。科涅夫马上命令第二攻击梯队，柯尼罗科夫麾下第 59 集团军和 1 个坦克军向南，朝着波兰的克拉科夫地区发起突击，威胁防守波兰中部德军的侧翼。

1 月 14 日，科涅夫的部队加强攻势，德军逐步后退。次日，内林麾下第 24 装甲军被击溃，苏军进入开阔地带，4 天挺进 100 公里。此时，德军的通信系统全部被损坏，各个部队之间缺乏联络，各自为战，很快就被各个击破。被苏军机械化部队围困的德军第 42 军企图撤退，但军部遭到苏军坦克部队的进攻，雷克纳格尔军长被击毙，撤退行动就此搁浅，42 军陷入重围。

在苏军地面部队快速推进的同时，天气逐渐好转，苏军空军战机的出勤率从每天 300 多架次增加到 1700 多架次。苏军的战斗机和轰炸机，除了飞临德军阵地上空狂轰滥炸之外，还深入德军战线后方，袭击德军增援部队，令德军苦不堪言。

在科涅夫麾下第 1 乌克兰方面军发动攻势 2 天后，朱可夫麾下第 1 白俄罗斯方面军，于 1 月 14 日从普瓦维和马格努舍夫 2 个桥头堡发动进攻。

进攻发起时，天气情况不好，飞行条件很差，苏军的飞机未能提供强有力的火力支援。不过，影响不大，因为苏军并不像美英盟军那样依赖空中支援，他们大多数时候依靠的是强大的炮兵和坦克部队。

经过短暂的炮火准备，苏军侦察梯队就对隶属于冯·吕特维茨麾下德军第 9 集团军的布洛克第 56 装甲军和哈特曼第 8 军发起进攻。待苏军侦察梯队占领德军第 1 道防线后，苏军炮兵当即把铺天盖地的炮弹狠狠地砸向德军第 2 道防线。防线上的德军部队先是被苏军炮火炸得七零八落，接着又被苏军第 1 攻击梯队的坦克部队冲击，顿时一败涂地。接着，担任德国第 9 集团军预备队的亨里奇第 40 装甲军 2 个师也被苏军坦克部队击溃。

1 月 15 日，苏军第 1 白俄罗斯方面军的攻击部队顺利强渡皮利察河。1 月 16 日，拉多姆被苏军攻克。这时，天气转好，为朱可夫所部提供支援的苏军第 16 航空集团军，每天出动约 3500 架次支援前线部队。

在苏军第 1 白俄罗斯方面军右翼，华沙受到南北两路苏军的钳形攻击。其中，担负北路进攻任务的是苏军第 47 集团军，担负南路进攻任务的是波兰第 1 集团军和苏军第 61 集团军。

守卫华沙的德国第 46 装甲军的官兵们，眼看着两路苏军在他们头顶上一个劲儿地往西进攻，顿时发现他们随时都可能被包围。德国第 46 装甲军急忙将华沙城丢下不管，打算往西撤退，以躲避苏军的钳形攻势。但是苏联第 2 近卫坦克集团军却将德国第 46 装甲军的西撤之路截断，无奈之下，德国第 46 装甲军只好往北，撤入东普鲁士境内。随着德国第 46 装甲军的撤退，德军在华沙的防御为之一空。至 1 月 17 日，德军已经完全撤离华沙，这座维斯瓦河上的明珠随即被波兰第 1 集团军收复。

同样是在 1 月 14 日，罗科索夫斯基的第 2 白俄罗斯方面军，从纳雷夫河旁的桥头堡出发，用 4 个集团军、1 个坦克军和另 1 个预备集团军的兵力向基本上位于其正北方的，守卫在纳瓦瓦、德意志—埃劳、奥斯特鲁达和马利英堡的德国第2集团军发动攻势。另外2个苏军集团军和1个坦克军，则向西北方向的德国波莫瑞地区发动辅助攻击。

再往北，切尔尼亚霍夫斯基的第3白俄罗斯方面军，向西进攻东普鲁士，目标是消灭德国第3装甲集团军，并沿着通往柯尼斯堡的普雷格尔河一线运动，孤立梅默尔的德军。本次进攻将使用4个集团军和2个坦克军。

东线德军被强大的苏军打得一溃千里这件事，古德里安早在1月13日就已告知希特勒。古德里安不加任何修饰地告诉希特勒，局势已经恶劣到无法用语言形容的地步，他要求德国元首及早回到柏林来坐镇指挥，因为这样至少可以稍微提升一下东线官兵们的士气。

但希特勒的答复却令古德里安心寒。德国元首还是那个老腔调，他说："东线尽量以目前的力量撑住，因为这个时候才从西线调兵到东线已经太迟了。"

针对希特勒的论调，古德里安的答复是亡羊补牢，时犹未晚，但希特勒坚持说没有必要。于是，德国元首和德国总参谋长就在电话里不停打嘴仗，不过，这对改善东线德军的处境毫无帮助，东线战场的局势持续恶化。直到1945年1月15日，希特勒在阿登地区的最后一搏以失败收场，他才重新重视起东线战场来。为了保卫波森，希特勒不顾古德里安的反对，命令冯·邵肯的大德意志装甲军从东普鲁士赶往凯尔采，去抵挡科涅夫的部队。

当邵肯的装甲部队还在火车上时，他们所要到达的目的地早已被苏军攻占。希特勒只好改令这支装甲部队前往罗兹，去接应刚被击溃的德国第24装甲军。当邵肯所部在罗兹下火车时，苏军正好在攻击此城。邵肯急忙带领他的部队进城，去驰援正在苦战的德国第24装甲军。

1月15日，希特勒离开他设在西线的指挥部"鹰巢"，乘火车前往设在柏林的新司令部。表面上，希特勒神色自若，似乎并不因为阿登反击战失利而沮丧。甚至当有人开玩笑说柏林是唯一适合设司令部的地方，因为去东、西两线都可以坐地铁时，他居然会开怀大笑，夸奖这个笑话讲得不错。

1月16日，希特勒在柏林总理府正式露面，他召集东线主要将领开会讨论战争局势。会议中，希特勒宣布西线战场暂时处于守势，西部战线上所有可以抽调出来的部队都将用于东线战场。

古德里安乍一听这个消息，心中窃喜，心想波兰的战局即将迎来转机，他甚至已经开始盘算如何使用这些生力军，他打算让援军迅速越过奥得河，单刀直入地袭击苏军攻击部队的侧翼，以降低苏军进攻的力量。

正当古德里安思考对策时，希特勒接下来下达的命令却令他差点儿发疯。德国元首不紧不慢地说，从西线调出来的所有部队，都将用于匈牙利战场，他的目标是把苏军赶过多瑙河，以便保住匈牙利的油田和炼油厂。

火冒三丈的古德里安说，如果波兰丢失，柏林的大门也就完全敞开，保住油矿没有任何意义。而希特勒却坚持说，德国的综合石油工业已被盟军的飞机炸为一片废墟，所以匈牙利的石油和炼油厂对德国来说至关重要，没有石油，德国的飞机、坦克和舰艇只不过是摆设而已，他提醒古德里安要从经济的角度来考虑如何进行战争。按照惯例，一向说一不二的希特勒拍板决定从西线调来的预备队用于匈牙利的反击，对此，古德里安徒呼奈何。

希特勒同手下将领们讨论完预备部队的使用问题，接着讨论如何应对波兰和东普鲁士的危险局面。希特勒对前线的将领未能守住阵地非常气恼，他决定处罚丢失阵地的指挥官们。

1月16日，A集团军群司令哈尔培被免职，取代他的是北方集团军群司令舍尔纳，舍尔纳的位子由奥地利人杜伦立克接替。负责守卫华沙的吕特维茨因为下令放弃华沙也被免职。

事实证明，单纯的人事变动并不能从根本上改变什么。舍尔纳照样守不住他的防线，他只能从负责后备军训练任务的希姆莱手里，得到几个缺乏训练和装备的人民步兵师、军事院校的教职员和学员、警察和党卫军。这些增援部队几乎全无战斗经验，来东线多半会死于苏军的炮火或者坦克之下，总之毫无用处。

希特勒来到柏林坐镇，其实也并未改变任何事情，苏军的第1乌克兰方面军和第1白俄罗斯方面军的部队成群结队地向西涌去，马不停蹄地追击德军。波兰通往德国的大路和小路上，到处是一眼望不到头的苏军坦克大纵队，他们在行进时很讲策略，他们会充分利用平原地形的优势，避开一些德军布防严密的堡垒和要塞，往德军的后方使劲穿插，这就使得不少德军部队被苏军甩在身后，陷入包围之中。

1月19日，苏军在发动攻势后仅7天，就越过了1939年二战爆发前的波兰和德国边界，进入德国西里西亚地区。这时，德国第4装甲集团军和第9集团军的残部被抛在苏军战线的后方约10公里的地带。在波兰南部，防守克拉科夫的德国第17集团军指挥员舒尔茨发现，他的北翼已经完全暴露，为了避免被包围，他急忙下令放弃克拉科夫，全军退守位于西里西亚东南方的奥得河上游地区。

当波兰地区的德国A集团军群被打得一溃千里之际，在东普鲁士布防的莱因哈特中央集团军群也是岌岌可危。莱因哈特手上的第3装甲集团军、第4和第2集团军，在苏军的强大攻势下消耗极大，而他所得到的补充兵力，虽说有20万之众，却都是些只经过短暂训练即被拉上战场的乌合之众，这些原先的德国平民仅仅学会了如何开枪而已，应付战争实在不够格，所以在莱因哈特看来，他守不住东普鲁士。

1月23日，苏军第29坦克军一支先遣队，抵达波罗的海沿岸的埃尔平。接着，苏军攻占拖龙尼和马利英堡，东普鲁士和德国本土的联系被完全切断。至1月26日，德军第3装甲集团军、第4集团军和第2集团军的一部分被围困在东普鲁士。

到了这个地步，莱因哈特心知东普鲁士已经保不住，他希望他的部队能够带着居民一起撤退，他与德国第4集团军司令霍斯巴赫联名上书希特勒，同时希望德国元首能够允许他们发兵往西进攻，冲破苏军的封锁线，进入维斯瓦河以西的德军控制区。

希特勒极其讨厌这种失败主义论调，他对莱因哈特和霍斯巴赫大发脾气，他下令将他们撤职。1月26日，莱因哈特的职务由北方集团军群的杜伦立克接任，霍斯巴赫由米勒接替。希特勒特别命令杜伦立克不惜一切代价坚守东普鲁士首府柯尼斯堡，直至最后一兵一卒。

26日当天，希特勒又对部队进行改组和重编番号。北方集团军群改称库尔兰集团军群，原中央集团军群改称北方集团军群，而A集团军群则改为中央集团军群。

除了对旧部队换个新名字之外，希特勒还组建了一个新的部队，它名叫维斯瓦集团军群，下辖魏斯的德国第2集团军，以及由残余部队和分遣部队组成的布赛第9集团军。

这个集团军群的司令官是德国党卫军头子希姆莱，此君在一战时期曾在预备役部队里当过小军官，所以他一直怀揣着指挥千军万马打大规模战役的梦想。只可惜，在德军兵威极盛时，还轮不到他来插手军事。因1944年7月20日遭到德国国防军中部分军官刺杀，希特勒越来越不信任德国陆军。希姆莱对希特勒的忠诚给他带来了维斯瓦集团军群司令的位子。

希姆莱兴冲冲地坐火车来到前线，与他的几名参谋们一起，从维斯瓦河到奥得河布置了一道号称坚固的防线。他牢牢地把守住了波美拉尼亚北部地区，却把最该防守的奥得河给漏掉了。结果，朱可夫的部队根本就不去碰希姆莱的防线，他们径直向西扑向奥得河。

截至1945年1月27日，"维斯瓦河—奥得河"战役渐入尾声。朱可夫的部队成功地抵达奥得河右岸，并在卢本地区获得一个桥头堡，离柏林仅有160公里。科涅夫的部队攻克上西里西亚全境，德国最后的大型工业区丢失大半。罗科索夫斯基的部队切断了东普鲁士与德国本土的联系，将德国北方集团军群（原中央集团军群）围困在东普鲁士。纳粹德国的心脏柏林已完全暴露在苏军的枪口之下。

## 第三章

## 政治角力

## 第一节
## 纳粹的最后一根救命稻草

时间来到 1945 年 1 月下旬，在纳粹德国的高层中，除了希特勒本人之外，其他人都已认识到德国在这场大战中必然会战败，他们都对德国的前途感到担忧。

20 多年前，一战的时候，哪怕德国最终是个战败国，但那场战争始终在别国的土地上进行，德国本土毫发无损。

而这场战争，打到现在，反法西斯同盟国的飞机，把德国本土所有算得上有点儿规模的城市都炸成了粉末，且他们的多路大军正在逼近柏林，德军的抵抗固然顽强，不过也是拖延末日到来而已。

既然德国最终被占领的结局不可避免，那么相对而言，绝大多数德国人宁愿被西方盟国统治，而不愿意落入苏联人的手里。因为，从价值观上来说，绝大多数德国人厌恶和惧怕布尔什维克主义。而且，苏联人在东普鲁士和德国东部其他地区，血洗村庄和城镇的手段也令德国人异常恐惧。

在这种心理的驱使下，即便希特勒本人到了这个地步，仍然没有同敌对国家媾和的意愿，但他部分不安分的手下却在私下里串联，打算跟西方盟国接洽，秘密商议德国单独向西方国家投降，以便让德国被西方国家而不是苏联占领。

在希特勒的众多手下中，率先采取行动的、比较有分量的人是德国陆军总参谋长古德里安。

1945 年 1 月 23 日，德国外交部派驻德国陆军最高司令部的联络官巴兰登博士，应古德里安的要求，与德国陆军总参谋长会谈。会谈中，他们两人着重讨论了如何通过外交途径，为当前的军事局势提供协助。

巴兰登博士和古德里安均认为，当务之急是通过纳粹德国所剩不多的外交关系，至少能够在某一个战场上面，获得一个休战的机会。当然，这个战场最好是西线战场。

两位德国官员希望通过外交上的努力，让西方国家明白苏军迅速进展的危机。他们猜想，为了将布尔什维克主义遏制在东欧，不让它向西欧泛滥，西方国家也许能和纳粹德国签订一个单方面的休战协定，或者至少能够得到一个非正式的默契，使德国能够把全部兵力自西线战场上面撤出，全部运到东线战场去抵挡苏联人，最终，德国将会只向西方盟国投降。

当然，鉴于西方盟国曾经多次公开表示绝对不会单独同德国媾和，这个行动其实并无多大希望，但是像古德里安这种类型的德国人，就如同马上就要淹死在水里的人，哪怕看见一根水草，也想把它牢牢抓住。古德里安不希望德国人再在这场毫无希望的战争中流血，也不希望德国落入布尔什维克手中，所以他希望巴兰登博士尽快安排他与德国外交部部长里宾特洛甫相见，共同讨论这些问题。

里宾特洛甫是希特勒的主要政治顾问，在德国元首跟前说得上几句话。古德里安希望他本人能够先说服里宾特洛甫，再与这位外交部部长一道去晋见希特勒，恳请德国元首使用德国所余不多的外交法宝，来拯救德国。

1月25日，古德里安和德国外交部部长里宾特洛甫，在外交部的官邸中会面。会谈中，古德里安开门见山，直陈军事形势的险恶，他说苏军业已逼近奥得河，也许不出几个星期，苏军甚至可以出现在柏林城外。

里宾特洛甫长期受到希特勒盲目乐观态度的影响，对真实的战争形势缺乏清醒的认识，他满脸狐疑地询问古德里安，他所听到的这些话是否属实。当古德里安一脸笃定地宣称千真万确时，里宾特洛甫陡然间冒出来一句话："我看参谋本部的人员似乎有一点儿神经病！"

古德里安听了这句暗含讥讽的话，一点儿也不恼火，因为糟糕的局势已经将他的神经锤炼成了不锈钢，他才不会为了一句话而发怒。他耐着性子，详细地将东线糜烂到孙武再生也无法挽救的局势又讲一遍，接着，他就询问里宾特洛甫这位自封的"德国外交政策的拟定者"，是否可以与他一道去面见希特勒，争取在西线战场上实现停战。

里宾特洛甫断然拒绝古德里安的要求，他说他不能这样做，因为他是希特勒的忠实信徒，他知道德国元首不会愿意跟敌人做任何形式的外交谈判，他对古德里安的意见万万不能苟同。

古德里安见里宾特洛甫不见棺材不掉泪，就以一副极为严肃的样子询问道："假使三到四个星期以内，苏军的铁骑就已经在敲柏林的大门，那么你又会有什么感想呢？"

这个可怕的前景使里宾特洛甫受到惊吓，他失声喊道："你认为真的会有这样的可能吗？"古德里安耸一耸肩，老老实实地回答说，这个可能当然是有的，而且这也是德国的这种政治领导带来的必然后果。

里宾特洛甫于是便沉默不语，他好像已经有点儿相信古德里安的话。古德里安见状，就赶紧趁热打铁，要求里宾特洛甫跟他一起去见希特勒，把他的意见告知德国元首。听到这个要求，德国外交部部长立即大摇其头，他说他不敢去见元首，因为这种行为毫无疑问会招来一顿痛骂，甚至有可能丢掉脑袋。

软弱的里宾特洛甫令古德里安好生失望。见多说无益，古德里安只好起身告辞。这时，里宾特洛甫要求古德里安务必对这件事情保密，切不可让元首知道，古德里安答应了。

待古德里安走后没多久，里宾特洛甫便着手草拟一份报告，打算将他与古德里安的谈话对希特勒和盘托出。在写这份报告时，为了遵守他与古德里安定下的保密协定，他在报告中并未指明与他谈话的人是古德里安，而只说是一位负责东线防务的重要官员。但希特勒接到这份报告后，一想便知跟里宾特洛甫一起在私下里搞小动作的是古德里安，所以，里宾特洛甫的一番"好意"便成了无用功。

当天晚上，古德里安按照规定出席希特勒主持的"夜间汇报"军事会议。会议中，希特勒大发脾气，他尖酸刻薄地批评古德里安说："当参谋总长跑去见外交部部长，告诉他东线的情形是如何严重，并且主张设法在西线取得休战的时候，那么他多多少少已经犯了卖国的重罪！"

希特勒此话一出，古德里安顿时心中雪亮，他知道这必然是里宾特洛甫那小子出卖了他。不过，事已至此，古德里安反而一点儿也不紧张，因为他觉得这样也好，至少通过这样一种渠道可以让德国元首了解到真正的情形是怎样的，这起码有助于他做出相对正确的判断。但事实证明，古德里安难免又要失望一次，因为德国元首根本就不提和平谈判这件事。

于是，古德里安想和德国外交部部长合作，企图使西线休战的愿望，终究还是落空了。

1月27日，东线苏军的攻势涛声依旧，德国方面加倍得吃紧。在匈牙利首都布达佩斯的西南面，苏军发动新的攻势。在布达佩斯的街头，也已经发生激烈的巷战，苏军的目的在于消灭留在该城的德军残部。

在上西里西亚工业区的情形更是紧张，苏军已经攻抵摩拉韦恩斯、特罗堡、莫拉夫斯卡—奥斯托瓦和特斯臣，东普鲁士的德军被团团围困，波森已经被包围，其中一个做防卫的重要堡垒失陷。

苏军已经到达舍纳朗科、斯洛浦、法林尼、施耐德米尔和乌斯何一线，纳其尔和布罗堡已被苏军占领，马林堡也发生激战。

半路出家，根本就不明白大兵团指挥为何物的希姆莱，完全抵挡不住苏军的猛攻，于是他就在未经德国陆军最高司令部批准的情况下，擅自下令德军撤出许多据点，他的这一行为，起初就连希特勒也被蒙在鼓里。结果，位于德国北部的维斯瓦河防线，几乎是未经一战便被苏军收入囊中，这导致维斯瓦河以东德国部队的退路全部被切断。

当希特勒最终得知希姆莱居然犯下了如此严重的错误时，他却并未像对付德国陆军的其他败军之将那样对付希姆莱。德国元首并未将希姆莱革职，或者干脆抓起来丢进监狱，判个卖国罪，他对希姆莱不战而逃的行为只当没看见。

德国元首这种厚此薄彼的做法，无疑严重伤害了德国陆军将领们的感情，他们牢骚满腹，甚至在主观上不愿意再为保卫第三帝国出力。

**法西斯的覆灭 · 攻克柏林**

就在这天晚上，例行军事会议召开时，古德里安将残酷的现实摆到希特勒面前，他说："截至1月27日，俄国声势浩大的进攻很快就使我们有全军覆没的危险。"这时，德国东、西普鲁士之间的联系已被切断，朱可夫的部队从卢本地区跨越奥得河，距离柏林仅有160公里而已。而最最严重的是，苏军已经占领西里西亚的工业基地。

失去西里西亚这个最后的工业基地之后，负责军火生产的斯佩尔当即向德国元首上呈一份报告，告诉他德国面临着何等的困难。报告的开头就是一句希特勒最讨厌看见的话："战争已经失败！"然后是极为客观的数据，斯佩尔指出自从美英盟军大举轰炸鲁尔工业区以来，西里西亚的煤矿便为德国提供了60%的煤。现在，西里西亚丢了，德国也断了煤的来源，目前德国各地，铁路、发电厂和工厂所储存的煤只相当于1944年生产的1/4，钢只相当于1944年的1/6。斯佩尔悲观地预言1945年将是灾难性的一年。

毫无疑问，东线的灾难性打击令参与军事会议的大多数人万分沮丧，但希特勒、戈林和约德尔却有不同的想法。他们深信西方盟军会由于害怕布尔什维克在欧洲的胜利而自动找上门来，与纳粹政府谈判。

令他们产生此等幻觉的根据是，波兰问题在同盟国内部引起矛盾。刚刚解放没多久的波兰，发生了当地共产党政府和原政府的冲突，冲突双方的背后分别站着苏联和美英两大集团。事情的表象是，在德国尚未被击败之际，苏联和美英的联盟反倒有垮台的可能。

在波兰，出现了两个自称合法的政府，一个是二战爆发前统治波兰的华沙政府，它极度厌恶苏联，与西方亲近。这个政府在二战初期、波兰行将灭亡时逃到英国伦敦，继续抵抗德国。另一个是苏联扶持的，由波兰共产党执政的卢布林政府，这个政府毫无疑问与苏联亲近。

1944年7月末，苏军逼近华沙。波兰流亡政府为了抢在苏军到来之前光复华沙，达到驱逐德军和避免受到苏联控制的目的，策动其下属的波兰国家军发动"华沙起义"。

华沙起义发起之初，德军猝不及防，波兰国家军一度占领2/3的华沙城。指挥这次起义的人名叫布尔，他是铁杆的反苏派，他在发动起义时，并未通知离华沙不远的苏军，他仅仅指望美英方面通过空投，为他的部队解决后勤补给问题。而在发表起义宣言时，布尔甚至公开说出了这样的话："德国人正在仓皇逃窜。波兰人民，起来同苏维埃做斗争，自由波兰万岁。"

波兰国家军喊出这样的口号，就算后来苏联人知道波兰国家军在华沙城里搞起义，他们也打算袖手旁观。结合当时的情况来看，苏联人的行为无可厚非，因为毕竟斯大林不是活雷锋，他才不会费力气去解救华沙城里顽固的反苏分子。

8月4日，起义形势逆转，德军逐渐掌握主动权，他们逐步压缩波兰国家军的阵地。英国首相丘吉尔急忙出面，请求斯大林发兵援助波兰国家军。

对于丘吉尔的过分要求，斯大林极为冷淡地回复称："波兰国家军只是一支没有重武器的小分队，德军却足有4个装甲师，德国人可以轻易地消灭所有的起义者，这些波兰人实在是可怜。拿这些人的生命冒险的波兰（流亡）政府是在犯罪。"

为了达到让这支顽固反苏的波兰武装自生自灭的目的，斯大林甚至短暂地站在德国人一边，他起初还不允许为华沙空降物资的美英飞机在苏军机场着陆，这带来漫无止境的争吵。迫于压力，斯大林不得不派出飞机为华沙空投一部分物资。

毫无疑问，这部分物资充其量只有象征意义。布尔接收到苏军物资后，就抱怨说苏军提供的物资数量极少。

到了9月份，苏军和波兰人民军（波兰共产党领导的武装）攻克维斯瓦河东岸的华沙城区。丘吉尔马上再次致电斯大林，请求他发兵渡过维斯瓦河去支援河西的波兰国家军。

极不情愿的斯大林不想开罪丘吉尔，就派兵发起一场明显带有敷衍性质的渡河行动。这些渡河的苏波联军，仅仅只是受到德军的轻微袭击，便立即后撤，跑得比兔子还快。这样一来，华沙城里的波兰国家军便完全失去外界的策应。到1944年10月，华沙起义也就在孤立无援的情况下以失败告终。

为了这件事，英苏双方大打嘴仗。双方的冲突是如此的表面化，以至于希特勒都不用派间谍刺探，都能感受到盟军内部的不团结。

通过发生在波兰的事件，希特勒意识到美英两国，尤其是英国连实力不强的波兰都不愿意甩手送给苏联，那么实力远强于波兰且更靠近西欧的德国，就更加不会被英国人送给苏联。于是，德国元首就幻想着苏联和美英方面会大起冲突，同盟国的联盟关系会破裂，美英还说不定会支持德国进攻苏联，那么他的政府就有保存下来的可能。

希特勒通过分析政治局势得出上述结论后，打算把他的研究成果告诉他的手下们，以便提升他们的士气。1月17日晚上的例行军事会议开到最后，一些人走了，另一些人留了下来，希特勒对留下来的人大讲一通同盟国的矛盾问题，然后暗示德国可能在同盟国的矛盾中找到求生的机会。他预言说，用不了多久，西方便一定会醒悟到，他们真正的敌人是布尔什维克主义，因此，他们便会与德国一道，共同讨伐苏联。这是因为英国首相丘吉尔和他都很清楚，柏林若被红军征服，半个欧洲便成了共产党的天下，用不了几年，另一半也会被消化掉。

发表完自己的预言，他又开始梦想新的联盟，他说："我从来不想真打西方，是他们强迫我打的。但是，俄国的纲领却越来越明显。在波兰，当斯大林承认卢布林政府的时候，罗斯福想必是开了眼界。时间将是我们的盟友，我要求你们死守东线的原因就在于此。我们坚守的每一个要塞都将成为德国—美国—英国联合征讨犹太布尔什维克主义的跳板，这难道还不明显吗？"

德国元首的这一通讲话，令许多人，尤其是党卫军青年军官听得入迷，而古德里安这样的老江湖却嗤之以鼻，他根本就不相信同盟国内部会生乱。

但戈林和约德尔却坚信德国元首的判断绝不会错，在军事会议散场后，他们私下里进行了密谈。

希特勒问戈林和约德尔："你们认为，英国人对俄国的这一切进展会感到高兴吗？"

戈林回答道："他们（英国人）当然不希望我们会挡住他们，而让俄国人占领整个德国，他们当初也并不希望我们会向疯子一样抵挡他们，而让俄国人步步进逼，现在差不多占领了整个德国。"

约德尔也说："他们（英国人）对俄国人怀有戒心。"

戈林则插嘴道："如果这种情势继续发展下去，几天以内我们就会（从英国人那里）收到（和谈）电报。"

希特勒等人打的如意算盘是希望美英盟军为了对抗苏联，很有可能保留他们这个极端反苏的政府，让他们继续领导德国。就这样，曾经叱咤风云的第三帝国首脑们，居然把他们最后的希望寄托在同盟国内部生乱上面，这不得不说是一种悲哀。

## 第二节
## 雅尔塔会议

自1941年底,美、英、苏三国结为反法西斯同盟以来,美英军事集团和苏军一个在欧洲东部作战,一个在欧洲南部和西部作战,它们在战场上基本没有什么交集,谈不上什么协同作战,也没有什么冲突。

到了1944年6月6日,西方的美英盟军在诺曼底登陆之后,他们和苏军以德国本土为目标,东西对进,距离逐渐拉近。截至1945年2月初,美英盟军和苏军都已经攻入德国本土,两军即将相遇,对德战争即将胜利。这时,就有很多现实性的问题摆在了美、英、苏三国领导人的面前。

首先是军事上的问题,目前美英盟军和苏军都在朝着德国本土进攻,如果在进攻过程中两大军事集团相遇,是否会擦出一些别样的"火花",比如军事摩擦之类的事件。

就当时的情况而言,发生这种事件的可能性还是很大的。在美英盟军内部,有很多高级别的将领,都是铁杆的反布尔什维克主义者,比如英国陆军元帅蒙哥马利,这位英国绅士哪怕是在公开场合都毫不掩饰他对苏联的反感。

如果不把美英盟军和苏军的对德作战行动协调好,万一两军在战场上相遇时发生火并的现象,那第三次世界大战就极有可能发生,这是渴求和平的人们无论如何不想看到的。

在军事方面的问题逐渐浮出水面之际,欧洲政治方面的问题也凸显出来。

二战之前,几乎所有的欧洲国家都有共产党,这些共产党又几乎都听命于苏联，他们的政治纲领是武装夺权，建立社会主义共和国。在二战爆发之前，除了苏联以外，欧洲各国的共产党普遍被压制，无法夺得政权。但在二战爆发后，很多欧洲国家，比如法国共产党、意大利共产党和希腊共产党都在德国的占领区内组织游击队，打击德国侵略者。这些共产党的行动不仅使他们获得了相当强大的武装力量，也为他们赢得了巨大声望，这使得他们完全具备取代原政府，掌握政权的实力。

比如在希腊，就发生了共产党领导的游击队与流亡政府发生冲突的情况，这是西方国家与共产党之间发生的第一场大冲突。

希腊位处东南欧，其国土与苏伊士运河很近，英国为了确保它的本土与其亚洲殖民地之间航线的安全，始终将希腊视为它的势力范围。

1941年3月纳粹德国发动巴尔干战役，将英国和希腊联军赶进地中海，希腊政府便流亡至英属埃及首都开罗，而希腊国内的共产党则组织起游击队来对抗德军。

到了1944年10月，德军退出希腊后，希腊共产党领导的游击队已经占据希腊大半江山，看起来，希腊极有可能成为社会主义国家。

英国当然不希望眼睁睁地看着希腊落入共产党之手，因为这就相当于让希腊落入苏联的手里。丘吉尔当即命令英军护送希腊流亡政府回到雅典，打算扶持它继续统治希腊。

希腊共产党对此深为不满，但他们知道就凭自身的力量，无法与英国对抗。于是，希腊共产党就向莫斯科请示，询问他们是否能够得到苏联的援助，以便他们掌握希腊的政权。

当时，斯大林为了确保苏联在东欧、巴尔干半岛和远东的利益，决定牺牲希腊共产党，将希腊划给英国。得到莫斯科的指示后，希腊共产党部分人打算放弃武装夺取政权的想法，这一派被称为温和派，他们打算与希腊流亡政府和谐共处。而另一部分人则坚持进行武装斗争，发誓要建立社会主义的希腊共和国，这一部分被称为激进派。渴望建立社会主义共和国的希腊共产党激进派，得到了南斯拉夫共产党领袖铁托的支持。

在铁托的支持下，希腊共产党中的激进派与英国支持下的流亡政府发生了激烈冲突。1944年12月13日，希腊内战正式爆发。

有了希腊的前车之鉴，美英盟军开始格外关注意大利共产党和法国共产党领导下的游击队。罗斯福和丘吉尔认为，如果不能很好地解决法国和意大利共产党的政治出路问题，法国和意大利也有可能发生内战。

当受到苏联影响的西欧各国共产党给美英制造麻烦之际，西方也在东欧给苏联制造麻烦。在东欧，双方争议的焦点是，美英支持的波兰流亡政府与苏联支持的卢布林政府，到底哪一个才是正统？

毫无疑问，出现在欧洲战场上的政治和军事问题都需要解决，这必然需要苏联和美英的合作。而除了在欧洲战场上，美英希望与苏联继续加强合作，在远东的太平洋战场上，美国人同样迫切需要苏联帮助他们解决日本问题。

1941年12月7日，日军偷袭珍珠港，挑起太平洋战争。在这场战争的初期，日军攻城略地，几乎将1/4的太平洋和整个东南亚收入囊中，就连印度都有沦入日军之手的可能。

到了1942年6月5日至6日，中途岛海战结束后，美军才挽回颓势，一举夺回战争主动权，并且还向日军发动反攻。

在一系列海岛争夺战中，日军虽然居于劣势，但仍然可以为了效忠天皇而拼死作战，几乎所有的日军部队都战至全军覆没，投降的日本人凤毛麟角。这种超强度的抵抗当然会给美军带来巨大伤亡。

太平洋战场上，美军巨大的伤亡数字令罗斯福总统深感忧虑。罗斯福受到美国情报部门的误导，一直以为目前在太平洋战场作战的日军，都是些不算精锐的部队，日军中最"精锐"的关东军还驻扎在中国东北，用以防备苏联。他认为，如果驻扎在中国东北的日军"精锐"部队被调入太平洋作战，美军的伤亡简直不能想象。为了拯救美国小伙子的生命，罗斯福需要苏联在中国东北采取行动，消灭日本关东军，他急需同斯大林当面会谈。

既然有如此多的问题需要讨论，美国总统罗斯福、英国首相丘吉尔和苏联统帅斯大林之间，自然需要一场面对面的研讨会。

盟国"三巨头"上次会面，还是在1943年11月28日，当时会议的主题是如何在西欧开辟第二战场。后来，诺曼底登陆战胜利结束之后，美英盟军和苏军在欧洲的东西两线战场上突飞猛进，逐渐逼近德国本土，德国败局已定。

为了解决上述一系列政治和军事问题，比如盟军在反对纳粹德国战争中，最后阶段协同一致的军事计划，处置德意志帝国的基本原则、对日作战问题，以及确立保障战后国际安全的基本原则，美国总统罗斯福决定促成又一次"三巨头"会晤。

1944年7月19日，美国总统罗斯福正式提出举行新的盟国最高级别会晤的建议，他为此专门写了一封给苏联统帅斯大林的信，信中他写道："鉴于事情进展地如此迅速和顺利，我认为应该尽快由您、首相和我共同举行一次会晤。"

丘吉尔完全同意罗斯福的意见，他将会晤日期定在1944年9月的第2个星期，以苏格兰北部为会晤地点。

斯大林在1944年8月2日给罗斯福回了封信，信中写道："遗憾的是，我必须指挥前线战事，我不希望在最近举行这种会晤。"

1944年9月11日至16日，美英首脑举行魁北克会议后，丘吉尔和罗斯福再次向斯大林建议，举行三方会谈。斯大林这一次不再说他军务繁忙，他转而说他的健康状况不佳，他的私人医生强烈建议他不要作长途旅行。

英国首相丘吉尔见斯大林不肯出门，他就直飞莫斯科，到斯大林的家里去会谈。在这次会谈中，丘吉尔和斯大林就巴尔干半岛的势力范围划分问题达成了"百分比协议"。英国首相得到了斯大林的保证，苏联统帅宣称莫斯科不会支持希腊共产党打内战，而丘吉尔则允诺，苏联将得到除了希腊之外的整个巴尔干。

罗斯福对丘吉尔的这次单独行动表示理解，他又给斯大林写了一封信，信中他宣称他将莫斯科会议看作是未来"三巨头"会晤的预演，但他坚持认为只有他本人、丘吉尔和斯大林一起商量，才能将一些重大问题解决好。

莫斯科会谈结束之后，美、英和苏联政府的首脑在来往信函中就召开新的"三巨头"会议交换了意见,并最终决定新的会晤将于 1944 年 11 月在苏联黑海沿岸的雅尔塔举行。

1944 年 11 月,由于罗斯福总统要筹备他的总统就职典礼,这个会议又被推迟到 1945 年 1 月月底到 2 月初,在苏联黑海沿岸克里米亚半岛的雅尔塔举行。此次会议的代号,根据丘吉尔的建议,被定名为"阿尔戈航海者"。

这个代号,据丘吉尔所说,非常有内涵,它对应着一个古代的故事:很早以前,一些古希腊的勇士曾经乘船到黑海沿岸寻找金羊毛。

现在,这个故事中的情节正好与目前的雅尔塔会议有些相似。罗斯福和丘吉尔对应着"古希腊勇士",雅尔塔对应着黑海沿岸的城市,"金羊毛"则对应着合理划分欧洲和远东的势力范围、美英与苏联合作对日作战等问题的圆满解决。

1945 年 2 月 4 日,雅尔塔会议正式召开。会议第 1 天,美英与苏联着

雅尔塔会议

重讨论的是，对德作战问题，以及如何处置德国的问题。

经过充分的讨论，"三巨头"都同意绝对不单独同纳粹德国媾和，纳粹德国必须无条件投降，接受战胜国的处置。而在目前的欧洲战场上，美英盟军和苏军的进攻终止线，被划定在德国的易北河，易北河以西归美英盟军占领，易北河以东归苏军占领。从地理位置上来看，柏林位于苏军的攻击范围之内，所以，原则上，柏林应该由苏军来攻取。

至于战争结束后，如何处置德国的问题，"三巨头"也取得一致，他们的意思是，对德国实行分区占领，且占领国应当采取一切必要的措施将纳粹主义、军国主义等有害思想连根拔除。

在讨论分区占领德国的问题时，引起了一系列与法国有关的争议。丘吉尔希望恢复法国的大国地位，给法国也划出一块儿占领区，让法国派遣相关人员加入对德管制委员会，与美、英、苏一道管制德国。

斯大林对此坚决反对，他认为法国在二战中的表现简直可以用糟糕透顶来形容，它甚至都没有打过几场像样的战役就战败投降。直到1944年6月以后，新组建的法军才再度对德作战，尽管法国军队的表现还算不错，多少取得一些战绩，但这点儿成绩跟美、英、苏三国比起来根本就不值一提。

罗斯福见丘吉尔和斯大林各持己见，不能达成共识，他就对斯大林说他支持丘吉尔的建议，他说美军在欧洲停留的时间不会超过两年便会撤离，所以他希望让法国来分担英国的重担。不过，为了照顾苏联的利益，罗斯福特别强调尽管会额外多出一个法国占领区，但苏联占领区不会有任何改变，法国占领区将会从美英的占领区中产生。斯大林见苏联的占领区并未减少，也就同意给法国一块儿占领区，并干脆还同意法国派相关人员参加对德管制委员会。

斯大林的让步无疑令丘吉尔很是高兴，英国首相这次力挺法国人其实还是有深刻政治原因的。丘吉尔打的如意算盘是，等到美军在两年以内离开欧洲之后，法国可以帮助英国，管理美国人撤走以后留下的德国占领区，并与英国联盟抵制新的波苏同盟，以及遏制可能再度强大起来的德国。

到此为止，继续对德作战，以及处置德国的问题讨论完毕，接着斯大林提出要让德国支付战争赔款。这个要求合情合理，丘吉尔和罗斯福并不觉得过分。于是，斯大林便提出一个天文数字200亿美元，要求德国10年还清。

丘吉尔听到这个数字马上就激动了，毫无疑问，这个赔款必然会使战后的德国经济长期处于不健康状态，德国会被严重削弱。此时，丘吉尔并不希望战后的德国被严重削弱，他还希望保持一个较为强大的德国来对抗苏联，所以他提醒斯大林，这个赔偿数字会压垮德国的经济，战后的德国一定会混乱不堪。对此，斯大林的答复是，他不希望德国快速恢复经济，然后又来挑起战争，所以要让德国半死不活，永世不得超生。丘吉尔马上据理力争，斯大林却寸步不让，两位领导人之间再度陷入僵局。

最终，还是罗斯福出面来解围。美国总统认为斯大林在法国问题上作了让步，赔款问题上就该得到补偿，他表示支持斯大林的提议。丘吉尔无奈之下只好同意。

谈论完最重要的德国问题，接下来是其他国家的政治问题，其中争议最大的是波兰的前途问题。波兰在战后必然可以复国，波兰复国以后的政府组成和疆界问题成了讨论的重点。"三巨头"之间，经过较为激烈的争论，最终同意以卢布林的政府为主体，容纳其他民主人士，建立新的波兰政府。这就意味着在伦敦的流亡的波兰政府已经失去正统地位，美英随后与之断交。

至于波兰的疆界，同样是在经历激烈争论之后，丘吉尔和罗斯福才同意斯大林的对波兰国土范围的界定。斯大林认为，新波兰的东部边界以"寇松线"为准，该线以东的波兰国土划归苏联，波兰在其东部丢失的国土可以在其西部的德国找到补偿，德国东普鲁士和东部部分国土将被划分给波兰。

"三巨头"决定了波兰的命运以后，又对战后欧洲进行势力划分。"三巨头"一致同意，目前已经被苏联解放的波兰、罗马尼亚、匈牙利，尚未被完全解放的捷克斯洛伐克、南斯拉夫、阿尔巴尼亚，以及划分给苏联占领的德国领土都将被苏联控制。

而西欧仍将由美英控制，斯大林表示他不会支持西欧各国的共产党发动武装革命，夺取政权。南斯拉夫的政府，应该由保皇党流亡政府和共产党政府联合组成。

会议讨论的另外一个重要问题是，苏联参加对日战争的问题。斯大林原则上同意参加对日战争，不过他提出了非常多的参战条件，他要求将中国的外蒙古地区独立出来，划为苏联的势力范围，另外他还要求收回日俄战争期间，沙皇俄国失去的一切权力，例如，沙俄割让给日本的库页岛南部地区，以及一些附属岛屿必须归还给苏联；中国大连商港国际化；苏联租用旅顺为海军基地；苏、中共同经营中东铁路和南满铁路；日本的千岛群岛交予苏联。会议还讨论了建立联合国组织，维护世界和平的问题，以及战败国的殖民地处置问题，等等。

会议于1945年2月11日结束。通过这次会议，美、英和苏联巩固了他们的战时同盟关系，解决了一些矛盾，协调了对德作战的行动，对战后世界的秩序进行了布置，取得了不小的成果。

事实证明，反法西斯同盟国之间虽然小有摩擦，但是已经通过谈判消除了误会，同盟国的基本目标还是没有任何改变，他们将联合在一起对德国和日本法西斯作战到底，直至他们无条件投降，然后接受战胜国的处置。

1945年2月12日，他们刚在雅尔塔召开完一次会议，"三巨头"宣布，在打败轴心国的问题上已经取得一致意见。在美国、英国和苏联，写有会议条款的公报受到热烈的欢呼。

这些公报，令戈林和约德尔这种相信西方和苏联必然反目成仇的人，很是沮丧，而纳粹德国宣传部长戈培尔却异常高兴，他认为盟国的宣言非常有助于提升德军的士气，毕竟盟国的意思相当明确，德国如果战败，就将被肢解，并且支付多得吓人的巨额战争赔款，所以德国必须加倍努力，斗争到底，不然就会被消灭掉。

对于德国元首希特勒来说，既然西方和苏联的目标仍然是摧毁他的纳粹政权，他也就不再有什么指望，他打算顽抗到底。

·第四章·

莱茵河战役

## 第一节
## 美英盟军新的进攻计划

雅尔塔会议召开后，美、英、苏三国政府发表的会议公报明白无误地告知了希特勒及其同党，任何利用盟国之间的矛盾，而使纳粹政府得以保存的企图都是无效的，纳粹德国只有无条件投降一条路可以走，但希特勒却不愿意无条件投降。

希特勒不愿意投降，是因为他有顾虑，自二战爆发开始，到1945年2月止，纳粹这些年在欧洲各地，尤其是苏联犯下了滔天罪行，他知道如果他落入盟国手中肯定没有好下场，所以他下定决心顽抗到底，他深信，如果他坚持到最后一刻也不投降，也许能迎来转机。

到了这种地步，希特勒仍然抱有幻想，因为他一直受到德国古代一个流传甚广的传奇故事的激励。

1756年至1763年，在欧洲发生了一场"七年战争"，当时交战的是两大军事集团，一个是英国和普鲁士（德国的前身），另外一个是法国、奥地利、沙皇俄国、瑞典、德意志各个小邦国的联合体等。

这场战争的目的，就是要解决一些主要问题：英国要同法国争夺海外殖民地、普鲁士要同奥地利争夺西里西亚地区（在一场战争中奥地利割让给普鲁士）、沙皇俄国要同普鲁士争夺东欧。

在这场战争中，英国主要在海上作战，欧洲大陆上的战争则由普鲁士承担。1756年到1762年，普鲁士军队在其国王腓特烈二世的带领下独力与法、俄、奥等当时欧洲的一等强国对战。

在长达6年的对战中，普鲁士被打得山穷水尽，一度处于亡国的边缘，而腓特烈二世也多次对其手下表示，如果在1762年2月15日之前，战局没有好转，他就要服毒自杀，因为战争毫无疑问必败无疑，而普鲁士将被战胜国瓜分掉，他再也没有生存下去的必要。

尽管这位君王萌生出自杀的念头，他的大臣却力劝他不要自尽，再等等，说不定幸运女神就会眷顾普鲁士。腓特烈二世被大臣们劝服，他同意等待运气的好转。

1762年2月12日，极度敌视腓特烈二世的俄国女沙皇驾崩，新上台的沙皇彼得三世非常崇拜腓特烈二世。这位新沙皇上台后，干的第一件大事，就是立即让俄国退出与法国和奥地利等国的同盟军，然后他让俄国转而与普鲁士结盟，共同讨伐法国和奥地利等国家。

虽然后来俄国发生政变，彼得三世的妻子叶卡捷琳娜发动政变，推翻了彼得三世，但是俄国并未再与普鲁士为敌，普鲁士也再无东线之忧。

腓特烈二世借着普鲁士短暂与俄国结盟，以及俄国退出战争的喘息之机，使他的军队迅速恢复了战斗力，然后，他带领着军队一直战斗下去，直至获得"七年战争"的胜利。腓特烈二世因为其伟大的军功，以及其带有神话色彩的好运气，而被希特勒所崇拜。

正是受到了腓特烈二世坚持到最后一刻也不放弃信念的鼓舞，终于在这场战争中获胜，希特勒才打算在雅尔塔会议之后，继续让东、西两线的德军拼死抵抗敌军的进攻。德国元首对手下说，如果他坚持抵抗，那么也许会发生一些偶然事件来改变他的命运，比如丘吉尔突然失踪或者被暗杀，那么英国的贵族们可能会改变主意，扶持德国对抗苏联。

希特勒相信，命运女神一定会再次眷顾他，因为他曾经出于机缘巧合，躲过好几次暗杀，其中最近的一次是1944年7月20日的暗杀。当时，如果不是一个参加会议的人将施陶芬贝格安放的炸弹挪远一点儿，他早已命丧黄泉，所以他坚信他的运气一定会逆转，所以他决心将战争一直拖下去。

正是在这种心理的作用下，即便德国此时已经被打得千疮百孔，奄奄

第四章 莱茵河战役

法西斯的覆灭 攻克柏林

一息，希特勒仍然要求他的手下们坚持下去，他命令所有的德军务必坚守阵地，一步也不许后退。

反法西斯同盟国见希特勒负隅顽抗，不肯投降，就准备再次发起强攻，将纳粹政权完全击碎。

1945年2月初，欧洲战场的东、西两线中，东线的苏军由于在1月上旬发动的"维斯瓦河—奥得河"战役中兵员和物资消耗较大，需要休整，所以在东线战场上，苏军不打算发动较大规模的战役。

而西线战场上，希特勒孤注一掷发动的阿登攻势已接近尾声，残存在阿登地区的德军部队被全部歼灭。美英盟军经过一定时间的休整和物资补充，战斗力已经完全恢复。原先因为阿登战役而搁浅的美英盟军西线进攻计划，再次进入艾森豪威尔的视线，他早在1945年1月中旬，就计划在西线发动一场新的大规模攻势，来促使德国尽早投降，结束战争，他即将要发起的这场攻势名为"莱茵河"战役。

1945年2月初的西线，美英盟军当面的德军，一共拥有59个师的兵力，他们企图依托沿着德国西部边界修筑的"齐格菲防线"，以及天然屏障莱茵河来保卫德国本土。

这条德军所依靠的"齐格菲防线"，北起荷兰安平东南，南至瑞士与德国边界，全长约有600公里。该防线北段在莱茵河以西，南段在莱茵河以东，防护着鲁尔和萨尔两大工业区。美英盟军只要攻破"齐格菲防线"，并且把鲁尔工业区和萨尔工业区收入囊中，至少从经济上来讲，失去所有工业区的纳粹德国将无法再支撑这场现代化战争。

齐格菲防线

根据艾森豪威尔的计

划,莱茵河战役将分为3个阶段:第1阶段,美英盟军各个集团军群必须一线平推,摧毁设立在莱茵河西岸的"齐格菲防线"(亦称"西壁防线"),将德军全部赶到莱茵河东岸去;第2阶段,选择合适的地点渡过莱茵河,在河的东岸建立桥头堡;第3阶段,也是最重要的阶段,这一阶段将组织两个较大规模的战役,其中最重要的战役将由蒙哥马利率领的英国第21集团军群负责,任务是,以杜伊斯堡为出发阵地,从北面绕过德军重兵布防的鲁尔工业区,攻占德国北部平原。这次主要攻势将动用盟军西线一共85个师中的35个师。另外1个战役将由布莱德利率领的美国第12集团军群负责,任务是,沿着美因茨—法兰克福—卡塞尔这条战线向鲁尔区推进,这次攻势将动用25个师。

这次战役的总目标是,美英盟军以德国的鲁尔工业区为中心,构建一个巨大的包围圈。等美英盟军把德军团团围困在鲁尔工业区里面以后,再发动猛攻,将包围圈内的德军全部歼灭。这一最主要的军事目标完成后,美英盟军再挥师东进,到达易北河畔,等待着与苏军会师。

美英盟军剩余的25个师,将坚守莱茵河畔的卡尔斯鲁厄南部地区、波恩地区和宾根地区,这些地区并不适合大规模渡河作战,所以美英盟军不打算在这些地区展开攻势,而以防守为主。

由于希特勒执迷不悟、不肯投降,这场"莱茵河战役"一定要打,在这一点上,无论是美军将领还是英军将领都赞同,但在制定战役计划时,却发生了一些小插曲。具体来说,为了确定在"莱茵河战役"中究竟是美军、还是英军来担负主攻任务,美军将领和英国将领之间闹了一些小矛盾。

1945年2月初,在西线作战的美英盟军中,英军只占1/4,而美军几乎占到3/4,不少美军将领认为,英国佬在这场战争中居于次要地位,他们应当老老实实地担负次要攻击任务,把主攻任务和军事荣誉留给美国军队。

但是,盟军的最高司令艾森豪威尔出于维系美英同盟的考虑,不仅坚持让蒙哥马利率领的英国第21集团军担负"莱茵河战役"中的主攻任务,并且特别对美军将领们强调,在蒙哥马利部队没有横渡莱茵河之前,任何美军部队不得横渡莱茵河。这些决定已经让不少美军将领们火大,而艾森豪威尔为了加强蒙哥马利的实力,还特地把辛普森指挥的美国第9集团军(该集团军隶属于布莱德利指挥的美国第12集团军群)划到蒙哥马利帐下,这令美军将领们更为不满。艾森豪威尔对蒙哥马利的格外照顾,使美国第3集团军司令巴顿极为愤怒。

巴顿这位号称"铁胆将军"的美军第一猛将如此愤怒,当然是有原因的。巴顿和蒙哥马利,分别被称为美国和英国第一猛将,就连德国人也对他们两人佩服得五体投地。这两位猛将都通过在北非击败纳粹德国名将隆美尔而成名,然而,由于两位将领都具有争强好胜的性格,盟军在接下来发动的一系列战役中,常常暗中较劲,打算把战胜德军的荣誉揣进自己的荷包,以便为自己的祖国争光。

从西西里岛登陆战开始,到诺曼底登陆战,再到"市场—花园"行动,两位将领都在竭尽全力让自己的部队打出漂亮仗,以便在军事荣誉上盖过对方。

当然,由于蒙哥马利在职衔上高于巴顿,且丘吉尔一直力挺蒙哥马利,巴顿总是很难争取到主攻机会。比如,这次"莱茵河战役",巴顿原本打算抢在英军的前面发动进攻,他很想当第一个横渡莱茵河的盟军将领。

但艾森豪威尔的计划却将巴顿的美梦击得粉碎,这让巴顿愤怒了。这位美国第一猛将找到布莱德利,问了这样一个问题:"我能够继续采取一次侦察行动吗?"

作为巴顿的上司,布莱德利非常清楚巴顿的脑子里在想什么,他知道所谓的"侦察行动",其实就是全力进攻的意思,但他还是同意了,因为他也看不惯实力不如美军的英国佬总是担负主攻任务。

1945年1月24日,美国第7集团军司令霍奇斯和巴顿,一同在巴顿的司令部里研究作战计划,没多久,布莱德利也参加进来。这3位美军高级将领商议一番,最终决定由霍奇斯在星期天发动进攻,给英国佬来个

"大惊喜"。

当这3位将领正在为自己的大胆计划庆贺时,电话铃响了。这是盟军最高统帅部中的英国军官惠特利将军打过来的,他告诉布莱德利,英军即将发动大规模攻势,他希望布莱德利能够再调拨几个师去支援英军的行动。

布莱德利显然被英国人的贪得无厌给惹得勃然大怒,他原本甚至连第9集团军都不愿意划给蒙哥马利,现在英国人不仅不满足,居然还得寸进尺,想要更多的部队,岂有此理。

恼怒的布莱德利,几乎是吼着回复了惠特利将军,他说:"为了一个十分次要的行动,不惜要我们放弃一次稳操胜券的战斗。如果你想破坏了整个战斗,那么你就这么做好了。"

这是巴顿第一次看见布莱德利发这么大火,他觉得自己应该声援一下他的长官,给英国人一点儿颜色瞧瞧,于是他站到布莱德利身后,故意提高嗓门,冲着话筒咆哮:"告诉他们,见鬼去吧!我们3个都要辞职,我第1个。"

巴顿的话音刚落,布莱德利便接过话茬继续说道:"还有比抽调军队更加危险的事,那就是美国士兵、军队和他们的指挥官们的盛誉和才干毁于一旦!你若是非要调动军队不可,我认为,你可以调动第21集团军群中那些该死的任何一个师和集团军,你们要同他们一起爱怎么干就怎么干,至于我们,你们就不用管了,我们的屁股将稳稳地坐定直到结成冰块儿。"

等布莱德利朝着惠特利将军倾泻完他的滔天怒火,最后,他又以一副平静的口吻说道:"希望你不要怪我发脾气,我实在被你们气疯了。"

布莱德利把狠话说完,就"啪"的一声重重地挂断电话,前来围观的美国军官们纷纷竖起大拇指,称赞布莱德利干得漂亮。

几天以后,当兴冲冲的巴顿正在盘算着如何抢先抵达莱茵河畔,并抢在蒙哥马利的前面渡过莱茵河时,布莱德利打来的一个电话犹如一桶冰水,把巴顿淋了个透心凉。布莱德利极为严厉地告诫巴顿:没有他本人的命令，绝对不要轻举妄动，而且原本隶属于巴顿的美国第95师和5~6个炮兵营，都将调拨给辛普森的美国第9集团军。

巴顿听到这个消息，感到极为窝火，他知道首个横渡莱茵河的盟军将领这个殊荣又被蒙哥马利揣进了荷包，一怒之下，他干脆不理军务，直接跑到巴黎去度假。

## 第二节
## 清扫莱茵河西岸

1945年1月底，冰雪消融，马斯河的水位一夜之间上涨两米多，致使洪水泛滥，而道路也有些泥泞。尽管如此，"莱茵河"战役仍然如期发动。

2月8日，"莱茵河"战役在战线最北面的德荷边境地区打响，担负进攻任务的是蒙哥马利麾下英国第21集团军群，该集团军群管辖加拿大第1集团军、英国第2集团军和美国第9集团军，该集团军群对面的敌军是德国H集团军群管辖的德国伞兵第1集团军。

英国第21集团军群的作战计划是，位于战线中段的英国第2集团军吸引对面的德军，加拿大第1集团军和美国第9集团军分别从战线的北段和南段发起突击，最终目标是在德军后方的韦塞尔会合，形成一个大包围圈，将德国第1空降集团军围困并歼灭，然后再攻占莱茵河西岸从杜塞尔多夫到埃默里希的地带。这次攻击行动中，加拿大第1集团军的行动代号是"真实"，美国第9集团军的行动代号是"手榴弹"。

当天拂晓，加拿大第1集团军1400多门火炮率先怒吼起来，朝着德军阵地倾泻炮弹，与此同时，盟军空军900多架轰炸机也飞临德军阵地上空，猛丢炸弹。一时间，德军阵地上火光冲天，浓烟滚滚。

在炮火猛烈攻击的掩护下，隶属于加拿大第1集团军的英国第30军4个师，向德国第1伞兵集团军第1伞兵师驻守的，位于德荷边境的赖希斯沃德森林发起进攻。

德国第1伞兵集团军驻守的这片森林，林木繁密，大树参天，盟军的飞机无法准确地为地面部队提供航空火力支援，这极大地影响了英军的地面攻势,英国第30军的推进速度非常缓慢。德军根据希特勒的命令,在森林中掘壕固守,死战不退,英军只好一公里一公里地向前推进。

在加拿大第1集团军的南面,归蒙哥马利管辖的美国第9集团军,准备按照原定计划,在2月10日发起进攻,该集团军必须先越过鲁尔河下游地区,再向东北方向突击,该集团军当面的敌军是德国第5坦克集团军。

在美国第9集团军发动"手榴弹"攻势之前,蒙哥马利始终面临着一个困难。美国第9集团军必须在鲁尔河下游发动攻势,而鲁尔上游还在德军手里。河的上游有一个蓄水量很大的施瓦门瑙尔大坝,一旦德军炸掉大坝,洪水将淹没下游,辛普森的攻击行动就不得不中止。

为了确保"手榴弹"行动按时进行,盟军一直试图夺取施瓦门瑙尔大坝。早在1944年12月,艾森豪威尔就命令美国第12集团军群司令布莱德利,在"真实"战役开始之前,务必占领大坝。布莱德利多次派兵攻击大坝,但都被德军击退。布莱德利无奈之下,只好派出轰炸机去炸毁大坝,让洪水提前流入鲁尔河下游,等洪水消散,正好赶上"真实"战役发动的时间。盟军的轰炸机飞临大坝上空轰炸时,遭到德军高射炮和空军飞机的阻击,未能完成炸坝任务。

眼看着"莱茵河战役"的发起时间越来越近,万分焦急的布莱德利将夺占大坝这个艰巨的任务,交给美国第1集团军第5军所属的第78师来完成。

莱茵河战役

2月7日清晨,第78师在780门重炮的支援下,向大坝发起攻击。德军死命抵抗,双方战至日落,德军仍然牢牢控制着大坝区。美军第78师伤亡巨大,布莱德利只好又派一个师增援。战斗进入白热化,在午夜时分,美军一个营终于冲上大坝。这个营刚一冲上大坝，就连忙兵分两路，一路直扑溢洪道，另一路则奔向闸门和机房。

守卫大坝的德军指挥官心知大坝必然不保，就下令工兵炸开溢洪道、闸门和机房。大坝中所蓄积的将近100万立方米水，通过溢洪道和被炸毁的闸门奔涌而下，把美国第9集团军的攻击地域变为水乡泽国。

这场大洪水无疑帮了德国第5坦克集团军一个大忙，该集团军司令曼特菲尔是个明白人，他知道正常情况下，就凭军事力量无法阻挡美军的进攻，但现在有滔滔洪水的帮助，他至少短时间内不用担心美军会发动进攻。而事实也与曼特菲尔所想分毫不差，美国第9集团军只好将进攻时间往后推迟。

德国最高统帅部趁着美国第9集团军被洪水阻挡的机会，连忙抽调预备队和非交战区域部队前往赖希斯沃德森林区域，兵力得到加强的德军防守部队，将加拿大第1集团军的攻击部队阻止在戈赫—卡尔卡尔一线。

2月下旬，鲁尔河流域的洪水逐渐退去，美国第9集团军司令辛普森决定在2月23日发动攻势。

2月22日，作为美军攻击行动的前奏，盟军的空军战机开始对德军的交通网进行大规模轰炸，以削减德军的物资供给和增援部队的数量，并给德军指挥机构制造混乱。

2月23日，天刚蒙蒙亮，美军的炮兵就开始对鲁尔河沿岸，德国第5坦克集团军的阵地实施炮击。由于这一防守区域的德军不久前有很多被调往北边，增援赖希斯沃德森林地区，所以防守较为薄弱。很快，鲁尔河防线即告突破。

美军第9集团军在进攻的头两天里，就在鲁尔河东岸取得好几个登陆场。2月25日，美军集中坦克部队自林尼赫登陆场发动强大突击，成功切断德军鲁尔河防线北翼党卫军第12军，以及中路第81军之间的一切联系，党卫军第12军在美军坦克部队和空中战机的双重打击下，损失惨重。德国第338步兵师试图将美军坦克部队击退至林尼赫登陆场，但遭到美军迎头痛击，该师被迫撤退至莱茵河一线。

## 法西斯的覆灭 攻克柏林

德国最高统帅部见鲁尔河防线摇摇欲坠，急忙调遣第1伞兵集团军管辖的装甲教练师前往门兴格拉德巴赫城，企图阻挡美军。

3月1日，美军集结重兵猛扑门兴格拉德巴赫城，该城守军完全抵挡不住美军的兵锋。当天晚上，门兴格拉德巴赫城被美军攻克，这是美军攻克的第一个德国大城市。

3月2日，德军调动兵力，打算攻击美军的侧翼，但未获成功。3月3日，美国第9集团军的一部分部队，抵达杜塞尔多夫以南莱茵河一线，另外一部分部队则转向东北，朝着韦塞尔推进。

德国党卫军第12军被迫撤退到第1伞兵集团军的作战区域内，该军随即被德国最高统帅部划归伞兵集团军节制。

在英国第21集团军群的南面，布莱德利麾下美国第12集团军群也发起攻势。美国第1集团军在霍奇斯的率领下，向扎根将军麾下德国第15集团军发起进攻，德军实力薄弱，抵挡不住美军的连续冲击。至3月1日，驻扎的部队被击退至艾弗特河一线。

霍奇斯的南面，美国第1猛将巴顿率领第3集团军一路向东，猛冲猛打，进展神速。

当霍奇斯和巴顿一路追着德军，猛踢他们"屁股"的时候，艾森豪威尔却多次下令第12集团军群放慢节奏，他专门告诫布莱德利、霍奇斯和巴顿，在蒙哥马利没有到达莱茵河之前，霍奇斯不能攻打科隆，巴顿也不能攻打科布伦茨。

艾森豪威尔一味照顾蒙哥马利的做派令巴顿极为烦恼，他对布莱德利说，历史将谴责美国最高统帅部软弱无能，他一再请求布莱德利让他去攻打科布伦茨。布莱德利本身也希望霍奇斯或者巴顿能够抢先渡过莱茵河，给蒙哥马利来个下马威，所以他就对巴顿说："如果有机会，你可以打"。

巴顿记住了这句话，他打算适当地加快进攻节奏。2月27日，临时借给巴顿的美国第10装甲师，前进到距离德国古城特里尔仅有10公里的地方，一旦防守这里的德军失去这个要塞，他们除了退到莱茵河，就再也无险可守。

本来美国最高统帅部预计夺下这座古城需要4个师的兵力，所以美军高层命令巴顿的第10装甲师先停下来等待援军，但是巴顿拒绝等待，他直接命令第10装甲师发动进攻，结果特里尔应声而下。

这时，巴顿既可以沿着摩泽尔河顺流而下，直捣科布伦茨，抢先到达莱茵河，也可以南下进攻进攻萨尔工业区，一切只看他的定夺。最终，他选择进攻科布伦茨，他还是想抢在蒙哥马利的前面抵达莱茵河，并且渡过莱茵河。这就是巴顿，永远争强好胜。

美英盟军在莱茵河西岸的迅猛突进，令德国西线总司令伦德施泰特极为忧虑，他向希特勒强烈建议将莱茵河西岸的部队撤退到河东，以便依托河面辽阔、水流湍急、不易强渡的莱茵河重新构筑防线。

希特勒此时根本听不进去任何有关撤退的话，他对伦德施泰特说，将部队从河西撤退到河东只不过是"把灾难从一个地方转移到另一个地方而已"。德国元首严令莱茵河西岸的各支部队，务必坚守阵地，任何司令部机关和重型设备都不能过河。

事实证明，这道命令其实并不能促使德军守住他们的阵地，不少德军官兵干脆直接向美英盟军投降，他们不愿意再做无谓的抵抗。

由于西线德军的投降率远远高于东线，令希特勒很为恼火，他认为东线德军官兵总是能够顽抗到底，是因为他们害怕落入苏军的手里遭到报复，所以现在被围困在库尔兰半岛、东普鲁士和西里西亚地区的德军仍然死战不降，而西线德军却毫无顾虑，他们非常乐意做美英盟军的俘虏，因为相对来说，美英盟军优待俘虏。

为了扭转西线战局，让那些与美英盟军对垒的德军死战到底，希特勒想出一条妙策，他打算废除《日内瓦公约》，按照东线的标准来对待西线的美英战俘，德国元首的意思是把美英战俘赶尽杀绝。

希特勒在2月19日的例行军事会议中说："让敌人知道，我们决心用我们手头所能用的一切手段来为我们的生存而战。"

从未上过战场但却嗜血成性的纳粹德国宣传部长戈培尔，怂恿希特勒采取一项严厉的措施来惩罚美英盟军，他强烈建议将所有被俘的飞行员一律枪毙，作为盟军猛烈轰炸德国城市的报复。

当有些在场的德国将领从法律的角度对此提出抗议时，希特勒愤怒地反驳道："见他的鬼！如果我毫不含糊地表明：我不体恤俘虏，不管报复不报复，我根本不考虑敌军俘虏的权利，那么，不少（德国）人在开小差以前就会好好想一想。"

希特勒的意图非常明确，处死美英战俘会激怒盟军，德军被俘以后极有可能遭到同样的对待，这就可以断绝西线德军投降的念头，以促使他们老老实实地防守阵地。

在这次会议结束时，希特勒要求邓尼茨海军元帅"考虑这一步骤的利弊，并火速汇报"。

邓尼茨是个聪明人，他知道希特勒的意图，他同时也很清楚第三帝国气数已尽，希特勒的残酷做法只会把美英激怒，到最后，美、英、苏就会联合起来，将他们的怒气释放到德国人民的头上，倒霉的永远是德国的平民百姓，所以他打算劝阻头脑发热的德国元首。

2月20日，邓尼茨上书希特勒，极言此项决议弊大于利，最好不要实行。希特勒勉强同意邓尼茨的报告，不过，杀死俘虏的事件还是屡有发生。

盟军的被俘飞行人员和在陆地上被捕获的战俘，除了苏联人之外，虽然没有遭到普遍的杀害，但还是有一些个案发生，有些比较愤怒的德军士兵会处死给他的部队带来很大损失的盟军士兵，而有些德国老百姓则被教唆用私刑打死跳伞的盟军飞行人员。

除了在战场直接杀死盟军俘虏之外，德军还做出了一些间接致盟军俘虏于死地的事情。为了把在前几年战争中俘获的敌军战俘运到德国内地，以免他们被进攻的盟军所解放，盟军战俘被迫长途行军。

就当时的条件而言，德军无法为战俘提供足够的衣物和食品，所以这些衣衫褴褛的俘虏，被迫顶着寒风排成纵队步行向德国内地挺进，他们在赶路时不仅没吃没喝，冻饿交加，有时还会遭到盟军飞机的扫射，很多俘虏就此断送性命。

当然，尽管有俘虏死于非命这样的事情发生，但是德军最终也没有公开搞一些大规模屠杀战俘的恶性事件。

既然不能通过屠杀美英战俘来制止德军士兵向盟军投降，那么就只好从加强监管这一层面来减少投降人数。西线的德军将领们为了断绝他们手下士兵的投降念头，不得不采取一些较为残酷的手段。比如，德国西线H集团军群的司令布拉斯科维兹将军，3月5日就下达了这样一条命令："一切散兵游勇，以及自称掉队而在寻找其队伍者就地审讯枪决。"

4月12日，德国党卫军头子希姆莱更进一步，他下命令称，对任何放弃市镇和重要交通中心的指挥官"均可以处以死刑"。

在这一系列严令之下，西线德军的官兵们不得不认真抵抗，轻易不敢有投降的念头。

在3月的第1个星期里，德军在莱茵河西岸全线的形势显著恶化。

在战线最北段，美国第9集团军和加拿大第1集团军，以韦塞尔为目标，向心推进，德国第1伞兵集团军面临着后路被断的危险。为了避免第1伞兵集团军被盟军合围，德国最高统帅部只好命令该集团军撤到位于杜伊斯堡地域的莱茵河东岸来布防。德国第1伞兵集团军在撤退时相当有序，丝毫不乱，其后卫部队在桑滕和莱茵贝格一线，成功地阻击了盟军追击部队。该集团军所有部队都撤过莱茵河以后，德军工兵炸掉他们撤退时所使用的所有桥梁。

3月1日，归蒙哥马利带领的美国第9集团军进抵莱茵河畔。

3与4日，美国第1集团军渡过文弗特河，向莱茵河畔的科隆开进。美国第1集团军的对手——德国第5坦克集团军，实在是抵挡不住美军的攻势，无论德军构筑多少道防线，美军的装甲兵团总是可以非常轻易地撕破德军的两翼，使德军有被全部包围的危险，德军只好不断后撤。

3月5日，德国第5坦克集团军被压迫至北起多马根，南抵科隆的莱茵河西岸地区。5日当天，科隆爆发逐屋争夺的激烈巷战。当天夜晚，德国最高统帅部命令第5坦克集团军撤退过河。

3月8日，德国第15集团军在莱茵河西岸的阵地全部崩溃，德军损失掉大部分重型装备和大批部队，残余的少量德军部队聚集到雷马根地区附近，随时准备通过雷马根大桥撤到东岸。

在战线的最南面，巴顿的部队于3月5日向艾弗尔山区发起进攻，那里的德军抵挡不住彪悍的美军，纷纷溃败。3月7日，巴顿所部美国第3集团军抵达科布伦茨附近的莱茵河一线。

到此为止，盟军莱茵河战役第1阶段行动完成，德军在莱茵河西岸的防守全线崩溃，此战德军损失约29个师的兵力，共35万人，其中29.3万人被盟军俘虏。这样，整个西线就只剩下30个师的兵力，他们将负责守卫德国在西线最后的天然屏障——莱茵河。

## 第三节
## 夺桥行动

1945年3月初，美国第9集团军抵达莱茵河西岸后，该集团军司令辛普森立即向蒙哥马利请示，能否让他的部队趁着德军刚刚败退到东岸立足不稳之际，在杜塞尔多夫以北选择几个地点强渡莱茵河，一鼓作气打到东岸。蒙哥马利否定了这个建议，他回复辛普森说："就算你们渡过了河，在这以后你们能够干什么呢？"

一贯谨慎的英国陆军元帅的意思相当地明确，莱茵河战役是一个集体配合的军事行动，不允许单打独斗，所以他不同意美国第9集团军孤军深入到河东去冒险，他可不希望美国第9集团军跟"市场—花园"行动中的英国第1伞兵师那样，被德军围攻。

蒙哥马利虽然拒绝辛普森抢先渡过莱茵河的要求，但是他希望辛普森可以在杜塞尔多夫一带，夺得一些具有较高军事价值的桥梁，以便在进行"莱茵河战役"第2阶段时使用。辛普森欣然领命。

当艾森豪威尔得知蒙哥马利决定让辛普森去夺占莱茵河上的桥梁时，盟军总司令非常高兴，他认为这种安排可以完美地解决盟军内部的小摩擦。

艾森豪威尔非常清楚，他为了让蒙哥马利当首个横跨莱茵河的盟军指挥官，一直在压制美国第12集团军，这令布莱德利、霍奇斯和巴顿怒火中烧，极为不满。

所以在布莱德利的暗中授意下，霍奇斯和巴顿一直在跟蒙哥马利暗中较劲，这两位美国将军都打算把首个横跨莱茵河的盟军指挥官这个殊荣，

法西斯的覆灭 攻克柏林

从蒙哥马利手里抢过来。

在清扫莱茵河西岸之敌的过程中，艾森豪威尔多次下令限制霍奇斯和巴顿的前进速度，最终令蒙哥马利的部队率先抵达莱茵河，巴顿和霍奇斯纷纷抱怨艾森豪威尔偏袒英国人。

这次横渡莱茵河的战役中，如果能让辛普森的部队率先夺取桥梁，成为第一个横渡莱茵河的指挥官，那么美国人和英国人都会为他欢呼，因为辛普森的部队虽然受到蒙哥马利的节制，但终究还是美国军队。

基于以上考虑，艾森豪威尔非常赞同让辛普森的部队去夺取一座，或者几座有军事价值的桥梁。

在莱茵河上要想夺取一座完整无缺的桥梁是非常困难的，德军为了阻止盟军夺桥，在莱茵河的每座大桥上都装有炸药。守卫桥梁的德军指挥官，只要感到大桥有落入盟军之手的危险，随时都可以按下开关，引爆炸弹，将大桥炸断。

这样看来，盟军夺取一座完整无缺的桥梁的机会相当渺茫，不过，辛普森仍然决定一试。

3月2日，辛普森得知距离他的部队25公里远的河面上，有一座杜塞尔多夫大桥。于是，他便组织敢死队前去夺取该桥。为了迷惑德军，辛普森从美军中挑选出一些会说德语的士兵组成突击队，伪装成德军装甲车队，向那座大桥前进，力争在德军炸毁之前将桥梁夺下来。

夜幕降临以后，会讲德语的美军突击队员爬上装甲车，借着夜色的掩护，朝着杜塞尔多夫大桥挺进。在装甲车的后面，跟着一队美军步兵，他们是夺桥的主力军。

这些美军士兵的演技非常了得，他们大大方方地越过德军防线，沿途碰到的德军队伍丝毫也不怀疑他们。

黎明时分，这支美军夺桥突击队已经可以远远地看见大桥。这时，一支过路的德军迎面而来，一个骑自行车的德军士兵发现，这些坐在装甲车上的"德军"所穿的制服里面居然套着美军军服，他立即示警，结果，美军突击队抢先出手，将这支过路的德军消灭得干干净净。

美军与德军的交火声惊动了德军的守桥部队，一时间警铃声大作。美军坦克手急忙将坦克朝着大桥开过去，他们希望在德军还没有反应过来之前，冲到河对岸去。

当排头的第1辆美军"谢尔曼"式坦克刚刚压上桥面时，坦克手们只觉得整个大桥猛地一震，接着传来巨大的爆炸声，碎石漫天飞舞，莱茵河的水面上激起好几个巨大的水柱。当水柱最终落下去的时候，杜塞尔多夫大桥的一大半桥身踪影全无，美军的第一个夺桥行动宣告失败。

辛普森并没有因为杜塞尔多夫大桥争夺战失利而气馁，他又把目光瞄向另外一座大桥。在杜塞尔多夫大桥以北25公里处的河面上，还有一座桥，如果辛普森能够夺得这座桥，一定会令德国元首暴跳如雷，因为在这座桥的名字是"希特勒"桥。

这次在制定夺桥计划时，辛普森不打算再派突击队去完成任务，因为德国人一定会加强戒备，恐怕他的突击队还没有看到桥的影子，就会因为答不出口令而暴露。那么，到底如何才能夺取桥梁，辛普森决定交给B独立团去思考。

B独立团团长海因茨上校，打算先派遣一支坦克部队攻击河西守桥部队，等坦克部队与德军接战时，再派遣一支由一个步兵连和工兵组成的别动队，悄悄地摸过大桥，这支别动队中的步兵连负责消灭桥东头的守卫部队，工兵负责将德军预先安放的炸弹装置拆除。

这是一次冒险行动，不过海因茨觉得应该试一试，他任命霍金斯为夺桥别动队队长，指挥这次夺桥行动。

作为夺桥行动的第一步，海因茨上校首先派出美军坦克，朝着大桥西岸的守军发起强攻。

德军守桥部队利用反坦克炮和其他一切反坦克武器，对付美军坦克，很快，走在最前面的4辆美军坦克被击毁，但其他坦克却顺利地开上大桥。当美军坦克行至大桥中段时，遇到一个将近4米宽的大深坑，无法再继续前进，只好停在那里。

在美军坦克发起攻势的同时，霍金斯率领他的别动队偷偷摸摸地向大桥东端爬去。美军工兵一边匍匐前进，一边检查桥墩、支架和每个连接点，当他们发现德军的爆炸装置时，立即将其拆除掉。

夜半时分，当别动队逐渐靠近大桥中段时，忽然一声巨响，东岸大桥那边火光冲天，把夜空照得通亮。霍金斯心想，德国人准是把大桥给炸掉了，可是天太黑，他又看不清楚东岸的情况，他命令3名工兵前去探路，看看大桥是不是真的已经被炸毁。

3名工兵借着夜色的掩护匍匐前进，发现大桥丝毫也没有受到损坏，然后他们赶紧细致地检查，将德国人安放在大桥关键部位的炸弹引线拆除。当这3名工兵顺着大桥爬回西岸后，德国工兵也匍匐着爬到大桥上，重新将炸药引线接上。

第2天天刚亮，美军顺利肃清大桥西岸的残敌，他们打算一鼓作气冲到东岸去。东岸的德军守桥指挥官见西岸已经沦入美军之手，保卫大桥再无意义，他就爽快地启动引爆装置，将大桥的东半段完全炸毁。

河西那些整装待发的美军看到这一景象，统统傻眼了，辛普森的夺桥计划又告失败。这座桥被毁之后，森普森的部队作战区域内的8座莱茵河大桥已经全部被炸毁，他已不可能夺得任何桥梁。

在莱茵河下游作战的英国第21集团军没能夺得一座桥梁，在莱茵河中游作战的美国第1集团军，同样没能抢到一座合适的大桥，当霍奇斯的部队攻占德国第4大城市科隆时，德军毫不犹豫地把霍亨索伦大桥炸成了碎片。

霍奇斯见自己的部队不能成为第一支跨越莱茵河的盟军部队，干脆命令所有部队南下，与巴顿的部队会合，将驻守在莱茵河西岸的德国第15集团军残部合围并歼灭。

3月6日，美国第1集团军第3军冲破德国第15集团军的防线，朝着德军退往东岸的据点雷马根大桥推进。

在美国第3军中，担任先锋任务的是美国第9装甲师，该师猛冲猛打，一路南下，德军望风而遁，毫无还手之力。

德国第15集团军司令扎根见势不妙，急忙下令自己的部队退往东岸。

德军接到命令后，急忙收拾好物资，朝着雷马根大桥撤退。

3月6日下午，16点左右，美国第9装甲师开进到距离雷马根大桥18公里的梅肯海姆市。该装甲师师长伦纳德准将知道雷马根附近有一座大桥，不过他并未想过去夺取这座桥梁，他不打这座大桥的主意，是因为盟军参谋部门根本就没有考虑过要夺取这座大桥。

在为"莱茵河战役"制定作战计划时，盟军参谋人员制定过各种各样突袭莱茵河，抢夺大桥的计划，但雷马根大桥却始终被排除在需要夺取的桥梁名单之外。

盟军参谋人员不重视雷马根大桥，是因为它没有什么军事价值，这座大桥附近的地理环境非常不适宜展开大规模军事行动。从西面通向雷马根大桥的所有公路，路面都很差，在冰雪消融的3月，这些公路简直就像烂泥潭，不仅轮式车辆不易通过，就连坦克也步履维艰。

而桥的东头，迎面就有一堵高达180米的玄武岩峭壁。过了峭壁，在大约18公里的地段上，群山耸立，林木繁茂，只有一些路况不好的公路蜿蜒其间。在这样的地形条件下，只要德军下决心抵抗，盟军装甲部队绝对无法前进，没有装甲部队，想要突破德军的防线，难度好比登天。

正是基于上述原因，伦纳德才丝毫也没有产生夺取雷马根大桥的兴趣。而除了这座大桥没有军事价值这个原因之外，另外一个让伦纳德没有产生夺桥念头的原因是，他估计德军早就把那座桥炸成粉末了。

3月7日清晨，美国第9装甲师已经开进到距离雷马根大桥不远的地方，这时，美国人并不知道雷马根大桥是否已被炸毁。

上午10点30分，一架美军轻型侦察机飞临雷马根。飞机上的侦察员从天上往下一看，惊奇地发现一座完整无缺的大桥还屹立在莱茵河上，且德国人正在通过该座桥梁朝着东岸撤退。

霍奇斯接到消息后，大喜过望，他电令伦纳德去把雷马根大桥抢下来，伦纳德立刻下令距离雷马根最近的B团去完成夺桥的任务。

B团指挥官霍格准将立即派出两支快速行动部队去执行夺桥任务，这两支部队中，一支是恩格曼中校率领的两个营，任务是径直开往雷马根，夺取市区，另外一支是普林斯指挥的装甲步兵营，任务是从雷马根背面发动进攻，伺机占领雷马根桥。

两支美军突击队分头行动，恩格曼的部队径直朝着雷马根市区挺进，普林斯的部队则直奔东南。普林斯的部队一路上几乎没有遇到什么像样的抵抗，他们行进到距离莱茵河西岸还有几公里的地方时，突然转向，朝南挺进。他们渡过阿尔河，奇袭辛其格城，守卫该城的德军被打得措手不及，300多人做了美军的俘虏。美军进城后，当地的一个居民告诉他们，据说雷马根大桥预定在当天16点炸毁。

普林斯接到这一消息，不敢怠慢，他一面派人给霍格准将送信，一面用无线电寻找恩格曼的部队，以便将这一消息告知对方。

当普林斯还在用无线电寻找恩格曼之际，恩格曼的部队已经前进至雷马根附近，一个可以俯瞰莱茵河的高地上。恩格曼乘坐着他的吉普车来到高地，用他的双筒望远镜远远地观察雷马根大桥，他发现大桥依然完好无损，大桥上奶牛、马匹、士兵和车辆川流不息，他兴奋极了，如果他能够夺占这座大桥，一定能扬名立万。

满心欢喜的恩格曼当即分派作战任务，他命令A连作为第1梯队，步行开往雷马根大桥，C连作为第2梯队，乘坐半履带装甲车支援A连，第14装甲营的坦克负责为两支攻桥部队提供炮火支援。

夺桥行动开始，A连士兵抄近路逼近雷马根大桥。

守卫在雷马根大桥最西端的德军弗里森哈恩上尉，以及4名工兵看见了A连的美军。他们发现美军时，略显惊慌，因为美军先头部队出现，就意味着大部队已经不远，但他们却不敢轻易把桥炸掉。

当天早上，来了一位名叫舍勒的少校，他对负责守桥的弗里森哈恩上尉再三强调，雷马根大桥必须在16点准时炸毁，谁若提前炸桥，他就枪毙谁。

弗里森哈恩上尉不敢炸桥，就只好带领他的手下迎击美军，阻止美军夺桥。弗里森哈恩上尉带领着他的部下，在通向雷马根大桥的公路上埋下一个炸药包，然后他将其引爆，地面上顿时出现一个直径10米的大坑，短时间内，美军的车辆休想通过。

完成这一任务后，弗里森哈恩上尉立即朝着桥东撤退。在撤退的过程中，一发美军炮弹在距离弗里森哈恩几米远的地方爆炸，将他掀翻在地，他的左腿骨折，不过他依然咬紧牙关，朝着桥的东岸爬过去。最终他成功爬进河东岸的一个火车隧洞内，他的部下都在里面。

15点15分，霍格接到普林斯那份"德军将于16点炸毁桥梁"的情报，他当即告知恩格曼："敌人将在45分钟以后炸桥，你马上到大桥上去。"

恩格曼领命，坐着他的吉普车直奔大桥。在大桥的西头，恩格曼一眼就看见那个大坑，他明白，在几个小时以内，坦克无法上桥，这次夺桥行动只能由步兵来完成，他问A连连长蒂默曼中尉："你认为连队可以通过大桥吗？"

蒂默曼回答说："我们可以试试看。"

毫无疑问，这个行动很有风险，因为德国人完全可以在A连攻上大桥后炸毁大桥，到时候，整个A连的官兵都会死于非命。霍格很担心这种情况发生，而正在他犹豫不决之际，一封电报令他更加苦恼。电报上说，巴顿的部队即将攻抵莱茵河，他的部队不需要再夺取大桥，他必须南下，与巴顿的部队会合。

霍格思前想后，决定拿他的军事生涯做赌注，不管后果如何，他都要把雷马根大桥夺下来。他命令蒂默曼开始行动。

早已蓄势待发的蒂默曼带领着他的士兵们，在坦克炮火的掩护下朝着大桥的东头发起进攻，在烟幕弹的掩护下，他们距离桥的中部越来越近。

弗里森哈恩见美军越来越接近东岸的桥头堡，就打电话给舍勒少校。通话时，他先是焦急万分地报告险情，接着又大声喊道："少校，我们应该把桥炸掉！美国人已经接近桥头堡了。"

电话那头的舍勒还惦记着希特勒不准提前炸桥的命令，他仍在犹豫。

弗里森哈恩上尉见舍勒久久没有回音，就异常激动地说道："如果你现在还不下令的话，那么，我就要下命令了。"

舍勒无奈之下，只好说道："好吧，炸桥。"

弗里森哈恩如释重负，他跪在爆炸启动装置旁边，招呼大家卧倒在地，张开嘴，保护耳膜，然后他拿出一把钟摆式的钥匙插入引爆装置，旋转了一圈，打算引爆安放在大桥各处的60个炸药包。

弗里森哈恩等了一会儿，预想中惊天动地的爆炸声却并未出现，他只好又反复旋转钥匙，但大桥上一点儿动静也没有。他突然间意识到，准是美军的炮火把引爆装置的中心线路给切断了。他赶紧命令工兵去接通线路，但工兵们刚刚走出隧道口，就被美军坦克的炮火给压制住，寸步难行。

见原来的爆炸装置已经不能使用，弗里森哈恩就问他手下的军官，谁愿意出去，用手引燃备用炸药包，它就安放在大桥中部靠东端的桥墩上。一个名叫福斯特的中士自告奋勇接受任务，他冒着美军的子弹和炮火，点燃了300多公斤的备用炸药包。

15点35分，随着一声巨响，雷马根大桥的桥架随着硝烟被炸飞。舍勒少校和弗里森哈恩上尉松了一口气，而对岸的霍格准将则垂头丧气。

当硝烟完全散去时，美国人和德国人都被眼前的景象惊得目瞪口呆：不知何故，300公斤的炸药虽然对大桥造成损害，但没能完全将之炸断，大桥依然健在。

A连的蒂默曼中尉迅速从震惊中清醒过来，他带着他的部队毫不犹豫地冲过大桥，攻占东岸的桥头堡。舍勒少校见状赶紧溜之大吉，而弗里森哈恩本想阻止反击，但美军的大炮火力实在是太过凶猛，他只好放弃这个念头。

1945年3月7日，美军在莱茵河上夺得一座完整的桥梁，西线德军失去最后一道屏障。

## 第四节
## 横渡莱茵河

美国第 9 装甲师 B 团恩格曼中校所部 A 步兵连成功夺取雷马根大桥后,恩格曼中校当即给 B 团团长霍格准将发去一封电报:"大桥已经完好地到了我们手中,可以通过坦克。我已把步兵派向对岸,请问您的计划如何?谁将保护我们的后方?您的打算怎样?我们希望及早知道。"

霍格准将大喜过望,他立即回电:"你们干得太出色了,我们将全力支援你们,请在彼岸修筑防御工事。"

伦纳德准将见美军已经完全控制住大桥,立即将此事报告给上级,并下令全师人马全速向雷马根开进。美军工兵拼命抢修略有损坏的大桥,4个小时以后,美军的坦克顺利开至东岸。

当霍奇斯将军在斯帕的指挥部里,收到他的部队夺得一座大桥的消息时,他万分高兴。他认为既然第 1 集团军无意中得到这个扬名立万的机会,他就一定要好好加以利用。他迅速接通美国第 12 集团军群设在那慕尔的总部的电话,以一副极为平静的口吻告知布莱德利:"我们攻下了一座桥梁。"

布莱德利闻听此言,猛然一惊,他询问道:"你的意思是我们在莱茵河上拥有一座完好无缺的桥梁了?"

霍奇斯非常肯定地回复道:"是的,在德国人炸毁大桥之前,伦纳德派人一下子把它夺取了。"

布莱德利这才相信霍奇斯所言非虚,他先是高兴地赞叹道:"真是好样的。"随后又故意到:"不过,考特尼,伦纳德将因为违抗艾克(艾森豪威尔）不准我们先渡河的命令而受到降级处分。"

霍奇斯假装生气道："让那些该死的命令见鬼去吧。"

布莱德利闻言，先是笑上一笑，然后就询问霍奇斯："你是否全力增援雷马根？"

霍奇斯回复道："是的，我所有能够派出去的部队都正在开往雷马根，我正着手修建浮桥。"

等布莱德利把一切都布置妥当，然而他并未在第一时间把夺占雷马根大桥的消息告诉艾森豪威尔，他这么做是因为他还有些顾虑，他不知道艾森豪威尔是否会责怪他擅自变更作战计划，所以他打算先通过盟军总司令身边的亲信探探口风。

这件事情做起来一点儿也不难，这天晚上，艾森豪威尔帐下的高参布尔少将，正好要到布莱德利的总部吃晚饭，布莱德利打算借着这个机会，先在布尔这里探探虚实。

布尔少将一来到布莱德雷的司令部就听到雷马根大桥被夺占的消息，但令他万分奇怪的是布莱德利与他共进晚餐时，根本就没有提起这件事。

晚饭后，2人来到布莱德利的办公室，在一幅作战地图前坐下。布莱德利这时才说出他已经攻占雷马根大桥，并且极力推销新的进攻计划，他希望将主攻方向放到莱茵河上游来，让霍奇斯和巴顿的部队去包抄鲁尔区。

布尔少将瞪着眼睛，像听到科幻故事一样。等布莱德利把话说完，布尔毫不客气地给布莱德利兜头泼上一盆冷水，他说道："这完完全全是毛头小伙子的幻想，我们不能改变总的战略计划。"他接着嘲笑道："在雷马根，你不能去任何地方。你的确是占了一座桥，这很了不起，只可惜是在错误的地点，与整个作战计划不符合。也许艾森豪威尔的心是在你的战区，但他的战略重点在北面。"

布莱德利呆住了，他愕然好半晌才质问布尔道："你到底要我怎么干，是后撤，还是把桥给炸掉？"

布尔没有直接回答，他只是发表自己的看法，他说："您可以整夜跟我讲这件事，可没什么用处，我不能允许您抽调4~5个师到莱茵河东岸去。"

布莱德利听了布尔的话，极为不悦地说道："作战计划！天哪，一座桥就是一座桥，不管在什么地方过河，只要渡过莱茵河就好。"

布尔丝毫不为所动，布莱德利一气之下，干脆直接向艾森豪威尔汇报。

当盟军最高司令部作战部部长哈诺德·布尔少将嘲笑布莱德利的设想之际，盟军欧洲远征军最高司令艾森豪威尔正在法国东部的兰斯，同副官布彻海军中校、副参谋长摩根中将、美国第18空降军军长李奇微、第82空降师师长加文、第101空降师师长泰勒共进晚餐。

快要吃完第一道菜时，布莱德利的电话打了过来，艾森豪威尔离开餐桌去接电话。当艾森豪威尔在电话里听到布莱德利向他报告有关雷马根的事情时，他简直不能相信自己的耳朵，他问布莱德利："你在这个地区有多少力量可以投入到莱茵河对岸的战役呢？"

布莱德利回复道："我有4个多师，但是我打电话给您是为了证实一点，那就是：要是我动用这些部队的话，不至于妨碍您的作战计划。"

艾森豪威尔深感这一时期为了照顾蒙哥马利，而使第12集团军受了不少委屈，他决定弥补一下，他对布莱德利说道："布莱德利，我们在科隆有一些受阻的部队，你可以用这些师，你去干吧！至少要用5个师，以确保胜利。"

布莱德利顿时心花怒放，他马上回复道："我非常希望是这样，但有人考虑这样做会妨碍您最初的计划。"

显然，布莱德利指的是布尔少将。艾森豪威尔当即旗帜鲜明地表达他坚定不移支持布莱德利的计划，他说道："让那些制定作战计划的人见鬼去吧！干吧！布莱德利，干吧！我将提供给你们我们所拥有的一切，以便你们能够守住你们的滩头阵地。即使地形不是那么理想，但是对于我们来说，这也是很好的嘛。"

听到这么明确的指示，布莱德利终于放下心来，他表示一定守住滩头阵地，然后挂断电话。艾森豪威尔重新回到餐桌旁，心情非常不错，他先

法西斯的覆灭·攻克柏林·
faxisi de fumie · gongke bolin

向众人说明情况，接着感慨道："这可能是我们的一个转折点。"

分散在雷马根附近的美军源源不断向大桥聚拢，美军先头部队穿过雷马根大桥到达彼岸后，第一个行动就是迅速占领那个足有180米高、可以俯视大桥的峭壁，他们架起高射炮，准备击退来袭的德军飞机。

后续美军源源不断地开过大桥，慢慢地扩大桥头堡，美军的坦克也开到对岸，准备迎击德军的装甲部队。

雷马根大桥的丢失这件事令希特勒暴跳如雷，他认为这是那些"蓝色贵族"，也就是普鲁士军官团的成员，继"7·20"刺杀事件之后，对他的第2次背叛。他又一次将老元帅伦德施泰特革职，让一直在意大利北部坚守的阿尔伯特·凯塞林元帅赶到西线来担任总司令，节制西线所有德军。

3月10日，凯塞林元帅接替伦德施泰特，出任西线总司令，他在会见他的参谋人员时说道："好了，先生们，我成了新的V-3导弹（秘密武器的意思）。"

希特勒接着命令B集团军群司令莫德尔元帅，不惜一切代价摧毁雷马根大桥。雷德尔元帅接到命令，不敢怠慢，立刻抽调兵力开始反击。

3月9日，10架德国飞机飞临雷马根上空，企图炸毁大桥，但被美军的高射炮赶走。德军的坦克部队也被美军击退，不过，一发德军炮弹不偏不倚，正好击中一辆刚刚上桥的美军军火卡车，引发剧烈的爆炸。随着一声巨响，大桥左摇右晃，虽然没有折断，但是受损严重。

希特勒见大桥仍然被美

凯塞林

军牢牢地控制在手中，桥头堡也一天天扩大，美军的触角甚至已经接近通往法兰克福的高速公路，他不惜动用V-2导弹和540毫米口径巨炮来轰炸大桥。

一共有12枚V-2导弹飞向大桥，但大多数落在远离大桥的地方，只有一枚导弹落到离大桥300米的一幢房子上，结果是炸死几个美军士兵。那门威力无穷的540毫米口径重炮，仅仅发射几枚炮弹就宣告罢工，而那些炮弹全部离题万里，没有命中目标。

无奈之下，希特勒使出撒手锏，他命令突击队长斯科尔兹内想想办法，来完成炸桥任务。斯科尔兹内派遣蛙人带着炸药去炸桥，但严密布防的美军识破了他的计谋，德国蛙人不是被击毙，就是做了阶下囚。

德军炸毁大桥的所有努力都以失败收场，不过两次大爆炸还是对大桥造成巨大创伤。3月17日15点，美国工兵正在大桥上焊接几乎断成两半的桥拱钢板时，大桥突然断裂，坠入河中，28名美军工兵当场阵亡。

为美军渡过莱茵河立下大功的雷马根大桥完成了它的使命，美军4个师已经抵达莱茵河东岸，7座浮桥也横卧在莱茵河上。美军占据的雷马根桥头堡，已经成为指向德国中心腹地的一柄利剑。

布莱德利没有立刻让霍奇斯的部队向鲁尔区进发，他还要等待蒙哥马利的部队，以及巴顿的部队都过河以后再采取行动。他希望巴顿再次保护第1集团军的右翼，而蒙哥马利的部队在韦塞尔渡河以后，将担负起保护第1集团军左翼的任务。

霍奇斯的南面，巴顿的部队于3月8日抵达科布伦茨。这时，他获悉在南面进攻"齐格菲防线"的美国第6集团军群遇到一些麻烦。

当英国第21集团军群和美国第12集团军群发动"莱茵河战役"时，位于摩泽尔河以南的美国第6集团军群，奉命攻击德国西南部的"齐格菲防线"，这次作战的目的是摧毁德国萨尔工业区。

防守这一区域的德国G集团军群顽强抵抗，令美国第6集团军群寸步难行。为了支援美国第6集团军群，巴顿的部队自科布伦茨南下，顺着莱茵河左岸，冲向美因茨，试图切断德国G集团军退往莱茵河东岸的退路。

德军唯恐被巴顿和美国第 6 集团军合围，急忙夺路而逃。

美国第 6 集团军群乘胜推进至莱茵河畔。巴顿的这一击，不仅使"齐格菲"防线南段全盘崩溃，为霍奇斯提供了右翼掩护，而且还使德军阵脚大乱，为美国第 3 集团军强渡莱茵河创造了条件。

战线北面的蒙哥马利在 3 月初杀到莱茵河畔后，就开始囤积物资，积聚兵力，为渡河做准备，蒙哥马利的作战计划是，派遣登普西将军指挥的英国第 2 集团军，以及辛普森指挥的美国第 9 集团军，分别从韦塞尔北面和南面强渡莱茵河。

为了确保渡河行动万无一失，谨慎的蒙哥马利还打算派遣盟军的两个空降师（英国第 6 空降师和美国第 17 空降师）在韦塞尔附近空降，扰乱德军的防守。这时，由于布莱德利的部队已经渡河，艾森豪威尔于是改变了原来的战役计划，在新的战役计划中，蒙哥马利的部队不再担负主攻任务，主攻任务交给布莱德利来完成。

在新的作战计划中，蒙哥马利所部英国第 2 集团军将向德国东北部的奥斯纳布吕克、不莱梅、汉堡方向推进，美国第 9 集团军则沿着利伯河向帕德伯恩和利普施塔特方向推进。

与此同时，布莱德利所部美国第 1 集团军将从雷马根桥头堡出击，经马尔堡也向帕德伯恩和利普施塔特方向推进，最终两个集团军将在利普施塔特和帕德伯恩会师，将德国 B 集团军群的大部分部队和 H 集团军群的部分部队，合围在鲁尔工业区，最终将其完全歼灭。巴顿的第 3 集团军，将在美因茨和沃尔姆斯之间的奥本海姆渡过莱茵河，尔后向卡塞尔、福尔达方向突进，掩护美国第 1 集团军的右翼。

蒙哥马利对艾森豪威尔调整战役计划非常不满，但还是无可奈何地接受现实，他将渡河日期设定在 3 月 24 日凌晨。德国人早就预料到蒙哥马利会在韦塞尔附近强渡莱茵河，因为蒙哥马利的动作实在是太过于明显。

自从蒙哥马利的部队抵达莱茵河，他就天天发射烟幕弹，把韦塞尔两岸搞得烟幕缭绕。德军无论怎么观察也探察不出蒙哥马利到底在搞什么名堂，而蒙哥马利则借着烟幕的掩护，准备渡河器材，打算一鼓作气杀过河去。

当蒙哥马利还在为他的渡河大计尽心筹划之时，布莱德利将他的渡河日期告知巴顿。

布莱德利知道巴顿一向与蒙哥马利不和，这是公开的秘密，他希望巴顿能够抢在蒙哥马利的前面渡过莱茵河，以便满足巴顿一定要胜过蒙哥马利的虚荣心。

巴顿得到消息时，距离他预定渡河地点奥本海姆还很远。为了抢在该死的英国佬前面渡过莱茵河，巴顿把坦克和装甲车混编在一起，让步兵搭乘一切可以载人的车辆，然后他就像疯了一样，带着他的部队朝着奥本海姆一路杀将过去。他此举的目的，除了要跟蒙哥马利一争高下之外，还希望通过快速的进军来冲破德军临时构建的防线，他确信这是减少伤亡的最好办法。

毫无疑问，巴顿的想法是对的。从"齐格菲防线"上撤退下来的德军架不住巴顿的猛追，一路朝着莱茵河逃跑，根本就没想过组织抵抗这件事。

3月20日中午，距离蒙哥马利渡河还有大约72个小时，巴顿来到集团军先头部队第12军军部，他把军长埃迪少将叫来，嚷道："我要你明天在奥本海姆过河！"

此时，奥本海姆距离第12军还有25公里，埃迪认为让整整一个军在24小时以内行军25公里，抵达河岸后，得不到片刻喘息就要渡河，士兵们会受不了的。作为一个体恤下属的人，埃迪希望为他的士兵们争取到休息的时间，他向巴顿请求道："我请求您再给我一天的时间。"

巴顿截断埃迪的话，粗暴地吼道："不行！"埃迪并不服气，他瞪着巴顿，没有说话，显然没有服从命令的意思。暴脾气的巴顿也不甘示弱地盯着埃迪，两人僵持一阵，巴顿怒气冲冲地夺门而出。

等巴顿离开第12军指挥部，埃迪叫来担负前锋任务的第5师师长欧文少将，命令道："必须渡河了，乔治（巴顿）总是心事重重，乱发脾气。"

在随后的36小时里，埃迪的美国第12军官兵不顾连续作战的疲劳，

## 攻克柏林

咬紧牙关赶路,终于在3月22日天黑前赶到奥本海姆。

当天晚上10点左右,美军士兵借着夜色的掩护,乘冲锋舟悄悄地摸过莱茵河,到达对岸,整个过程神不知鬼不觉,一枪一弹也没放。

莱茵河东岸的德军吃了美军一顿突然袭击,被打得落花流水,根本就无法组织起有效的抵抗,奥本海姆的莱茵河防线形同虚设。到23日天亮时,6个营的美军成功渡河,仅仅伤亡28人。

巴顿兴高采烈,他打电话给布莱德利:"布莱德利,不要告诉任何人,我已经过河了。"这是巴顿参谋长的主意,要等到蒙哥马利就要宣布他要渡河时,再宣布巴顿已经渡过了莱茵河。

布莱德利接到巴顿的电话时,他简直不能置信,他问巴顿:"天哪!你是说渡过莱茵河了吗?"

巴顿回复道:"当然是的,昨晚我的一个师悄悄地摸了过去,附近的德国佬很少,还蒙在鼓里,所以不要公开宣扬。"

23日白天,美国第3集团军10个师抵达奥本海姆,其中有2个师通过浮桥到达彼岸。晚上10点左右,布莱德利又接到巴顿的电话,巴顿在电话那头扯着嗓子对布莱德利喊道:"布莱德利,你务必向全世界宣布,我们已经渡过莱茵河。我要让全世界知道,美国第3集团军抢在蒙哥马利之前渡过了莱茵河!"

布莱德利立刻召开新闻发布会,他先介绍霍奇斯所部第1集团军打的雷马根大桥之战,然后又着重介绍巴顿所部第3集团军在奥本海姆渡过莱茵河这一重大新闻。

在介绍巴顿的战绩时,布莱德利特别强调,美军可以在没有任何空军和空降兵支援的情况下,在任何地点渡过莱茵河。布莱德利这么说,明显是在讽刺蒙哥马利。与美军相比,英国陆军元帅帐下的部队强渡莱茵河时,不仅要求有空中支援,还要求有伞兵的协助,这样一比,高下立现。

1945年3月底,"莱茵河战役"最后一阶段攻势即将发动。

## 第五节
## 横扫德国中部

1945年3月23日,巴顿所部美国第3集团军在奥本海姆逐渐扩大桥头堡,这令刚刚担任西线总司令的凯塞林元帅感到头痛。

陆军西线总司令凯塞林元帅是空军出身,对陆战的业务不甚精通。他被希特勒委以西线总司令的重任,完全是因为他在意大利北部的出色表现。

凯塞林自1943年7月以来,一直在意大利北部同美英盟军作战,他依托阿尔卑斯山脉,只需部署少量兵力,就可以抵挡大批盟军。在茫茫雪山上,盟军的飞机和坦克优势根本就发挥不出来,德军在意大利北部的战线稳如泰山。

希特勒正是看中凯塞林善打防御战,才让他来接手西线的防务。新的西线总司令凯塞林到任时,西线的防御态势极为糟糕。

美军已经在雷马根大桥获得一个桥头堡,凯塞林使尽浑身解数也无法把这个桥头堡抹掉,而韦塞尔对岸的蒙哥马利所部又虎视眈眈,他知道布莱德利和蒙哥马利就要出击,合围驻防在鲁尔区的德军B集团军群。

偏偏就在这个时候,巴顿又来凑热闹,他的部队在奥本海姆渡河,这令西线的形势更加危险。巴顿所部如果在莱茵河东岸站稳脚跟,那么不仅莫德尔元帅的德国B集团军群处境险恶,南边的G集团军群,也会由于巴顿已经过河,成为夹在巴顿的美国第3集团军和霍奇斯的美国第1集团军之间的瓮中之鳖,德军的整个西线防御体系就将崩溃。

凯塞林思索一番,认为雷马根桥头堡的地形不利于盟军装甲部队展开攻势，而巴顿渡河的地点地势较为平坦，非常适合装甲部队大规模突袭，所以他决定抢在蒙哥马利发起渡河战役之前，先敲掉巴顿所部占领的桥头堡。但他还没来得及调兵动手，蒙哥马利却率先发起渡河行动。

3月23日黄昏，英国第2集团军所属的好几千门大炮，向韦塞尔周围的德军阵地开火，河对面的德军阵地顿时地动山摇，浓烟滚滚。

晚上10点，英国第2集团军的首批突击队员，头戴绿色贝雷帽，登上"水牛"式两栖装甲运输车，向莱茵河对岸冲击。

这时，对岸的德军也许是被炮弹炸昏了头，反应较为迟钝，只对冲击河岸的英军突击队发射一些稀稀拉拉的枪弹，这种程度的火力，丝毫不能伤害英军突击队员。

仅仅过了几分钟，首批英军突击队员抵达莱茵河东岸，装甲运输车折回去接第2批突击队员。当突击队员们询问驾驶员对岸的形势如何时，驾驶员回答说："对岸并没有我们想象的那么热"，驾驶员的意思是德军的抵抗并不激烈，好像德国人守卫的不是他们的本土似的。

晚上10点30分，200多架英国轰炸机飞临韦塞尔上空，投下1000多吨航空炸弹，把城市炸为一片废墟。

3月24日凌晨1点，美国第9集团军的2000门重炮发出怒吼，轰击对岸的德军阵地。1小时后，第一批美军突击队员踏上莱茵河东岸，几乎没有遇到什么像样的抵抗。

这下，美英盟军在莱茵河东岸的桥头堡又增添几个。

凌晨两点半钟，希特勒在他的柏林大本营召开紧急会议研究对策。

地图上显示，美英盟军已经在莱茵河东岸获得3个以上的桥头堡，德国元首知道德军现有的兵力无法将这3个桥头堡全部抹掉，所以他必须在所有桥头堡中选择一个威胁最大的，设法将之除去。

这些桥头堡中，希特勒认为奥本海姆的那一个是最危险的，因为那个桥头堡是美国第一猛将巴顿开辟的。德国元首久闻巴顿的大名，他知道巴顿非常善于使用坦克打突袭战，只要条件允许，巴顿恨不能直接就来打柏林。

希特勒询问身边的人，能否派遣一个旅或者相当的兵力到奥本海姆去，一位副官回答说："目前派不出到奥本海姆的部队，在塞纳军营只有5门反坦克炮，它们将在今天或者明天准备好，要在几天以后才能投入战斗。"

这个答复令希特勒久久不语。从德军几乎山穷水尽的情况来看，西线的防御毫无希望。

24日上午10点，大约1.4万名空降兵开始在韦塞尔东部地区空降，将德军的后方搅得天翻地覆，美英地面部队乘机向韦塞尔方向进攻。当天，盟军的空降部队和地面部队会合，在东岸建立起纵深达10公里的桥头堡。

盟军工程兵迅速在莱茵河上架设起浮桥，一队队坦克、大炮、步兵、卡车源源不断地开到东岸。这时，德军的炮兵才开始对这里发射炮弹，但为时已晚。

蒙哥马利的部队渡河后，布莱德利在3月25日下令霍奇斯所部美国第1集团军自雷马根出发，向利普施塔特和帕德伯恩方向开进。

美军的坦克部队在飞机的掩护下，向马尔堡方向发起攻击。德军拼死抵抗，美军的攻势一度受挫，但是德军的后援不济，越战越弱，美军却是越战越强，最终美军在3月28日攻占马尔堡，然后又马不停蹄，直扑利普施塔特和帕德伯恩。

德军在西线的军事失败令希特勒异常恼怒，他现在不仅仇恨给他带来军事灾难的盟军，同时也仇恨曾经拥戴过他的德国人民。

在德军占领欧洲期间，几乎每个占领国都会出现抵抗组织来对抗德军，而当美军盟军占领德国西部，苏军占领德国东部的时候，哪怕是在报复行动层出不穷的德国东部，也没有出现任何形式的抵抗组织。

德国人民这种臣服于美英盟军和苏军，根本就不反抗的表现令希特勒深有不满，他甚至不打算再让侥幸没有死于战火的德国人再生存下去，他要摧毁一切生存资源，让"软弱"的德国民族就此灭亡掉。

早在1945年年初，希特勒就有上面的想法，他时不时地就向他的手下们透露那么一星半点儿。当时，大多数人还以为元首是因为对前线的局势不满，而说的气话而已。

但在所有对希特勒的疯狂计划有所了解的人里面，德国军备和战时生产部长斯佩尔却认为，以希特勒一贯的作风来看，德国元首的确是在认真考虑消灭德国人民。

斯佩尔为了阻止这一野蛮的行为，早在3月15日书写一份备忘录，重申他认为战争已经失败的意见。3月18日晚上，他亲自将备忘录交与希特勒。

备忘录中说道："在4~8星期内，德国经济就要最后崩溃，这是可以预料的，经济崩溃以后，战争就再也不能继续进行下去，即使在军事上也是如此，我们必须尽力保持一个基础，哪怕是一种最原始状态的基础，使这个民族能够继续生存下去，我们没有权利在战争的现阶段进行一种可以影响这个民族生存的破坏行动。如果我们的敌人要摧毁这个曾经英勇无比地作战过的民族，那么，这个历史的耻辱应完全由他们承担。我们有责任使这个民族在一切可能的情况下，在遥远的将来使之复兴。"

希特勒丝毫不为所动，他直接把斯佩尔找来，表达他的观点，他说："如果战争失败，这个民族（德意志民族）也将灭亡。这种命运是不可避免的。没有必要考虑为这个民族维持一个最原始的生存基础的问题。恰恰相反，最好由我们自己动手把这些基础破坏掉，因为这个民族被证明是软弱的民族，而未来只属于强大的东方民族（苏联）。而且，在战争以后留下来的德国人不过都是劣等货，因为优秀的人都已经战死了。"

3月19日，德国元首下了一道总命令，要把德国所有的军事、工业、交通和运输设备；所有工厂、所有重要的电力设备、自来水厂、煤气厂、食品店、服装店；所有的水坝、船只；以及所有的储备（比如粮食储备）全部毁掉，以免他们落入敌军之手。这些措施要在纳粹地方领袖和"民防委员"们的协助下执行。这就是著名的"焦土政策"。

如果这一措施得到贯彻执行，必然意味着盟军和苏军无法利用德国本土的一切资源，但同时也意味着战后德国人民将没有足够的条件生存下去。

所幸的是，这一政策并未得到有效执行，这一方面是由于盟军的进展过快，一方面则是由于斯佩尔和一些军官直接违抗希特勒的命令，他们在全国四处奔走，保证重要的交通设施、工厂、储备仓库、水坝和商店不被死心塌地服从命令的纳粹党党棍毁掉。就这样，希特勒注定没办法毁灭掉德国人民，而他的第三帝国却注定要毁灭掉。

1945年3月底，德军的西线防御处于崩溃的边缘。

3月28日，在战线的北面迈尔斯·登普西中将率领的英国第2集团军，以3个军的兵力突破了位于韦塞尔附近的德军封锁线，德国北部平原的大门已经向他们敞开，英军朝着威悉河畔的不莱梅和易北河畔的汉堡冲杀过去。

同一天，辛普森的美国第9集团军顺着利伯河逆流而上，直奔利普施塔特和帕德伯恩。在辛普森的南面，霍奇斯的美国第1集团军突破德军设在雷马根桥头堡的封锁线之后，也朝着利普施塔特和帕德伯恩杀将过去。这两个美国集团军的目的是编织一个巨大的"口袋阵"，把鲁尔区的德军部队全部装进去。

战线的最南面，巴顿的部队兵不血刃攻占莱茵河畔的法兰克福之后，接着又向东北方向的卡塞尔和东南方向的纽伦堡开进。

驻防在鲁尔区的德国B集团军群司令莫德尔元帅，把美军动向分析一番，很快明白了美军的意图，他的部队处于被包围的危险之中。这个情况早就在他的预料之中，从美军占领雷马根大桥夺得一个桥头堡开始，他就希望将自己的部队从鲁尔区撤走，但是他却不敢向希特勒发出撤退的请求，他只是向凯塞林提出他的想法。

凯塞林知道莫德尔说的在理，但是他也不敢违抗希特勒一步不许后退的命令，如果他下令放弃鲁尔区，那么他极有可能被除去官职，甚至丢掉性命。所以，凯塞林要求莫德尔保护好鲁尔区，不要老想着撤退。

莫德尔无奈之下，只好硬着头皮留在鲁尔区，而就在这时，他收到希特勒直接下达的命令，德国元首要求派几个特别指定的师去夺回雷马根大桥。莫德尔怒火中烧，他觉得这么做完全是胡闹，因为那几个将用于反击的师刚从河西溃败过来,不仅把武器丢掉大半,士气也散失到为零,这时候派他们去攻击美军,直接就可以跟送死画等号,他埋怨德国统帅部不切实际,瞎指挥。

现在,莫德尔预料中的事情发生了,就在美军的包围圈合拢之前,3月29日他打电话给凯塞林,说想要守住莱茵河是"荒唐的,无效的",必须采取必要的行动阻止美军构筑包围圈,为鲁尔区的德军留一条后路。

凯塞林同意莫德尔的请求。3月30日夜,德军向帕德伯恩发动反击,同美国第1集团军的先头部队第3装甲师的一个先遣队展开激战。在这场坦克大战中,德军参战的"虎"式坦克等重型坦克的装甲防护力和火力都优于美军装备的"谢尔曼"式坦克,美军的坦克一个个被打得起火燃烧。当时,美国第3装甲师师长罗斯少将正好在这个先遣队里,不幸阵亡,德军非常意外地取得一个重大战果。

美军被德军短暂击退,但随着美军后续部队的源源而至,以及盟军的战斗轰炸机飞临德军上空,德军坦克部队被打得大败,德国B集团军群突围的企图遭到挫败。4月1日,美国第9集团军和第1集团军的部队在利普施塔特会师,鲁尔区被完全包围。

凯塞林在他的指挥部里看着地图上一支支代表着盟军推进的箭头,意识到德军在西线已经不复存在,莫德尔的B集团军群全部部队和H集团军群的一部分部队,被美国第9集团军和美国第1集团军围住,南边的G集团军群的大部分部队又被美国第1集团军和美国第3集团军围住,莱茵河防线就此宣告灰飞烟灭。

这时最好的办法就是集中兵力,乘着美军的包围圈还很薄弱的机会,迅

莫德尔

速突围，但希特勒却又发来这样一道指示，他命令莫德尔把鲁尔区当作要塞来据守，不得后撤。

凯塞林差点儿被这道离谱的命令给击晕，他恨不能直接跟希特勒讲：难道您不知道鲁尔地区的粮食只够吃3个星期吗？当然，最终他没有跟希特勒这么讲，鲁尔区的德军只好停留在原地，进行绝望而又徒劳的抵抗。

美国第1和第9集团军一合拢，就于4月6日向哈根方向突击。4月12日，美军抵达埃森，鲁尔的危机形势让希特勒万分沮丧，对在那里作战的部队来说，更是一种煎熬。

德军的后援完全断绝，没吃没喝。早春时节，寒意甚浓，德军士兵却又没几件厚实的衣服蔽体，这样的作战条件简直让人无法忍受。德军第81军的指挥官科赫将军后，来提及鲁尔区的德军所面临的情况时这样说道："继续在鲁尔包围圈里抵抗就是犯罪。我的最佳选择应该是投降，但我没有走出这一步，因为我害怕我的家庭遭到报复。"

4月14日，美军抵达哈根，鲁尔区被一分为二。随着美军的推进，德军部队中仅存的士气迅速消失得无影无踪，一些德国国防军士兵听说又一座城市陷落时，甚至还互相庆祝。德国士兵庆祝的原因是，那些城市里的德国人终于可以得到美军的救济。

莫德尔的参谋长劝他向美军投降，但这位德军后起之秀却犹豫不决。这时，一名美军使者打着白旗，来到德国B集团军群司令部送上劝降书，劝降书上的文字写的相当体面："为了战士的荣誉，为了德国军官的荣誉，为了对你国家的爱，为了贵国的未来，放下武器吧！你挽救下来的这些德国人将会为贵国人民重新获得社会地位而做出贡献，你保留下来的德国城市将对贵国人民的繁荣具有重大的意义。"

毫无疑问，劝降书上的文字击中了莫德尔的软肋，他个人虽然不愿意投降，但他决定给予他的下属，以及鲁尔区里的德国平民生存的机会，他让人转告美军使者，他本人受到效忠希特勒誓言的约束，拒绝投降。

莫德尔做出拒绝投降的决定后，接着又做出这样一个决定，他下令解散B集团军群，这意味着德军士兵不必再执行任何军事任务，他们可以按照自己的意愿，或者继续抵抗，或者投降。

做完这个决定，莫德尔问他的参谋长："作为败将，下一步应该做什么呢？"参谋长还未来得及作答，莫德尔自己说出答案："过去败将都是服毒自杀的。"

莫德尔开着他的"奔驰"牌大型指挥车走了，据说在杜塞尔多夫附近的一个森林中开枪自杀。

4月15日，鲁尔区的战斗全部停止，约33万名德军，包括30多名将军在内，全部投降。这是美军和盟军历史上最大规模的歼灭战，也是盟军在欧洲战区的最后一战，这次战役俘虏德军的人数超过斯大林格勒战役和突尼斯战役。

德军在西线再也没有什么有组织的抵抗，希特勒失去了对事态发展的控制，他召开任何军事会议，也无法扭转这样一个事实：柏林的西面实际上是毫无防备的，只要美英盟军愿意，他们可以毫不费力地打进柏林。

到此为止，"莱茵河战役"结束。德国的情况，用艾森豪威尔在回忆录中写的话就可以很好的概括："从军事上讲，希特勒需要做的事情就是投降。"

但希特勒就是不投降，他还在等待着"奇迹"出现。

## 第五章

### 苏军的后方大清理

## 第一节
## 侧翼危机

1945年1月30日，希特勒上台12周年纪念日，苏军给他送来一份"大礼"。在距离柏林仅仅60公里的奥得河西岸，苏军成功在屈斯特林北部夺取一个桥头堡，它将是苏军进攻柏林的一个跳板。

1月31日，在屈斯特林的南部，古萨科夫斯基率领苏联第44近卫坦克旅，也选择一个合适的地点渡过奥得河来到西岸。这支部队与屈斯特林北部的苏军会合，将奥登河西岸的桥头堡扩大了一些，然后，苏军士兵们就利用手中的工兵铲开始疯狂地进行土工作业，他们的目的是修筑一条可靠的防线来抵挡德军的强大反扑。

2月1日，预料中的德军反扑降临屈斯特林桥头堡，德军战机一大早就飞临苏军阵地上空，对新修筑的战壕和反坦克炮位狂轰滥炸。这时，苏军的防空师还没有到位，飞机由于隔得太远无法参战，阵地上的苏军只好就地取材，把反坦克炮当作高射炮来使用，结果可想而知。

2月2日，屈斯特林登陆场的苏军试图夺占一个小山头，那是一个战略要地，任何人只要站在那个小山头上朝东边看过去，苏军阵地的美景就能尽收眼底，在它的西面就是德军重点布防的泽劳弗高地。德军派出援兵多次打退苏军的进攻，小高地仍然还掌握在德军的手里。

同一天，德军派出第506重型掷弹营，从屈斯特林桥头堡的北面攻击苏军，在接下来的3天3夜里，这支部队一共发射1.4万枚炮弹。库阿马鲁克装甲团也派出一个营参加战斗，这支部队刚刚在2月4日配备了新的坦克，它的任务是从屈斯特林桥头堡的南面攻击苏军，它遭到苏军反坦克炮的痛击，损失惨重。由于大量的预备队被调往匈牙利方向，就连这个小小的苏军桥头堡，德军也无法将之夺取。

这个时候，希特勒的老巢柏林已经是门户大开，按道理讲，他应该把所有可以调动的部队，都调到柏林的东面来防守苏军才对，但是他却认定，苏军在至少两个月内的时间里无法攻击柏林，他反而把德军所剩不多的机动部队全部调至匈牙利。

希特勒想要在匈牙利开展一次较大规模的进攻，他这么做的目的是想把苏军赶到多瑙河右岸去，保住匈牙利的油田。

不得不说，德国元首的预料还是非常准确的，最先抵达奥得河的朱可夫所部第1白俄罗斯方面军，真的没有余力来攻击柏林。

本来朱可夫的确是想在1945年2月就一鼓作气打进柏林，但是有很多因素让朱可夫不得不放弃这个想法。当然，限制朱可夫继续进攻柏林的主要因素，并不是德军的顽强抵抗，德军的抵抗虽然较为英勇，但是苏军在兵力和兵器上优势过大，德军已经无能为力。

真正限制朱可夫攻击柏林因素的是，红军的后勤和后援有些接济不上，另外，更重要的是，朱可夫所部的侧翼和后路都存在着一定的危险。

首先是后援问题。

朱可夫

由于苏军打仗一向都是大场面，冲锋起来，人山人海，所以兵员的伤亡率比较高，再加上苏军进展神速，官兵们普遍缺乏休息，病倒的人非常多，有些师的作战兵员已经减少到5000人左右，有的部队甚至下降到4000人，兵力需要得到补充。

其次是后勤物资问题。

当苏军在距离其本土不远的战线上作战时，后勤物资可以通过铁路及时地输送到前线。而当苏军进入波兰作战时，后勤的问题开始凸显出来。苏军的后勤物资需要从遥远的苏联本土运来，而运输过程异常缓慢。

给苏军的后勤运输造成困扰的是糟糕的交通线！首先，波兰的铁路和苏联的铁路轨道规格不同，苏联的火车不能直接开进波兰，必须修筑新的铁路；其次，德军在撤退时，将所有的铁路都炸毁，苏军无法在短时间内利用波兰地区的铁路。

另外，按照苏军打仗一贯的作风，不积攒足够的兵力、弹药和其他物资，是不会打大规模战役的，而柏林之战毫无疑问将会是一场极为艰难的战役，苏军当然要积攒足够的物资才会开战。

在苏军不能使用铁路运送物资的时候，美国人援助的大量汽车正好派上大用场。在苏联至德国东部的公路上，苏军的运输车辆一眼望不到头，这些车辆将战略物资源源不断地朝着奥得河前线输送。

最后，是侧翼安全问题。

朱可夫的侧翼和后方存在着极大的隐患。在他的北面，希姆莱麾下维斯瓦集团军群虎视眈眈；在南面，驻守在西里西亚西南地区的德军也可能威胁他的后路。在白俄罗斯第一方面军占领区内，一座坚固得令人咋舌的城市堡垒——波森堡垒依然由德军把守着，这个城市的德军有可能威胁他的后路。

朱可夫非常担心德国人会在他的后路、北翼和南翼来一个包围战，而事实上德国最高统帅部也确实想发起一场反击战，把朱可夫的部队击退，以便保证柏林的安全。

1945年2月初，德国陆军总参谋长古德里安游说希特勒，他希望德国元首放弃在匈牙利发动攻势，等到朱可夫将足够多的部队投入到从奥得河畔科斯琴和奥得河畔法兰克福的时候，集中优势兵力，从南北两面，朝着朱可夫的侧翼发动猛攻，这一个夹攻完全可以把苏军击退。这个攻击行动的目的是，在一段时间内，保证柏林的安全，趁着这个时间，德国可以设法跟西方国家进行休战的谈判。

为了实现这个计划，古德里安请求希特勒，把滞留在巴尔干、意大利、挪威，尤其是库尔兰半岛的德军全部撤回德国本土，以便集中足够的兵力反击苏军。

希特勒坚决不同意古德里安的意见，他不允许任何部队从他们的驻地撤回，而匈牙利的反击战也一定要打，他表示对奥得河东岸苏军的反击战只能使用维斯瓦集团军群。

古德里安知道希特勒向来说一不二，他不想同希特勒争吵，他只好使用手头上现有的兵力来对付苏军。

希特勒也知道就凭维斯瓦集团军群现有的兵力，铁定无法完成反击苏军的任务，所以他就征募兵员来增加维斯瓦集团军群的实力。

2月初，维斯瓦集团军群仅有19个师，而到了2月10日，这个集团军群却已拥有46个师，其中有33个师部署在东波美拉尼亚，13个师在柏林防线。

这些新组建的师，究其本质，大多是一些老弱再加上一些临时入伍的平民，他们几乎没有经过系统的训练，武器也出奇的差劲。比如，希特勒为维斯瓦集团军群组建的"豹式"坦克师，如果单纯地只看这个威风凛凛的名字，会让人误以为这是一个装备着"豹"式坦克的强大部队。但是，实际上它只是一支使用自行车作为机动工具，使用反坦克火箭弹作为武器的部队，这样的部队去跟苏军坦克开仗，基本上是必死无疑。

毫无疑问，这些新组建的部队其实只能算是充数的，如果他们的工作是修修战壕，搬运物资，还可以胜任，但是如果让他们去打仗，那就是典型的强人所难。德国最高统帅部的将官们对这些情况多少有些了解，不过他们也没有什么办法，不让这些人上战场，没有其他可以上战场的部队。

古德里安要不来更多的部队，只好就利用手头上有限的一点儿资源，来谋划反击苏军的战役。他的计划是，维斯瓦集团军北面的部队，从皮里茨（今波兰的佩日采）和阿恩斯瓦尔德（今波兰的霍什奇诺）地区向南进攻；南面的部队从古本和格沃古夫地区出击。如果攻击计划顺利，这两路德军的会师地点将是奥得河畔科斯琴，到时候朱可夫的所有先头部队都会被收进德军的大口袋里。

2月13日，德军的将领们在帝国总理府召开最后一次会议，来讨论这次反击行动，参加这次会议的有希特勒、维斯瓦集团军群司令希姆莱、第6装甲集团军司令迪特里希、古德里安和古德里安的高参温克将军。

古德里安一开始就强调攻击行动必须在两天以内开始，因为苏军在奥得河上的兵力每一天就会增加4个师。

希姆莱和希特勒都反对战斗在两天以后打响，理由是两天内无法准备足够的燃料和弹药。

古德里安不同意拖延进攻日期，他坚持认为战斗必须在两天以后打响，希特勒完全不同意在补给没有到位的情况下发动进攻，他坚持认为战斗必须等上几天才能开打。双方各执一词，干脆大吵一架。

古德里安："我不能因为这个不相干的理由，再等候下去。因为再等下去，苏军的兵力就会更强大了。"

希特勒："我不准你指控我是在故意拖延。"

古德里安："我没有指控你什么，我只是简单地说明，决不能为了补给的问题再等候下去，这样会坐失良机。"

希特勒："我刚才不是已经说过，不许你指控我是在故意拖延。"

古德里安："温克将军一定要配属到党卫军总领袖（希姆莱）的总部里去，否则这次攻击就没有成功的希望。"

希特勒："党卫军总领袖一个人就可以指挥这场战斗。"

古德里安："党卫军总领袖的经验不够，而且他的幕僚组织也不充足，不可能独力指挥这次作战，所以温克将军的协助是绝对必要的。"

希特勒："我不准你向我说党卫军总领袖没有能力完成他自己的任务。"

古德里安："我还是坚持一定要把温克派驻到这个集团军总部里面，这样他就可以保证使这次作战完全按照原计划实施。"

他们整整辩论了2个小时，希特勒多次高喊"你斗胆"，古德里安却丝毫不惧，他反复重申他的要求，并且顽强地要求派遣温克到希姆莱的指挥部里去指挥作战。每次古德里安一提到这个要求，希姆莱的脸色似乎就更白一些。

希特勒一直在会议室内狼狈地来回踱步。最终，他在希姆莱的椅子前停住脚步，无可奈何地说道："得啦，希姆莱，温克将军今晚就到维斯瓦集团军群去接任参谋长！"

希姆莱闻听此言，顿时面白如纸，他固然知道自己的指挥实在是一塌糊涂，他也知道古德里安说的在理，只是这种当众批评他的做法让他有点儿下不来台，不过他还是接受希特勒的命令。

这样，这次反攻的一切问题都顺利解决，进攻定于2月15日发动，这次行动的代号，陆军总部的参谋们本想叫它"轻骑突袭"行动，因为它只能算是一次规模有限的突然袭击。而党卫军却坚持叫它"至日行动"，因为党卫军的将领们希望这个行动能给战局带来根本性的变化。

当德军开始调动部队，打算有所动作时，他们的一举一动都被苏军的侦察兵探察得一清二楚。苏军最高统帅部开始根据前线苏军的实际情况，以及德军的反应，来制定下一步的作战计划。

苏军最高统帅部命令朱可夫先停止向柏林方向突进，第1白俄罗斯方面军，首先必须保住奥得河西岸的桥头堡，等待后勤物资和后备兵员的到来，为柏林战役做准备。在为进攻柏林做准备的这段时间里，第1白俄罗斯方面军最主要的军事任务是，配合其他部队肃清北翼、南翼和后方的德军。

朱可夫非常到位地执行了苏联最高统帅部的命令，他的部队成功地保住了奥得河西岸的桥头堡，而苏联最高统帅部为了给最后的柏林战役营造一个稳固的大后方，开始重新部署，打算肃清还在东普鲁士、西普鲁士、波美拉尼亚、西里西亚和一些坚固堡垒中作战的德军。

苏军的调整如下：罗科索夫斯基麾下第2白俄罗斯方面军停止对东普鲁士的进攻，该方面军的新目标是，奥得河以东的西普鲁士和波美拉尼亚。朱可夫将派出部分部队支援罗科索夫斯基的攻势。

歼灭东普鲁士残余敌军的任务，移交给巴格拉米扬麾下的第1波罗的海方面军。切尔尼亚霍夫斯基麾下的第3白俄罗斯方面军，被指派去消灭位于维斯瓦湾南岸的德国第4集团军。

第2波罗的海方面军从第1波罗的海方面军手中，接过了牵制位于战线最北部的德国库尔兰集团军群的任务。奥得河与尼斯河之间的下西里西亚地区，仍然由科涅夫的第1乌克兰方面军负责。

一场苏军肃清其战线后方德军的战役即将打响。

## 第二节
## 西里西亚战役和波森攻防战

1945年2月初,东线德军的分布如下:

在拉脱维亚的库尔兰半岛,驻守着德军的库尔兰集团军,这支部队被苏联第2波罗的海方面军团团困住,自身难保;

在东普鲁士,驻守着德军的北方集团军群,这支部队被苏军第1和第3波罗的海方面军围困着;

在西里西亚,驻守着中央集团军群,该集团军群还守卫着上西里西亚工业区,这支部队隔着奥得河跟苏联第1乌克兰方面军对峙着;

在匈牙利北部,驻守着南方集团军群,该集团团军群的对手是苏联第2和第3乌克兰方面军;

在南斯拉夫西北部,驻守着E集团军群,该集团军群当面的敌军是保加利亚第1集团军和南斯拉夫第3集团军。

苏军将要肃清的德军集团是东普鲁士、波美拉尼亚和西里西亚的德军,库尔兰地区的德军对战局没有什么影响,苏军不想理会,在匈牙利北部,苏军会发动一场牵制性的进攻,防止德军将驻守在该地区的部队调到北方去防守柏林。

在上述肃清残余德军的战斗中,苏军最先发动的,是对上西里西亚地区的进攻。1945年2月的第2个星期,科涅夫不顾他的部队缺乏增援和给养,也不管他疲劳至极的士兵们是否还能应付一次较大规模的突击战,他再次开始进攻。

科涅夫的意图是,攻占奥得河与尼斯河之间的上西里西亚地区,一直逼近到德国勃兰登堡州东面的尼斯河一线。若他的部队完成这一任务，他的第1乌克兰方面军就可以跟朱可夫的第1白俄罗斯方面军协同合作，共同准备向柏林、勃兰登堡州和萨克森州发动最后攻势，他也许可以得到占领法西斯巢穴柏林的军事荣誉。

2月8日，科涅夫用4个步兵集团军和2个坦克集团军，向隶属于德国中央集团军群的第4装甲集团军发动进攻，突破了布雷斯劳以北位于奥得河南岸的施泰瑙桥头堡。2月12日，科涅夫的部队在150公里的正面上突入纵深65公里，逼近尼斯河并且包围了格沃古夫要塞内大约18000名德军。

2月14日，扎多夫的第5近卫集团军，从布雷斯劳以南的布热克桥头堡向西北方向突击，这支部队与来自施泰瑙桥头堡的第6集团军合兵一处，包围了布雷斯劳。

3月3日，柏林与上西里西亚的铁路线已经被切断。为了重新打通这条铁路线并援救格沃古夫的守军，格雷泽尔的德国第4装甲集团军发动了反突击。但此时的德军其实并不具备反击的能力，这次反突击的部队都是临时拼凑起来的，部队的组成成员都是一些互不相识的指挥官、参谋人员，把被打散的人员和分队合在一起划分出来的分队和团，以及一些紧急训练出来的人民冲锋队。

西里西亚战役

格雷泽尔搜罗的散兵游勇虽然都是打过仗的老兵，很有战斗力，但这些老兵以前分属不同部队，彼此之间根本就不熟悉，短时间内甚至连名字都不一定记得住，要他们在战斗中密切配合非常困难。

至于人民冲锋队这种民间抵抗组织，它的成员尽管有一腔保家卫国的热情，但他们的战斗力与正规军相比实在是差得太远，他们在进攻苏军的时候总是喜欢逞匹夫之勇，猛打猛冲，不讲配合，战果很小，牺牲很大，他们对这次反攻所起的作用并不大，而更要命的是，德军的坦克和车辆缺乏燃料，又没有通信联络，这样一盘散沙的进攻对苏军毫无威胁。

苏军强大的坦克部队在航空兵的炮兵协助下，轻松击退德国第4装甲集团军的进攻。

截至3月15日，科涅夫的右翼部队已经打到尼斯河沿岸，接着，他打算让他的左翼部队出击，以便攻占奥得河至捷克斯洛伐克之间的上西里西亚地区。德军在这一地区的驻守部队只是些残兵败将，武器弹药匮乏，士气低落，苏军的坦克部队所到之处，德军的防线顷刻间土崩瓦解。

1945年3月31日，除了西里西亚首府布雷斯劳之外，上西里西亚全境被苏军攻占，科涅夫的部队肃清了朱可夫麾下第1白俄罗斯方面军的南翼。

科涅夫所部的主要任务已经完成，接下来他的任务是攻克布雷斯劳这颗"大钉子"。这个工作显然很有点儿难度，因为布雷斯劳已经被德军构筑成一个大堡垒。

布雷斯劳的地方行政长官汉克，是一名狂热的纳粹党党徒，他奉希特勒为神明，他认为西里西亚的首府一定不能丢失，所以他打算将布雷斯劳打造成一座坚固的要塞。

为了加固城防，汉克在1945年1月底用宣传车命令所有的妇女和儿童离开布雷斯劳，他这么做的目的，一来是不让这些在战争中容易受到惊吓的人影响守军的士气；二来是为了减少城里的粮食消耗，让守军的支撑的时间更长一些；三来是为了使剩下来的男人们减少牵挂，把全部心思用在防守上。

汉克的做法，从表面上看，是采取了一种让妇女和儿童远离战争伤害的积极行动，其实却是一种变相的谋杀。这些被赶出城市的德国人在这样寒冷的天气情况下，缺乏粮食和交通工具，他们所希望到达的，相对安全的尼斯河以西的德国本土，还远在几百公里之外。他们不得不依靠两条腿或者少量的马车长途跋涉，很多人没有直接死于战火，却死于严寒和饥饿。

这座城市的第1任要塞司令是冯·阿尔芬，第2任司令是尼霍夫。当苏军围困布雷斯劳时，在这座城市作战的德国第17和第269步兵师，奉命突围，与中央集团军群主力会合，只有德国第609步兵师和一支由小部队和特遣队组成的混合部队，还在留守要塞。

在这支守城部队中，第609步兵师是在布雷斯劳被围前的几个星期，才组建起来的，这是一支成分较为复杂且缺乏经验的部队，在该师师部的所有军官中，除了师长，只有1个曾经在师一级的参谋部门供职过。该师的作战部队包括3个团，这3个团由各式各样的零散部队拼凑而成，比如，有的士兵是269步兵师的，有的是陆军和党卫军的掉队士兵，还有警察和军校的师生。

除去这支还算正规的作战部队之外，德国训练部门还专门组建了1个党卫军应急团，1个德国空军地勤团，以及3个由混杂的部队组成的陆军团。

布雷斯劳的守城部队没有坦克可以使用，只有32个炮兵连，装备着德国、苏联、波兰、南斯拉夫和意大利制造的火炮，这些火炮造型各异，口径各不相同，炮弹也不充裕。

上述城防部队将会得到38个人民冲锋队营的支援。所有守城部队的军火都由德国空军通过空运的方式解决，城里的粮食储备相对较为充足，不需要从德国本土空运。

汉克为了激励德军的士气，采取了极为严厉的措施，他宣布所有为了保住性命而有投降企图的人，都将被判处死刑且立即执行，这些懦夫的家人也会受到牵连。德国人在死亡的威胁下（主要来自汉克，一小部分来自苏军），不得不打起精神，卖力地构筑工事，修建防线，准备迎接苏军的进攻。

苏军集结重兵对布雷斯劳发动了一轮又一轮突击，令人称奇的是，城里的德军居然一次又一次抵挡住苏军的攻击。一直到战争结束，苏军都始终被德军挡在城外。布雷斯劳要塞里的德军，在德国的其余部队全部投降以后才放下武器，向苏军投降。

支撑守军坚持下去的动力是希特勒、戈培尔和汉克给他们的希望，德国的宣传机构故意给守城部队传播虚假的消息。士兵和剩下的居民坚信，德国元首没有放弃他们，援兵一定会到来。守城士兵希望在援兵到来时，布雷斯劳还是掌握在德军的手里。正是在这种信念的激励下，德军士兵才成功顶住苏军的一次次进攻，拖住苏军7个师。

在战斗之余，布雷斯劳要塞中的德军都在猜测，希特勒会用怎样的方式来拯救他们，有的人说德国元首会使用一种威力巨大的炸弹，那种炸弹一颗就可以毁灭一个城市，有的人说元首会与西方和谈，将所有的部队都调到东线来解救他们，还有的人说，西方盟国一定会与苏联决裂，美军会派出强大的部队，把他们从布尔什维克的手里给拯救出来。

各式各样的谣言有很多，但守城的德军终究没有等来任何援救，他们等来的只是希特勒自杀身亡的消息，他们在希望全部破灭的情况下，只好于1945年5月6日向围城的苏军投降。

布雷斯劳作为一座被红军包围的"孤岛"要塞，一直坚持到战争行将结束才投降，真可谓是一个奇迹。而另外一座城市同样被苏军围攻的"孤岛"城市波森，坚持的时间就没有布雷斯劳这样长，它在经历一场惨烈的城市巷战后被苏军攻占。

1945年1月上旬，苏军发动"维斯瓦河—奥得河战役"时，朱可夫要求苏军部队以最快的速度推进，尽量避开德军坚固设防的堡垒要塞，以快速抵达奥得河为第一要务。

当苏军的部队接近波森时，苏军侦察兵发现，波森简直是一座超级堡垒，短时间内无法攻克，于是朱可夫便命令崔可夫的第8近卫集团军围困波森，其他部队继续向西推进。

## 法西斯的覆灭

### 攻克柏林

1945年2月初，苏军的大规模攻势结束，接下来的任务是肃清大后方，朱可夫命令崔可夫拿下波森。一场类似于斯大林格勒战役的城市攻坚战即将到来，这也是未来柏林战役的一场预演。

守卫波森堡垒的德军共计6万人，由科内尔将军指挥。波森守备部队指挥部秉承希特勒绝对不后退一步的意旨，打算坚守城市，直至最后一兵一卒。

这座城市为了迎接一场大战做了充分的准备。德国军事专家指挥德国军民，在城外修筑大量半埋式钢筋水泥堡垒、土木质火力发射点，在城内则将每一片街区、每一条街道、每一幢房屋和每一个房间都改造成防守阵地。

除了这些防御设施之外，城里设有许多物资仓库，仓库里装满武器装备、各种弹药和给养。这样，守备部队即使在城市被完全合围的条件下，也可以长期坚守。

早在1945年1月26日，崔可夫就打算攻下波森堡垒，他采取的办法是"围三缺一"，在西面给敌军留下逃跑的道路，诱使德军离开坚固的堡垒，再布置伏兵，在野战状态下全歼德军。

谁知波森守军不吃这一套，他们下定决心要死守波森，根本就没想过撤退这件事，崔可夫的计谋落空，他只好派出大军一举荡平波森。

大战之前，苏军指战员将斯大林格勒攻防战的经验，教授给编入强击群的步兵、工兵、火焰喷射器手、侦察兵、坦克兵和炮兵，这些兵种各自有专门的任务，他们将会密切配合消灭德军的每一个抵抗据点。

2月11日，经过一阵猛烈的炮火准备，崔可夫的部队对波森要塞发起扫清外围的战斗。苏军在拔除每一个德军据点时，都着实费了不少工夫。本来按照苏军的习惯，在攻击之前，一般都会大规模炮击，这样的火力攻击可以消灭地表工事里的德军，但对水泥厚度达到1.8～2米的钢筋水泥堡垒却完全无效。

更多的时候，苏军不得不派出专门的爆破小组和火焰喷射组，冒死抵近德军的火力点，通过使用强力炸弹和向碉堡内喷射火焰来消灭德军。德军的坚固火力点被一个一个地拔除，但苏军也需要付出巨大的代价。

1945年2月18日，在科涅夫麾下第1乌克兰方面军发动上西里西亚战役10天后，第1白俄罗斯方面军的崔可夫所部近卫第8集团军，对德军严密布防的波森要塞发起总攻。

当城市外围的火力点被拔除后，市区内的战斗同样激烈，德军在每一个房间和地下室里都配有火力点和神枪手，苏军不得不采取"拆墙战术"。

德军在一些并不重要的大楼里部署的兵力不多，他们主要扼守能够控制交通要道的房间，另外的房间并不布防。

这时，苏军的工兵通过地下室，来到大楼内部，他们炸开房屋之间的墙壁，来到德军设有兵力的房间旁边。苏军工兵和步兵先做好准备，苏军工兵炸掉墙壁，苏军步兵冲进德军房间，一顿猛打，直接消灭德军，或者迫使德军投降。

有的时候，德军在一些比较重要的大楼里的每间房子里都部署兵力，就连地下室都严密设防，这时，"拆墙战术"不能奏效。苏军就干脆使用更加简单的方法——"拆房子战术"。

苏军工兵攻入这些大楼的地下室，将那里的守军全部肃清，然后将炸药放置在大楼的地基上。苏军工兵将所有的炸药一起引爆，大楼失去根基，就会整体倒塌，大楼里的德军被全部消灭一空。

通过上述方法，苏军将波森城里的德军一点儿一点儿地啃掉。从现实的角度来讲，波森要塞注定要失守，德军的抵抗固然顽强，但是从根本上来讲，还是徒劳。

1945年2月24日，波森要塞最终陷落。到此为止，朱可夫所部南翼的德军基本上被全部肃清。

## 第三节
## 肃清波美拉尼亚、西普鲁士和东普鲁士的德军

苏军对西普鲁士和波美拉尼亚的攻击战,也就是波美拉尼亚战役,于1945年2月10日全面发动,由苏联第1白俄罗斯方面军和第2白俄罗斯方面军负责完成。

其中第1白俄罗斯方面军自南向北推进,任务是消灭斯德丁(今什切青)至新什切青之间的德军,夺取奥得河下游的东岸地区;第2白俄罗斯方面军自维斯瓦河西岸的登陆场向东推进,任务是消灭但泽(今格但斯克)至斯德丁之间的德军。最终,两个方面军将攻占整个东波美拉尼亚和西普鲁士,确保朱可夫所部北翼的安全。

两路苏军中,首先开战的是朱可夫麾下第1白俄罗斯方面军。1945年2月初,朱可夫为了应付驻扎在它北面,东波美拉尼亚地区的德国维斯瓦集团军群第11装甲集团军,只留下3个集团军防守奥得河,而将其他的部队全部派出去发起向北的攻势,这次攻击的目标是,夺取奥得河入海口的新什切青。苏军的进展比较顺利,顺利攻克皮里茨(今佩日采)、巴恩(今班格)。

1945年2月10日,罗科索夫斯基麾下苏联第2波罗的海方面军,开始发动西普鲁士战役。

10日当天,第2白俄罗斯方面军的中央和左翼部队,在红军波罗的海舰队的配合下,从布隆贝格(今比得哥什)以北的维斯瓦河登陆场,向斯德丁方向发起进攻。

苏军的作战区域道路泥泞,森林湖泊密布,德军依托这些有利条件,

构筑纵深梯次防御体系来应对苏军的进攻。

截至2月19日,第2白俄罗斯方面军向西推进大约70公里,但随即被德军第2集团军,和其他独立守备部队阻挡于格涅夫—切尔斯克—霍伊尼采—拉布采儿(奥科内克)一线。

2月15日,根据德国最高统帅部的部署,德军第11装甲集团军(后改为第3装甲集团军)对朱可夫的部队发起进攻。希姆莱和希特勒,甚至一向务实的古德里安都对这次进攻充满期待。

希姆莱告诉第11装甲集团军司令劳斯,他和希特勒深信"至日"行动必将成功,这会改善德国的处境,令战局对德国有利。

劳斯对希姆莱的话深表怀疑,因为他发现这场被寄予如此厚望的攻势,却根本没有得到充分的准备!德军的装甲部队或许还算得上是一支劲旅,但配属给装甲部队的步兵却是一支乌合之众,这些步兵师大多是由工兵、空军地勤人员、海军测绘队和人民冲锋队组成的大杂烩,他们的战斗力让劳斯很不放心,而他们的武器也极为寒酸,他们没有火炮、反坦克炮、通信器材和后勤供应,甚至最夸张的是,有些部队居然没有团、营一级的指挥官。

希姆莱直到进攻发起的时候,才从库尔兰集团军群的休假军官中临时选定了一些指挥官送到前线。这些指挥官对波美拉尼亚的形势一无所知,就匆匆上了战场。在这种兵不知将,将不知兵,且兵与兵之间也不太熟悉的情况下去进攻苏军,结果可想而知。

不过,尽管面对着这样或者那样的问题,劳斯还是决定竭尽所能,打一场漂亮仗,争取达到预期的目标,也就是把朱可夫的部队驱离奥得河。这次给劳斯带来信心的是他手下的强大坦克部队,德军为这次进攻准备的坦克达到了1200多辆,数目相当可观。

由于缺乏燃料,德军希望用铁路把坦克运输到进攻地点,但是可用于运送坦克的火车过于稀少,这个运送过程耗费了相当长的时间。

等到参与进攻的所有德军就位时,它们又被告知一个极为糟糕的消息,现有的燃料和弹药仅能供3天的消耗。这就意味着如果3天的时间里,

法西斯的覆灭 攻克柏林

波美拉尼亚战役

德军不能推进到奥得河畔的科斯琴，那么这次进攻就只能以失败而收场。

这场攻势自施塔尔加德（今什切青旧城）以南地区发动，德军动用了6个师。2月16日和17日，德军进展顺利，他们将隶属于苏联第1白俄罗斯方面军的第47集团军压退了8~12公里，并夺回皮里茨和巴恩。

当德军的坦克部队终于找到了一点儿久违的"闪击战"的感觉时，天公却跟德军开了个小小的玩笑。冰封的大地突然解冻，德军行进的道路成了烂泥潭，大量德军坦克在泥地里步履维艰，前进速度大大降低。

德军的进攻势头令朱可夫深感忧虑，他的北翼极为危险，他急调第2近卫坦克集团军北上迎击德军的装甲部队，一场"施塔加尔德坦克大战"即将打响。

像这种苏德之间的坦克战，自莫斯科城下开始，直到德国本土，已经进行过无数次。就武器性能而言，德军的主力坦克"虎"式和"豹"式，与苏军的主战坦克T-34式和"斯大林"式不相上下，所以坦克战主要比拼的就是坦克战斗小组的经验。

在临敌对战方面，苏军的坦克手大多是百战老兵，操控坦克攻击敌军坦克的技术已经相当娴熟。反观德军这边，大多数的坦克兵都是些新兵蛋子，他们做得最好的就是能够相对娴熟地驾驶坦克，至于如何使用坦克作战，消灭敌军的坦克，他们的技术还不过关。

既然苏军坦克手和德军坦克手的技术不可同日而语，那么坦克战的战果也就没有什么太大的悬念，德军的坦克在苏军坦克的攻击下损失惨重。2月20日，失去了坦克部队的突击威力之后，德军的攻势戛然而止。接下来，战场上面的形势发生了逆转，苏军转守为攻，德军转攻为守。

到此为止，"至日"行动以失败而告终，不过这个行动却达到了拖延苏军进攻柏林时间的目的，苏军最高统帅部意识到朱可夫的北翼实在是过于危险，于是决定全力进攻东波美拉尼亚和西普鲁士，将这一地区的德军全部消灭掉。

苏军第1白俄罗斯方面军继续进攻东波美拉尼亚靠近奥得河东岸的那片区域，该区域的德军顽强抵抗，苏军的进展极为缓慢，不过苏军还是处于进攻的状态，而德军始终在撤退，2月24日，苏军攻克阿恩斯瓦尔德。2月28日，攻占新什切青，整个奥得河中下游的东岸地区都落入苏军之手，该方面军完成苏军统帅部布置的任务。

这时，罗科索夫斯基的部队还是被阻挡在西普鲁士的格涅夫—切尔斯克—霍伊尼采—拉布采儿（今奥科内克）一线。苏军最高统帅部见仅仅靠第2白俄罗斯方面军，无法攻克但泽至斯德丁之间的东波美拉尼亚和西普鲁士地区，就决定让第1白俄罗斯方面军也加入战团。

苏军最高统帅部设想，德军第2集团军和其他独立守备部队，必然会集结重兵与罗科索夫斯基的部队缠战，该集团军的后方必然空虚，于是，苏军最高统帅部决定避实击虚，从南面向波罗的海海岸发起进攻，截断第2集团军的退路。

这个新的作战计划如下：以第1白俄罗斯方面军的右翼部队，由阿恩斯瓦尔德地区向北突进至科尔贝格（今科沃布热格），以第2白俄罗斯方面军的左翼部队，由岑佩尔堡（今森普尔诺）向北突进至克斯林（今科沙林），这两路大军将分割东波美拉尼亚的德军，然后各个击破，全部歼灭。

这次行动，将得到苏军红旗波罗的海舰队的全力支持，该舰队的任务是使用航空兵、潜艇和鱼雷快艇,来破坏德军在波罗的海南部海域的海上交通,同时配合陆军攻占维斯瓦河河口,至奥得河河口之间的波罗的海沿岸地区。

鉴于这两个方面军自1945年1月上旬开始就持续作战,人员和物资消耗巨大,苏军最高统帅部加强了这两个方面军,以便他们有足够强大的力量冲击德军。

3月1日,苏军第1波罗的海方面军自阿恩斯瓦尔德出发,第2波罗的海方面军自岑佩尔堡出发,分别朝着科尔贝格和克斯林杀将过去。苏军的坦克集群一路穿街过巷,如入无人之境,所到之处德军的防线溃不成军。

3月4日,两路苏军分别攻抵波罗的海沿岸。接着,第1白俄罗斯方面军向着西北方面,第2白俄罗斯方面军朝着东北方向,呈扇形发动进攻。科尔贝格和克斯林之间的德军,由朱可夫麾下的第1近卫坦克集团军负责解决,该集团军在随后的战斗中被借给第2白俄罗斯方面军使用。苏军这一轮进攻过后,德国第2集团军被合围在维斯瓦河三角洲地区。

在战斗过程中,红旗波罗的海舰队以航空兵、潜艇和鱼雷快艇对被合围于但泽地区的德军集团进行海上封锁,并在波罗的海南部海域的交通线上频繁活动,阻止该地区的德军撤退或者得到增援。

苏联空军第14和第16集团军、红旗波罗的海舰队所属的航空兵、波兰混成第4航空兵师对德军及其军事目标实施密集突击。

截至3月10日,第1白俄罗斯方面军的部队,基本上攻克从科尔贝格至奥得河河口的波美拉尼亚地区,仅科尔贝格还在德军的手里。此城的守军,根据希特勒的命令,打算死守下去。

朱可夫将攻占科尔贝格的任务交给波兰第1集团军来负责,该集团军经过苦战,于3月18日攻占科尔贝格。

第2白俄罗斯方面军在第1近卫坦克集团军的协助下,顺利地朝着但泽湾推进。3月28日,经过激战,苏军攻占格丁尼亚。3月30日,苏军攻克但泽。被封锁在格丁尼亚地区的德军第2集团军部分部队,于4月4日被苏联第19集团军歼灭。

被逼退至但泽以东维斯瓦三角洲地区的德国第2集团军残余部队，以及其他德军部队一直坚守在那个地区，直至1945年5月9日才投降。

到此为止，除了无关大局的维斯瓦河三角洲地区之外，奥得河以东的整个波美拉尼亚和西普鲁士地区都被苏军占领，朱可夫的北翼威胁被全部消除。

苏军消灭东普鲁士地区德军的战役是最后发动的。

早在1945年1月初的"维斯瓦河—奥得河"战役中，驻守东普鲁士的德军北方集团军群就已遭受重创，它被分割成3个互无联系的集团，分别是位于东普鲁士首府柯尼斯堡的德国第3装甲集团军的部分部队，以及城里的守军，位于柯尼斯堡西北方萨姆兰半岛的萨姆兰集团，位于柯尼斯堡西南、维斯瓦湾以南的德国第4集团军。

为解决这些德军，苏军的计划如下：巴格拉米扬麾下第1波罗的海方面军，先发动对柯尼斯堡和萨姆兰半岛德军的歼灭战，切尔尼亚霍夫斯基麾下第3白俄罗斯方面军，随后发动对维斯瓦湾以南的德国第4集团军的歼灭战。在这次进攻行动中，第1波罗的海方面军的攻势，本来预定在2月20日发动，但由于受到一系列突发事件的影响而延迟。

就在苏军即将发起攻势的前两天，也就是2月18日，第3白俄罗斯方面军司令切尔尼亚霍夫斯基，在麦赫塞克附近被击毙，而2月19日，德军从萨姆兰半岛和柯尼斯堡发兵，对阻隔在这两个地区的苏军发起进攻。在两路德军的夹攻下，还有德国海军舰炮的支援，德军进攻得胜，3天后建立了一条牢固的陆上走廊，使得柯尼斯堡能够得到一定的物资补充。

临战之前，苏军的一员大将阵亡，而另一员大将的部队居然被德军击败，这令苏军最高统帅部大受震动，苏军高层认为，很有必要重组两个方面军的指挥层，以确保东普鲁士歼灭战的顺利进行。

华西列夫斯基作为苏联最高统帅部的代表，于2月21日接过第3白俄罗斯方面军的指挥权，未能阻止德军援救柯尼斯堡的巴格拉米扬被降职。第1波罗的海方面军被改称为第3波罗的海方面军的萨姆兰集群，巴格拉米扬随之划归华西列夫斯基节制。

法西斯的覆灭 · faxisi de fumie ·
攻克柏林 · gongke bolin ·

1945年3月13日,东普鲁士攻防战全面发动,这时驻守在东普鲁士的德国北方集团军群,由德国第2集团军前司令魏斯统一指挥。

华西列夫斯基估计,在柯尼斯堡以南德军还有19个师,而在柯尼斯堡和萨姆兰半岛,德军仅有15个师,他决定先啃硬骨头,首先把柯尼斯堡以南的德军消灭掉,再去攻打柯尼斯堡和萨姆兰半岛的德军。他向斯大林请示变更攻击次序,先敲掉维斯瓦湾以南的德军,再攻击柯尼斯堡和萨姆兰半岛的德军,斯大林同意了他的请求。

苏军刚开始进攻时,天气恶劣,苏军无法发挥空中优势,全靠地面兵力对德突击。德国第4集团军拼死抵抗,寸土必争,但苏军不断地压缩德军的阵地。

到3月18日,德军被迫退缩到向维斯瓦湾的萨姆兰半岛突出的狭窄的巴尔加半岛上。这一天,天气转晴,苏军空军大批量出动,对这个小小的半岛狂轰滥炸。德军的士气濒临崩溃,士兵开小差和临阵脱逃的事情多有发生。

德军第6军派遣一名代表去见希特勒,请求从海岸上撤回德国本土,但遭到拒绝,德军不得不继续抵抗。直到3月26日,希特勒才同意"在所有的火炮、坦克和车辆全部用船运走以后",德军官兵才可以撤退。

这时,苏军攻势极盛,德军官兵们自身的小命不保,哪里还顾得上武器装备。不少德军士兵靠着仅有的一些交通工具,逃离苏军的包围圈,而剩下的德军官兵则做了苏军的阶下囚。这次围歼德国第4集团军的战役,华西列夫斯基公布的战果是:俘虏46000人,缴获600辆坦克和强击火炮,歼敌93000人。

解决完德国第4集团军,华西列夫斯基又把注意力转移到柯尼斯堡和萨姆兰,他的首要攻击目标是柯尼斯堡。华斯列夫斯基料想希特勒必然会把柯尼斯堡打造成一座超级堡垒,他毅然决定精心准备,打一场艰艰苦卓绝的攻坚战。华西列夫斯基的指挥部将柯尼斯堡的作战地图下发至排长一级,图上非常详细地用编号标明每一个街区、街道和火力控制点。为了对高级指挥员介绍情况,又特别制作一个1∶3000比例的柯尼斯堡市立体沙盘图。经过细致的讲解，几乎每一个红军战士都对自己的任务了如指掌。

为了打好这场柯尼斯堡攻坚战，华西列夫斯基准备了 137000 人，2400 多架飞机，530 多辆坦克的自行火炮。

此时，北方集团军群的司令部已从东普鲁士撤离，萨姆兰半岛和柯尼斯堡德军的指挥权被移交给德国第 4 集团军司令米勒。

4 月 2 日，米勒来到柯尼斯堡布置防务，柯尼斯堡守军司令拉施亲自接待了他，当他与拉施就如何防守柯尼斯堡交换意见时，拉施的态度令他很是恼火。拉施的话语中充满失败主义论调，米勒警告拉施最好不要产生投降的打算，因为这么做会让拉施的家人死于非命。

拉施勉强同意尽力守住柯尼斯堡，可是他对米勒抱怨说他手下仅有 35000 人，就连装甲师都没有，要想守住城池是很困难的。米勒对拉施提出的困难不免表示理解，但是他坦率地告知拉施柯尼斯堡的守军只能靠自己。

4 月 6 日中午，在经过航空兵和炮兵猛烈的火力准备之后，苏军开始发起突击，到傍晚时，苏军步兵已经打进了城。守军司令拉施请求米勒允许他撤往萨姆兰，但遭到拒绝。

4 月 7 日，柯尼斯堡和萨姆兰半岛的陆上通道断绝，这时，米勒却要求拉施退回萨姆兰，拉施显然已经无能为力。

4 月 9 日傍晚，负伤的拉施要求米勒授予他停止抵抗的权力，米勒不同意，拉施便自作主张，向苏军投降。

4 月 10 日，柯尼斯堡城里主要的战斗都结束了，只有一些被孤立的还在包围圈里进行战斗。两天后，愤怒至极的希特勒，在拉施未曾出席的情况下宣判处他死刑，并且下令党卫军逮捕拉施的家人。

督战不力的米勒也被免职，他的职务被围困在维斯瓦三角洲的德国第 2 集团军残部的司令官接任。

4 月 13 日上午，东普鲁士歼灭战的最后阶段开始，苏军对萨姆兰半岛的德军发动进攻。德军拼死抵抗，守卫着半岛最西端的皮劳港，德国海军趁着苏军还没有占领这个半岛的时机，通过海路撤走大批部队和平民。

4 月 26 日，萨姆兰半岛被完全占领，华西列夫斯基声称苏军俘虏 3 万德军。到此为止，东普鲁士战役全部结束。

　　1945年2月初至1945年4月，经过西里西亚战役、波美拉尼亚和西普鲁士战役，以及东普鲁士战役等3次大战，奥得河以东的德军部队基本上被肃清，苏军终于可以集中全力为柏林战役做准备。

## ·第六章·

### 目标柏林

## 第一节
## 争夺柏林

柏林是一座历史文化名城，它从普鲁士王国时期开始，历经德意志第二帝国、魏玛德国，直到德意志第三帝国，一直都是德国首都。

从1933年开始，到1945年，柏林成为纳粹德国的心脏。反法西斯同盟国的军队只要占领柏林，至少从心理上来讲足以摧垮纳粹德军的斗志，迫使纳粹德国无条件投降。

正是由于柏林的地位如此重要，美英和苏联都对柏林志在必得。

1945年3月8日，正当苏军还在奥得河以东的上西里西亚、东波美拉尼亚、西普鲁士和东普鲁士围剿德军之际，苏联第1白俄罗斯方面军司令朱可夫，接到莫斯科的急电，要求他即刻动身返回苏联最高统帅部，有要事商议。

朱可夫接到命令马上乘飞机回到莫斯科，并直奔斯大林的乡间别墅。斯大林先是跟朱可夫聊了一下他儿子雅科夫·久加什维利（1941年被德军俘虏）的下落问题，接着就直奔主题，他要求朱可夫到苏联最高统帅部去报到，与苏联总参谋长安东洛夫一起研究进攻柏林的战役计划。

安东洛夫和朱可夫知道，斯大林如此急切地要求他们制定进攻柏林的计划必有原因，而事实也的确如此。1945年3月7日，美军占领莱茵河上的雷马根大桥，德国的莱茵河防线事实上已经崩溃。

鉴于德军在西线的抵抗强度远远小于东线，斯大林非常担心美英盟军会先于苏联攻占柏林，所以他才急切地要求苏联最高统帅部拿出进攻柏林的计划来。

斯大林的担心不无道理。丘吉尔早在1944年10月带着英国高级官员访问莫斯科时，就毫不掩饰对斯大林说他渴望得到柏林。随行的英国陆军元帅艾伦·布鲁克，在谈及美英盟军下一步的作战计划时，对斯大林说，在包围鲁尔区以后，盟军的"主要进攻目标将是柏林"。

丘吉尔再次确认布鲁克的观点，他表示至少英国军队的企图是向波罗的海进军，阻断驻守在荷兰北部和丹麦的德军支援，在那之后，英国军队将"一步步地朝着柏林推进"。斯大林对此未作任何评论，但他在内心深处不愿意将柏林让给美英盟军去占领。

斯大林有充足的理由要抢在美英盟军的前面占领柏林。

第一个理由，与苏联人的心理诉求有关。

苏联在这场旷日持久的第二次世界大战中，付出巨大牺牲，并且消灭了德军绝大部分主力部队。斯大林认为苏联应该占领柏林，将最终战胜德国法西斯的功劳捏在苏联的手里。

第二个理由，与苏联在战争结束以后的势力范围有关。

早在苏联建国之初，列宁就希望通过输出革命的方式，将布尔什维克主义传播到整个欧洲，列宁的理想在苏波战争中遭到挫败，他转而寻求支持欧洲各国的共产党，通过武装夺取欧洲各国政权的方式来实现无产阶级专政。

当苏联挫败纳粹德军的进攻，并转入反攻时，斯大林实际上实现了列宁的理想，苏军解放波兰和巴尔干半岛诸国之后，已经成功地在那些国家扶持起共产党掌权的政府。

现在，如果苏军能够攻入柏林，那么德国东部和捷克斯洛伐克，就会顺理成章地被划入到苏联的势力范围之内，而如果苏联能够充分利用已经取得的势力范围，朝着西欧渗透，说不定西欧也能成为社会主义大家庭的一员。

要实现上述目标，苏联必须占领柏林。本来，在雅尔塔会议中，美英和苏联约定以易北河为界来分割德国，理论上易北河以东的西波美拉尼亚、柏林所在的勃兰登堡州和下萨克森州都应该由苏联占领。但是，万一美英盟军趁着苏军屯兵奥得河以东的大好时机，抢先攻占易北河以东、奥得河以西的德国领土，那么事实上那片占领区必然不会再被交给苏联，而苏联也不会冒着与美英开战的危险，来夺回本属于他们的德国占领区。

第三个理由，与一种名为"原子弹"的秘密武器有关。

早在1937年，纳粹德国就在研制一种大规模杀伤性武器，也就是后来鼎鼎有名的原子弹，这个研究计划被命名为"铀计划"。

英国人通过他们的情报系统了解到了德国人的疯狂计划，他们也开始研究原子弹，而美国人则于1939年就开始秘密研究原子弹。

1941年底，美国参战，英国和美国的科学家们开始合作研究原子弹，他们打算抢在纳粹德国的前面研制出原子弹。

这时，苏联的原子弹研究计划基本上还是起步状态。1942年5月，斯大林通过一些参与美、英原子弹研究计划的信奉共产主义的科学家，了解到西方盟国的原子弹研究进度相当快，完全可以先于苏联研制出原子弹。

斯大林听到这个消息，极为恼火，他把研究原子弹的苏联专家找来，对他们进行严厉批评，他要求苏联原子能物理学家们端正态度，务必严肃地对待原子弹研制工作。

未来3年里，苏联的原子弹研究计划——"博洛季洛"计划进展神速，不过，苏联的科学家却始终面临着一个巨大的问题，苏联缺乏制造原子弹的重要材料——铀。

苏联虽然国土面积大，资源相当丰富，唯独缺少制造原子弹所必需的铀，欧洲已探明的含有大量铀矿的地区，一个是德国的下萨克森州，另外一个则是纳粹德国控制下的捷克斯洛伐克。

这样的情况下，负责原子弹研究工作的贝利亚（仅次于斯大林的苏联2号人物），授意设在美国的苏联购买委员会向美国战争生产委员会，提出购买8吨铀的氧化物。

美国人当然不会卖很多至关重要的铀给苏联，他们只是碍于与苏联的盟友关系，以及想了解一下苏联人在原子弹研究方面走了多远，才象征性地卖了一点儿给苏联，显然不够用。

直到 1945 年初，苏联才在哈萨克斯坦发现铀矿，但数量不敷使用。苏联的原子弹制造计划能否顺利进行，取决于苏联能否控制住铀含量丰富的德国下萨克森州和捷克斯洛伐克，这就意味着苏军必须抢在美英盟军之前，占领下萨克森和捷克斯洛伐克。

至于柏林，虽然并不蕴藏着铀矿，但是柏林西郊的达莱姆，有一个名叫凯萨·威廉物理研究学院的德国原子能研究机构，这是在那里工作过的苏联原子能物理学家告诉贝利亚的。这个研究机构被德国人称之为"菌室"，它设立在一个深埋于地下的地堡中，德国人给这个研究机构起这么个不卫生的名字，是为了不让外界人员对它产生任何兴趣。

贝利亚告知斯大林，如果苏军能够攻占柏林，那么德国原子能研究机构里的科学家、原材料和设备就能供苏联使用，苏联可以在原子弹研制工作上更快地追赶上美英的步伐，因为毕竟德国人的研究进度丝毫不亚于美英方面。

斯大林对贝利亚的话深以为然，他更加坚定了夺取柏林的决心，只是苏军能否抢在美英之前攻取柏林，此时并不取决于苏联的意志，而是取决于美英方面是否会遵守雅尔塔协定，将他们进攻终止线设定在易北河。

早在 1944 年 9 月 15 日，盟军最高统帅部在制定对德战略时，就将柏林划定在攻击范围之内，那时候苏军还徘徊在维斯瓦河附近，与柏林相距甚远。

1945 年 2 月，盟军在发动莱茵河战役时，哪怕苏军距离柏林的直线距离仅仅只有 60 公里，艾森豪威尔也仍然把柏林当作盟军的战略目标，他将攻克柏林的任务交

斯大林

## 攻克柏林

给蒙哥马利来完成。

1945年3月24日，蒙哥马利渡过莱茵河以后，命令他麾下的，除了美国第9集团军之外的第21集团军群外，其他部队对德国北部发动进攻，掩护攻击鲁尔区盟军的北翼。

隶属于蒙哥马利麾下的美国第9集团军，以及隶属于布莱德利麾下的美国第1集团军，在包围鲁尔区之后，也奔着易北河杀将过去。

无论是美军将领还是英军将领，都以为下一个攻击目标必然是柏林，他们期待这一时刻的到来已经很久了。美军将领渴望攻占柏林，目的仅仅是获得终结德国法西斯的军事荣誉，而英国人想获得柏林的动机则要复杂得多。除了军事上的原因之外，更重要的是政治原因。

英国人不想把击败纳粹德国的殊荣让给苏联，这可以说是面子问题。除了战争荣誉问题之外，更重要的问题是战后的政治问题，具体来说就是布尔什维克主义和资本主义的对抗问题。如果让苏联占领过多的欧洲领土，就会造成这样一种印象，这场大战主要是依靠苏联人打胜的，美、英只不过居于次要地位。这种情况下，在未来决定欧洲命运的会议上，斯大林就会难以被制衡。

在巴尔干半岛的绝大部分国家落入苏联之手的情况下，英国打算扶持波兰流亡政府继续执政，使英国在东欧得到一个盟友。英国打算充分利用波兰来制衡苏联，但斯大林坚决扶持波兰共产党组建的卢布林政府，英、苏两国为了波兰的政治前途问题大吵特吵，几乎引发反法西斯同盟的破裂，最终在解决分歧的雅尔塔会议中，英国败下阵来，卢布林政府成为波兰合法政府。

卢布林政府完全听命于苏联，波兰已经成为苏联的卫星国，在二战结束后，极有可能成为苏联向西欧扩张的基地。

在雅尔塔会议上失败以后，丘吉尔不断地搞小动作，打算借着波兰将要建立联合政府的机会，让波兰流亡政府的成员以个人身份加入卢布林政府，找机会颠覆卢布林政府。

斯大林通过情报部门了解到了英国人的小伎俩，他知道英国人渴望得到波兰，但他也绝对不会放弃波兰，因为他不希望波兰在战后第3次成为外国反苏势力攻击苏联的跳板。苏联统帅丝毫也不担心英国人与反苏的波兰流亡政府成员，会搞出什么颠覆卢布林政府的事情来，因为波兰处于苏军控制之下，英国人即便想帮助波兰流亡政府夺回政权，也要掂量一下他们是否有足够的力量去招惹苏联。

英国人当然不敢单独去招惹苏联人，因为英国根本就不是苏联的对手，而美国人当时对欧洲事务没有多大的兴趣，不可能帮着英国人去跟苏联对抗。丘吉尔在确定波兰已经落入斯大林之手以后，希望占领奥得河以西的德国领土，将工业化的德国捏在西方盟国的手里，作为以后抵挡苏联的前哨阵地，到时候最理想的同盟是，英法德反苏同盟，美国到时候会返回美洲，继续它的孤立主义政策。

按照蒙哥马利的预计，美英盟军要想完成这个任务其实并不难，因为德军在西线几乎不抵抗，或者抵抗非常轻微，美英盟军的突进更像是假日旅行，如果运气好，连捷克斯洛伐克都可以由美英盟军来接收。

直到1945年3月28日之前，盟军总司令艾森豪威尔在号令三军时，仍然将柏林当作攻击的目标，直到一系列突发事件的出现，才使他改变主意。

首先是发生在瑞士阿斯科纳的一场谈判，给美苏之间带来一场巨大的外交争端，造成这场外交事故的，是美国派驻瑞士的战略物资局负责人艾伦·杜勒斯，他的谈判对象，是德国党卫军全国副指挥卡尔·沃尔夫，谈判内容是驻守在意大利北部的德军向盟军投降事宜。

美国人一开始就把谈判的内容全部告知斯大林，苏联统帅希望派人参加这次谈判，但是遭到美国人的拒绝，原因是沃尔夫扬言，如果有苏联人出现在谈判会场，谈判将会立刻破裂。

斯大林对苏联未能参与一场德国与美国的谈判而极为愤怒，他非常担心德国人跟美国人进行秘密交易，交易的内容无外乎是德国单独向美英盟军投降，美国让德国重新武装起来，对付苏联。

鉴于美国人从骨子里敌视苏联，斯大林认为美国与德国合作共同对付苏联的可能性极大，他立即做出激烈反应。

斯大林多次致电罗斯福，自他与罗斯福打交道以来，这次用了最为不客气的口吻批评美国政府暗地里瞒着苏联，跟纳粹德国干可耻的勾当，美国必然跟德国在西线达成某种默契，让希特勒把全部的军队都调到东线去打击苏军。

罗斯福总统对斯大林的指责很为不满，因为杜勒斯与沃尔夫的谈判的确只涉及意大利北部德军的投降事宜，再无其他，他多次致电斯大林解释这件事，但是斯大林置若罔闻，苏联统帅紧紧抓住美国人不允许苏联人派出代表参加阿斯科纳会议这一点儿，指责美国政府欺骗苏联。

毫无疑问，在美国与苏联因为外交问题而吵吵嚷嚷的时候，美英盟军贸然进入易北河以东去攻击柏林，极有可能引来苏军的无差别火力袭击（苏军完全可以说他们攻击的是德军部队），并引发更大的外交冲突。这样的冲突虽然不会使美苏的同盟关系破裂，但斯大林必然不肯在打败德国之后，发兵攻击盘踞在中国东北的日本关东军，到那时，美军将不得不独自去跟誓死不退的日军战斗。

罗斯福总统当然不愿意让美军在太平洋战场上独扛日本，他希望苏联帮助美国打击日本，所以他不愿意再激怒斯大林，至少在欧洲战场上美国要照顾苏联人的情绪。

这个外交事件多少对艾森豪威尔的决策有点儿影响，艾森豪威尔在认真思考，苏联是否会因为盟军越过雅尔塔协定中划定的易北河军事分界线而攻击美军，这又是否会引起新的外交争端，对太平洋战场造成影响。这个时候，他认为让盟军的部队留在易北河上是最佳选择。

除了这个外交上的原因之外，还有一个军事上的原因使艾森豪威尔放弃进攻柏林。

1945年3月11日，盟国远征军最高统帅部的情报部门向艾森豪威尔提交一份报告，报告显示，纳粹正在酝酿一个新的持久战计划，德国人会在德国南部和奥地利交界处的阿尔卑斯山深处修建"民族堡垒"，希特勒本人将会亲自到贝希特斯加登的巢穴里指挥防守。

对于这些"民族堡垒"的威力,盟国情报部门是这样评价的:在这里,迄今为止领导德国的那些力量,将能依靠天险和最有效的秘密武器,继续存在下去,准备东山再起。堡垒里没有轰炸的工厂用于生产军火,粮食和设备将贮存在巨大的地下岩洞里,经过特别选拔的年轻人接受游击战的训练,这个地下军队因此得到装备和指导,以便从占领军手里解放德国。

这个情报无疑令盟国远征军最高统帅部的将官们大伤脑筋,艾森豪威尔的参谋长比德尔·史密斯将军非常担心,"在阿尔卑斯山中进行旷日持久的战争",会使美国人的生命遭受巨大损失,而且使战争无限期拖延下去。

艾森豪威尔同样担心,战争拖延下去会出现一些不可预料的局面,他决定改变盟军的既定战略,将进攻的重心由德国北部和柏林方面,转移到德国南部和奥地利交界地区。

1945年3月28日,艾森豪威尔在未与英国方面商议的情况下,发布这样一道命令:美国第9集团军从英国第21集团军群中分离出来,重新划归布莱德利指挥;蒙哥马利将率领第21集团军群向德国北部波罗的海沿岸的吕贝克推进,切断德国与丹麦的联系;布莱德利指挥美国第12集团军群的第1、第9集团军沿着卡塞尔—莱比锡—德累斯顿轴线推进,与苏军在易北河会师,把攻克柏林的任务让给苏军;巴顿的第3集团军将突入捷克斯洛伐克西部和奥地利西部,截断纳粹的南逃之路。

为了让苏军了解盟军的计划,以便让苏军配合盟军的行动,避免在行动时发生误伤事件,艾森豪威尔将盟军下一步的行动计划,通过一封电报告知斯大林。

斯大林接到这份电报,非常高兴,他当即回复艾森豪威尔说,苏联愿意配合盟军在德国南部打击德军,粉碎德国的"民族堡垒"。

英国人在事后才知道,艾森豪威尔居然没跟他们打招呼就直接跟斯大林通报盟军改变战略重心的事,他们出离愤怒了。

大英帝国总参谋长艾伦·布鲁克指责艾森豪威尔,说他无权直接同斯大林联系,而且将柏林让给苏联去占领纯属信口开河,明显违背了1944

年9月定下的盟军总目标。

英国的参谋长们在布鲁克的支持下，联名向美国陆军参谋长联席会议主席马歇尔致电，大肆批评艾森豪威尔越权，并且攻击盟军总司令的新战略。丘吉尔也直接与罗斯福取得联系，英国首相反复向美国总统阐述柏林的重要性，他希望美国总统向艾森豪威尔施压，改变盟军放弃柏林的战略。

当时，罗斯福总统疾病缠身，不能料理政务，他委托美国总参谋长马歇尔来处理此事。马歇尔一接到罗斯福的命令，就发电报询问艾森豪威尔为何改变战略计划，艾森豪威尔将他的全部考虑都写在电报里回复给马歇尔。

马歇尔把事情的来龙去脉搞明白后，毅然决定支持艾森豪威尔的观点。英国人见美国高层已经决意放弃柏林，也就不方便再说什么，他们只好认可艾森豪威尔的新战略。

柏林将由苏军来最终攻占。

## 第二节
## 苏军在进攻柏林前的准备

苏联最高统帅部早在 1944 年 11 月,就曾计划夺取纳粹德国首都柏林,这在 1945 年 1 月上旬苏军发动的冬季攻势中就有体现。在为冬季攻势制定战略计划时,苏联最高统帅部原计划两个阶段来完成这次攻势。

第一个阶段是"维斯瓦河—奥得河"战役,在这次战役中,苏军将用一次快速的进攻粉碎东普鲁士、波兰和匈牙利的德国军队集群,挺进至布隆贝格(今比得哥什)、波森(今波兹南)、布雷斯劳(今弗罗茨瓦夫)和维也纳一线,为彻底击败法西斯德国,攻占其首都柏林创造有利条件。

斯大林亲自负责协调参与"维斯瓦河—奥得河"战役的第 1、第 2、第 3 白俄罗斯方面军,以及第 1 乌克兰方面军的行动,这次战役的进展相当顺利,朱可夫麾下的第 1 白俄罗斯方面军沿着华沙—柏林轴线大举推进,于 1945 年 1 月底前进至奥得河附近地区。

鉴于朱可夫的部队进展神速,苏联最高统帅部认为在"维斯瓦河—奥得河"战役结束之后,完全可以开始进行冬季攻势的第二阶段,也就是发动柏林战役,这次战役苏联最高统帅部打算让第 1 白俄罗斯方面军,和第 1 乌克兰方面军共同来完成。为了确定是否能够在 1945 年 2 月初就毫不停顿地发动柏林战役,苏联最高统帅部特地征求了处于最前线的朱可夫和科涅夫的意见。

朱可夫与科涅夫都对战争形势极为乐观,他们在召集各自方面军军事委员会会议以后,于 1 月 26 日和 28 日向苏联总参谋部提交报告,报告中,这两个方面军的军事委员会都认为,他们的部队完全可以协同配

## 攻克柏林

合夺取柏林。

在攻取柏林的战役中，朱可夫麾下第1白俄罗斯方面军将担负主攻任务，该方面军的目标是，1月30日前攻占伯利嫩（今巴利内克）、兰茨贝格（今戈茹夫—维尔科波尔斯基）和盖尔茨（今古日察）地区。然后，在2月1日晨至2日发动攻势，强渡奥得河，急速从北面和南面迂回攻击柏林。

科涅夫麾下第1乌克兰方面军，将担负掩护朱可夫所部南翼和部分助攻任务，该方面军的目标是，先歼灭守卫西里西亚的德军部队，然后中路和南翼部队2月25日至26日挺进至易北河，北翼部队同朱可夫的第1白俄罗斯方面军协同配合，从南面迂回，攻击柏林。

最终，朱可夫的部队将包围柏林，并最终攻克柏林，消灭德国法西斯。

苏联最高统帅部于1月27日批准第1白俄罗斯方面军的计划，于1月29日批准第1乌克兰方面军的计划，看起来柏林似乎在1945年的2月份就要被苏军攻占，但是一些不容忽视的因素，使得苏军不得不将进攻柏林的时间往后延迟。

朱可夫的部队孤军深入，与掩护他北翼的第2白俄罗斯方面军，和掩护他南翼的第1乌克兰方面军之间，拉开了极大的距离，他的侧翼有被德军突破的危险。除此之外，在"维斯瓦河—奥得河"战役中，第1白俄罗斯方面军的兵员和物资损失严重，都急需补充，不然，没有足够的兵力、炮兵和装甲兵，不足以对德军形成足够强大的冲击力。

为了给柏林战役提供一个稳固的大后方，并且给前线部队补充兵员和物资，苏联最高统帅部决定暂时不进攻柏林，将苏军的主攻目标转向上西里西亚、东波美拉尼亚、西普鲁士和东普鲁士以及匈牙利。

1945年整个2月和3月，苏军奥得河以东和匈牙利北部的德军集团发动攻势。至3月底，奥得河以东的德军集团，除了极少数孤立的据点之外，全部被苏军肃清，苏军第1白俄罗斯方面军攻占奥得河中下游的东岸地区，并且在西岸取得几个桥头堡。第1乌克兰方面军突进至尼斯河一线，处于朱可夫所部的正南方。第2和第3乌克兰方面军推进至奥地利境内，奥地利首都维也纳处于苏军的威胁之下。

1945年3月8日，鉴于美英盟军夺占雷马根大桥，德军的莱茵河防线崩溃，美英盟军极有可能先于苏军占领柏林，苏联最高统帅部急忙命令苏军总参谋部、第1白俄罗斯方面军的参谋部和第1乌克兰方面军的参谋部制定柏林战役的相关计划。

根据斯大林的指示，攻克柏林的殊荣应该交给朱可夫，因为这位苏联的"常胜将军"，在莫斯科城下，挫败了不可一世的德国装甲军团的兵锋，保卫了莫斯科，保卫了苏联。

第1白俄罗斯方面军的参谋们，关于柏林战役，拟制出A和B两套方案：

A方案规定，方面军所属的部队，从已经占领的地区和登陆场展开进攻，以3个合成集团军和2个坦克集团军的兵力，从屈斯特林登陆场实施主要突击，这是个"单点突击"方案。

B方案规定，方面军先实施一系列局部战役，以改善方面军仅有一个奥得河西岸登陆场的不利态势。方面军计划在施韦特以南夺取一个新的登陆场，3个合成集团军从该登陆场转入进攻，与此同时，继续扩大屈斯特林登陆场，预计在该登陆场集中方面军的主要兵力，以实施主要突击。这就是所谓的"多点突击"方案。

第1乌克兰方面军的参谋部门也制定出相应的战役计划。

3月底，苏联总参谋部将朱可夫和科涅夫自前线召回莫斯科，就柏林战役的相关问题进行讨论。

4月1日，斯大林主持召开讨论柏林战役的专门会议，参与此次会议的有朱可夫、科涅夫，苏联总参谋长安东洛夫，以及苏联作战部长什捷缅科。

会上，斯大林先跟与会的众人致以问候，接着说明盟军的战略意图，他说："根据雅尔塔会议的决定，苏军和盟军对德国的占领应以易北河为界。这也就是说，不仅柏林应该由苏军占领，而且柏林以西，一直到易北河的广大地区都应该由苏军占领。但是，现在盟军中的有些人想违反这个协定。"

斯大林把话说完，就命令什捷缅科念一份电报，该电报显示英国人正

## 攻克柏林

在竭力说服美国人占领柏林，蒙哥马利甚至已经做好随时发兵柏林的准备。

待什捷缅科念完电报，斯大林就问朱可夫和科涅夫："谁会先进入柏林，我们还是盟军？"朱可夫和科涅夫急忙表示说，当然是我们会先进入柏林。

斯大林对两位方面军司令员的回答非常满意，他指出必须在最短的时间内攻占柏林，以免德军又在盟军和苏军之间挑拨离间，他特别强调指出，形势所迫必须在极其有限的时间内准备实施柏林战役，战役的开始时间是1945年4月16日，在12～15天内结束。

两个方面军的司令都向斯大林保证，他们的部队在规定的时间内一定会做好战斗准备。

斯大林接着说，按照他的设想，柏林战役将由朱可夫麾下第1白俄罗斯方面军，科涅夫麾下第1乌克兰方面军，罗科索夫斯基麾下第2白俄罗斯方面军共同实施。但是由于当时第2白俄罗斯方面军正在但泽东南，和格丁尼亚以北地域围剿德军，必须迟几天才能投入柏林战役，所以斯大林并未将罗科索夫斯基召至莫斯科，参加讨论柏林战役的专门会议。

说完这些，斯大林要求朱可夫和科涅夫与总参谋部密切合作，讨论出柏林战役的最终方案，两天以内报送最高统帅部审批。然后，他宣布散会。

4月2日，苏联总参谋部就将柏林战役的最终计划呈送给苏联最高统帅部。

在最终计划里，柏林战役的总目标是：在远程航空兵的支援下，使用3个方面军的兵力，从什切青至彭齐希（今彭斯克）一线对德军实施强大的突击，摧毁德军防御阵地，把防守柏林地区的德军分割成若干个孤立部分，歼灭他们，占领柏林。在战役的第12～15日，进攻的苏军部队应该在宽大正面上挺进至易北河，在那同美英盟军会师。

参与柏林战役的3个方面军分布如下：第2白俄罗斯方面军位于奥得河下游区域，第1白俄罗斯方面军位于奥得河中游区域，第1乌克兰方面军位于尼斯河区域。这3个方面军战役纵深计划为130～165公里，每昼夜平均推进8～14公里。

参与柏林战役的3个方面军的具体任务如下：

第1白俄罗斯方面军在柏林战役中担负主攻任务，目标是从正东面、北面和南面，对防守柏林的德军集团实施强大突击，摧毁戈根措伦运河与奥德河—斯普里运河之间，90公里地段上的德军防御，击溃德国第9集团军，以强攻的方式夺取德国首都，然后向西发起进攻，在战役的第12～15日突进至易北河。

为完成此突击任务，朱可夫决定使用4个合成集团军和2个坦克集团军，从屈斯特林登陆场实施主要突击，从正东方对柏林发起正面突击。

除了这个正东面的主要突击行动之外，还有两个侧翼的辅助攻势。第1个侧翼辅助攻势的方向，在屈斯特林登陆场的北方，朱可夫将动用1个集团军，从拜尔瓦尔德的西北方，向埃伯斯瓦尔德和费尔贝林方向突击；第2个侧翼攻势在屈斯特林登陆场的南面，朱可夫也将动用1个集团军的兵力，从奥得河畔法兰克福的登陆场附近出发，向菲斯瓦尔德、波茨坦和勃兰登堡方向突击，从南面迂回柏林。

通过上述突击，可以将柏林守军与其他地区的德军集团隔开，降低攻克柏林时的难度。

为朱可夫所部的南翼提供掩护的，是科涅夫的第1乌克兰方面军，该方面军的主要任务，是迅速粉碎科特布斯地区，和柏林以南地区的德军集团——第4坦克集团军的主力。完成这个任务后，该方面军继续向西和西北方进攻，在战役开始后的第10～12日内占领贝利茨、维腾堡地区，然后直取德国第2大城市莱比锡。

该方面军的突击方向有两个，其中一个是从福斯特至考斯特一线出击，将战线推进至吕本至施普伦贝格的施普雷河一线，这个攻势是主要攻势，将动用5个合成集团军和2个坦克集团军；另外一个攻势是辅助攻势，将动用2个合成集团军，向德累斯顿方向发动攻势。如果条件允许，科涅夫还必须派出部分兵力，协助朱可夫的部队，从南面攻击柏林。

为朱可夫所部北翼提供掩护的，是罗科索夫斯基麾下第2白俄罗斯方面军，分配给该方面军的任务是接替科尔贝格，施韦特地段上第1白俄罗斯方面军的右翼部队，准备向什切青、罗斯托克方向进攻。

该方面军所需要采取的军事行动是，在施韦特以北强渡奥得河，粉碎德军的第3坦克集团军，不允许这个集团军回援柏林。在消灭德国第3坦克集团军以后，该方面军继续向西北和西面发展，在战役的第12～15日内突进至安克拉姆、德明、瓦伦—普利茨瓦克和维滕贝格一线。

为完成上述攻势，第2白俄罗斯方面军须动用3个合成集团军、3个坦克军和1个机械化军。如果条件允许，第2白俄罗斯方面军应派出部分部队在第1白俄罗斯方面军北翼部队的外侧作战。

苏军的柏林战役计划，总的来说就是，3个方面军协同作战，进行6次强大的突击，摧毁德军的防线，分割包围并最终歼灭德军，占领柏林，与美英盟军在易北河会师。

斯大林批准了柏林战役的总计划，他命令参与柏林战役的各方面军，根据自己的任务着手进行战役前的准备工作。

苏军的将领们非常清楚，德国人知道苏军必将发动柏林战役，所以要想达到战役的突然性是不可能的，所以，在柏林战役发动之前，苏军的目标是通过一些巧妙的伪装和欺骗行动，来诱使德军错判苏军的进攻时间和主攻方向，尽量减少朱可夫所部的进攻阻力。

在这一思想的指导下，苏军开始为柏林战役做准备，苏军后勤运输部门又开始忙碌起来。

在奥得河以东的广袤大地上，无数载有炮兵、迫击炮兵和坦克部队的列车，源源不断地开往柏林方向。经过精心的伪装，从表面上看，这些列车都是民用列车，运送的都是木材和干草之类的民用物资。

然而，一旦列车到达车站，这些列车就露出它们军用列车的本来面目。苏军后勤人员卸去伪装，将坦克、火炮和牵引车从平板车上卸载下来，然后，相关的技术人员会立即将这些装备开入掩蔽工事。

卸货完毕，空空如也的火车返回后方，其他满载着军备物资的列车继续朝着前线驶来，为苏军运来更多的坦克、火炮、迫击炮和火炮牵引车。

4月上旬，奥得河和尼斯河东岸的苏军实力越来越雄厚，两条河流东岸的大小森林里都驻扎着苏军的部队，为柏林战役准备的各式火炮达到了数万门之多，在3个方面军的突击正面上，每公里的火炮数目多达250门。

为了最大限度地欺骗德军，在进攻时间和地点上达到突然性，前线苏军很是动了一下脑筋。

白天，苏军在奥得河西岸开辟的登陆场上往往异常安静，但是一到夜晚就热闹起来，苏军战士们运用手头上的一切工具挖掘掩体。这时，在白天冷冷清清的公路也一副繁忙的景象，坦克、自行火炮、牵引式火炮和运载其他物资的车辆大排长龙，朝着苏军的前沿阵地驶来。这些兵器和车辆来到前沿阵地后，立刻躲进掩体，隐蔽得严严实实。

第2个白天到来时，苏军阵地上又是一片寂静，德军的侦察兵只看到苏军阵地的表面设施，还以为苏军的物资不足，无法发动大规模的攻势，这自然会让德军的警觉性有所降低，为苏军发动突然袭击创造条件。

除了以上措施之外，苏军还大量设置假目标来迷惑德军，让德军高层无法判断苏军的主攻方向到底在何处。仅仅在第2白俄罗斯方面军第2突击集团的阵地上，苏军就设置了坦克模型350个，火炮模型500个，致使德军误以为主攻方向是在什切青地区。

苏军在为柏林战役作准备时，还对德军的防守情况进行周密侦察。苏军空军多次出动侦察机，对德军的防线和柏林城的防御设施照相，苏军地面侦察兵也频频渗入德军防线，刺探德军的防御情况，这些情报最终都被汇入情报部门，供苏军的将官们参考使用。

1945年4月15日，苏军的准备工作基本上完成，参与进攻的3个方面军一共拥有兵员250万人，火炮和迫击炮41000门，坦克和自行火炮6200多辆，各式飞机7500多架。

苏联已经磨刀霍霍，准备直取柏林，那么德国人又有怎样的应对措施呢？

## 第三节
## 德军为保卫首都而做的准备

1945年3月底,第二次世界大战的欧洲战场上,纳粹德国遭遇着持续的失败。在西线,美英盟军横渡莱茵河,包围了鲁尔区,并扫荡着莱茵河与易北河之间的德军。在东线,除了少数几个孤立的据点和地区之外,奥得—尼斯河以东的德军集团全部被消灭一空。在南线,苏军已经逼近奥地利首都维也纳。

军事形势恶劣到这个地步,纳粹德国的高层军政官员,除了希特勒本人和极个别死硬纳粹分子之外,都认为德国最好的出路,就是向美英盟军投降,以避免柏林落入苏联人之手。

希特勒这个时候也知道军事形势已经无望,不过他并不愿意投降,因为德国向美英盟军投降以后,西方必然会将他这个德国元首逮捕,进而开设一个法庭,判他个战争罪,将他处死。

正是由于对这样的命运感到恐惧,德国元首才想方设法地拖延战争的时间,以便出现腓特烈二世那样的"奇迹"来挽救他的生命。为了实现拖延战争时间的目的,希特勒拒绝任何最终条件为无条件投降的谈判,他打算驱使德军继续战斗下去,直到最后一刻。

本来,按照希特勒的本意,他希望德军能够迸发出超强的战斗力,将美英盟军抵挡在易北河以西,将苏军抵挡在奥得—尼斯河以东,但是他手下的将领们,包括很大一部分对他死忠的党卫军将领在内,的确是认真执行抵挡苏军的命令,不过却根本没有认真执行抵挡美英盟军的命令。

西线的德军对美英盟军,要么完全不抵抗,要么就象征性地抵抗一下就投降，这使得美英盟军的进军类似于一场武装游行，美英士兵更像是坐着坦克到德国来游玩的游客。

只有在东线和南线，德军才是认真地在为抵抗苏军做着准备。面对着苏军的军事压力，德军的首要任务就是保卫德国的心脏——柏林。这些德军士兵还愿意守卫柏林的核心目的早已不是赢得战争之类的狂想，他们只是希望他们能够把苏军挡在奥得—尼斯河以东，让美英盟军来占领柏林地区。

为了守卫柏林，早在1945年2月，苏军逼近奥得河的时候，德国最高统帅部就已经开始部署柏林的防务。

德军的防御企图是：首先要死死地扼守住奥得—尼斯河西岸地区的防线，在数百公里宽大正面上和几十公里的纵深内阻止苏军前进。如果奥得—尼斯河防线被苏军突破，则以柏林城以及该城周围地区为依托，阻止苏军突入柏林，从而赢得时间，达到拖延战争的目的。

在构筑保卫柏林的防线时，德国最高统帅部充分利用奥得—尼斯河这一天然屏障。奥得河是一条大河，发源于捷克斯洛伐克，自东南至北蜿蜒700多公里，最终汇入波罗的海。该条河流水量较为充足，河道较为宽阔，河水较深，全程可以通航。

奥得河中上游的河面宽度，通常在100～225米不等，深2米有余，而在德军重点设防的奥得河下游地区，由于有诺奇特河和瓦尔塔河的河水汇入奥得河，河面的宽度加大到300米，平均水深3米。春汛的时候，奥得河的水深可以达到8米。

尼斯河是一条发源于捷克斯洛伐克苏台德山区的小河，它自南向北纵向流动，最终在科斯琴附近汇入奥得河，这条河流的流量比不上奥得河，但是仍然可以给苏军的军事行动带来麻烦。

在奥得—尼斯河天然屏障以西，德军依托奥得—尼斯河以及柏林坚城，驱使当地居民、战俘和外国劳工日夜赶工，终于修筑出一个由奥得—尼斯河防御地带和柏林防御地带等，两大防御地带构成的防御体系。

作为柏林城东面屏障的奥得—尼斯河防线，德军在构筑它时，很是费了一番功夫。奥得—尼斯河防线北起波罗的海，南抵捷克斯洛伐克的苏台德山区，防御正面宽400多公里，全纵深约为20~40公里。

防守该条防线的德军将领认为，柏林能否保住，取决于奥得—尼斯河一线的战斗，因此，在该处防线德军构筑出梯次配置的三道防御地带，工事极为坚固。

第一道防御地带，沿着奥得—尼斯河西面的河岸构筑，纵深约为5~10公里，有2~3道阵地，每一道阵地由1~2条绵延的堑壕组成，前沿设有许多地雷场、铁丝网以及其他障碍物。在防线的主要地段上，德军的布雷密度甚至达到了每公里2000颗。

第二道防御地带距离第一道防御地带约10~20公里，纵深约为1~5公里，由1~3道堑壕和大量的支撑点组成。在第二道防线中，位于屈斯特林登陆场正西方的泽劳弗高地，是布防最为严密的。

泽劳弗高地位于柏林的正东方，是守卫柏林城的重要阵地，也是朱可夫的主攻方向所在，德军在这个重要的高地配属了极为可观的防御力量。

在这片高地的西方，水网和沼泽密布，会极大地限制苏军装甲部队的行动，在高地的前沿，德军设置有3米深、3.5米宽的反坦克壕和其他工程障碍，而在高地上，德军配置了数量极多的各型火炮、机枪和永备火力点。毫无疑问，这个高地必然会给朱可夫的部队制造很大麻烦。

第三道防御地带距离第1道防御地带约20~40公里，由大量的居民点和1~2道堑壕组成。这道防御地带直到柏林战役开始以后仍然没有完工。

奥得—尼斯河防御地带的西面，就是柏林筑垒防御地带，柏林的筑垒防御地带从1945年初就开始动工修建，它依托柏林市周围的河流、湖泊、森林以及市郊和市区的铁路与各种建筑构筑而成。柏林筑垒防御地带包括3道环形防线，即远郊防线、近郊防线和市区防线。

柏林的远郊防线距离市中心25~40公里，以居民地为基础，加上运河、湖泊等天然屏障构成，该防线的部分地段与奥得—尼斯河防御地带的第3道防线相重合。在这条防线上，德军炸毁绝大多数桥梁，在通向柏林的交通要道上布设障碍，并且挖掘出许多战壕。

远郊防线的后面是近郊防线，它沿着柏林城郊构筑，距离市中心10～15公里，纵深6公里，是柏林筑垒防御地带中最主要的防线。它以柏林郊区的市镇为核心构建，在每个市镇，德军都构筑有3道堑壕，并挖有许多反坦克崖壁和壕沟，一些工厂区都被改造成永备火力点，工事极为坚固。

位于柏林筑垒防御最内层的是市区防线，该防线沿着环城铁路线层层构建，德军将城中各个街区、各个大型建筑都改造成坚固的火力支撑点，在通往市中心的街道上德军还设有街垒，十字路口和广场上都配置有火炮，埋伏了坦克，整个市区里，还修筑有400多个钢筋混凝土工事。

守卫这些防线的，是德国维斯瓦集团军群和中央集团军群，这些部队的分配如下：维斯瓦集团军群负责守卫柏林城区以及柏林以北地区，其中守卫柏林以北地区的，是劳斯将军麾下的第3装甲集团军，守卫柏林城区的是布赛将军麾下第9集团军。中央集团军群负责守卫柏林以南至捷克斯洛伐克苏台德地区的这一段防线，该集团军群下辖第4坦克集团军和第17集团军。

以上德军共拥有48个步兵师，9个摩托化师，6个坦克师以及其他一些部队，兵力100万人，火炮和迫击炮10400门，坦克和强击火炮1500辆，飞机3300架。

德军如此的兵力配置，使得防御兵力的密度达到了每9公里正面1个师，每公里正面有火炮和迫击炮17门，而在苏军的屈斯特林登陆场至柏林的方向上，德军的防御密度最大，每3公里正面的战线上，德军就配置了1个师，每公里正面德军配置了火炮和迫击炮66门，坦克17辆。

单纯从数字上来看，德军作为防守的一方，似乎也不算太弱，但是，实际上德军的力量却是极为虚弱的。

到1945年3月底，纳粹德军的精锐部队已经所剩无几，守卫柏林的这些部队，除了少数久经战阵的青壮年老兵之外，大多数德军士兵或者是十几岁的小孩子，或者是年近花甲的垂暮老翁，他们普遍缺乏训练和武器

法西斯的覆灭 ·fàxīsī de fùmiè·

攻克柏林 ·gōngkè bólín·

装备，仅仅是受到纳粹的蛊惑，或者逼迫才参与这场战役。

当时，负责东线战场的德国陆军总参谋长古德里安认为，守卫柏林的德军部队大多是老弱，战斗力不强，他想求见希特勒，希望能够说服德国元首，将困守在拉脱维亚库尔兰半岛的精锐德军部队调回德国本土，参与柏林战役。

古德里安为了这件事，与希特勒多次争论，都没有结果，希特勒坚决不肯撤回库尔兰地区的德军。古德里安无奈之下，只好退而求其次，打算撤掉希姆莱维斯瓦集团军群司令的职务，让真正有能力的德军将领来指挥德军作战。

至于古德里安为何一定要撤掉希姆莱维斯瓦集团军群司令的职务，那是因为希姆莱实在是不成器。

希姆莱在就任维斯瓦集团军群司令官期间，根本就不知大兵团指挥为何物，他把维斯瓦河至奥得河之间的东波美拉尼亚和西普鲁士都丢得干干净净，这令古德里安很为恼火，而希特勒却因为希姆莱是他的心腹之故，并没有撤除希姆莱的职务。

古德里安认为，柏林战役非同小可，绝对不能再由一个军事上的门外汉来指挥德军与苏军作战，他打算直接去会见希姆莱，让党卫军领袖自动辞职。

1945年3月中旬，古德里安找到希姆莱，比较不客气地劝说后者放弃维斯瓦集团军群司令的职务，让其他有能力的将领来接任。

希姆莱这时倒也不再留恋维斯瓦集团军群司令的职务，因为他最终也认识到他完全不能胜任这项工作，所以他同意辞职，不过他说他不敢当面

希姆莱

向希特勒提出这个请求，所以他希望古德里安作为中间人把他的想法告诉希特勒。

古德里安爽快地答应希姆莱的请求。当天晚上，古德里安来到希特勒的总理府，劝说希特勒免除希姆莱维斯瓦集团军群司令的职务，让在喀尔巴阡山脉担任第1装甲集团军司令的海因里希上将来接任。

至于为何要推荐海因里希来负责守卫柏林，古德里安给出的理由是此人是一个防御专家，在柏林战役中正好大展拳脚。

希特勒起初不同意撤换希姆莱，但又架不住古德里安的反复游说，他只好接受，他命令海因里希于1945年3月20日接任维斯瓦集团军群司令之职。

说完维斯瓦集团军群司令的人选问题，古德里安又提起库尔兰德军撤退的问题。希特勒的意见一如既往，他不同意撤出库尔兰地区的德军。古德里安跟希特勒争辩许久，却没有任何效果。

3月20日，海因里希就任维斯瓦集团军群司令，他接任之后就面临着一个任务，希特勒要求他派遣5个师的兵力，去解救与屈斯特林登陆场隔着奥得河相望的科斯琴要塞里的德军。

海因里希命令第9集团军的布赛将军，去完成解救科斯琴的任务，布赛将军接到命令后，指挥他的部队发起进攻。

在布赛发动的这次攻势中，德军官兵的表现极为英勇，不过由于炮弹和其他武器的缺乏，德军官兵付出巨大的伤亡，却根本无法突破苏军的防线，科斯琴继续被苏军团团围困。

3月27日，希特勒在他的总理府展开例行军事会议，会上他严厉批评布赛将军指挥失当，在发动进攻时没有发射足够多的炮弹，以至于德军无法解除科斯琴之围。

古德里安闻言，提醒希特勒说，并非是布赛本人不愿意发射足够多的炮弹，而是因为他的手里实在是没有足够多的弹药。

希特勒马上丢下布赛不管，把矛头转向古德里安，他怒问德国陆军参谋长，为何不调拨足够的弹药给布赛。

古德里安先是把他所收到的弹药清单交给希特勒看，以显示他的确是把全部财产都交给了布赛，接着他又强调说，德军官兵虽然没有完成任务，但付出了巨大的伤亡，他们非常认真地执行了命令。

希特勒听完古德里安的话，默然无语，会议不欢而散。

3月28日，例行午间军事会议中，希特勒又旧事重提，批评布赛不作为，没有打好科斯琴解围战。古德里安又站出来为布赛说话，双方于是大吵起来。

吵着吵着，古德里安干脆又把撤出库尔兰德军的问题提出来，他面色不善地问希特勒："元首是否要将困在库尔兰的部队撤出来？"

希特勒大手一挥，厉声喊道："不撤！"

古德里安出于愤怒，他径直朝着希特勒走过去，看架势似乎是想要跟德国元首打架。周围的人见参谋长和希特勒有大打出手的可能，急忙把古德里安拉出会议室。

希特勒对桀骜不驯的古德里安很为不满，他干脆免除古德里安的职务，让克莱勃斯上将来接替德国陆军总参谋长之职。

克莱勃斯在苏德战争爆发前，曾担任德国驻莫斯科大使馆的助理武官，会讲俄语，对苏联非常了解，人称红军"专家"，由他来接任东线的指挥权似乎有点儿对症下药的意味。

在做完一系列人事调整之后，德国为柏林战役所做的准备基本完成。毫无疑问，德军的防御计划是完全针对苏军的，在柏林的西面虽然组建有温克将军指挥的第12集团军群，但这个集团军群对阻挡美英盟军毫无兴趣。

这个时候，绝大多数德国人都在等待着美英盟军开进柏林，而美英盟军也的确在朝着柏林迅猛推进。

4月11日，美国第9集团军的先头部队抵达易北河畔的马格德堡，这个地方距离柏林仅仅有100公里。由于德军在柏林与马格德堡之间几乎处于不设防状态，美国第9集团军司令辛普森非常希望艾森豪威尔能够准许他带兵开进柏林，获得覆灭德国法西斯的殊荣。

艾森豪威尔并未同意辛普森的请求，他严格遵守"雅尔塔协定"，严令辛普森不得发兵进攻柏林。辛普森接到命令很是不满，不过他还是命令他部队不去攻打近在咫尺的柏林。

4月12日，由于美军出现在柏林—拿骚的公路上，德国最高统帅部匆匆下令炸毁该条公路两旁最后的两座军火工厂。从此以后，德军只能利用他们手头上现有的军火来作战。

这一天，纳粹德国的宣传部长戈培尔来到奥得河前线德国第9集团军司令部做客，他此行的目的是给该集团军的军官们打气。

戈培尔搬出"七年战争"中腓特烈二世所遇到的奇迹，来激励德军将领们，他表示只要德军坚持下去，把苏军挡在奥得河东岸，过不了多久，西方有可能会突然转向，扶持德国去对付苏联。

第9集团军司令布赛将军对戈培尔的这一套说辞半点儿也不信，他此时考虑的仅仅是如何守住奥得河防线，让美英盟军来占领柏林，所以他对戈培尔保证说，苏军要想突破防线是不可能的，他一定会坚守这道防线，直到"英国人来踢我们的屁股为止"。

其他德军军官同样也不相信戈培尔的说辞，有一个军官极为刻薄地问戈培尔："那么这一次又是哪一位俄国女皇要死掉呢？"

戈培尔无言以对，他只是回答说："我不知道，但命运存在着各种各样的可能性！"说完，他回到柏林。

12日夜，美国总统罗斯福逝世。戈培尔一回到办公室就获知这个消息，他欣喜若狂，认为转折点真的到来了，他立刻就把这个消息告知希特勒。

据说，希特勒接到这个消息后，异常高兴，他与戈培尔讨论着杜鲁门扶持纳粹政府对抗苏联的可能性。当他们挂断电话时，他们都认为战争就要结束了，德国即将成为西方的盟国，共同的敌人将是苏联。

希特勒的好心情未能延续多长时间，到了13日上午，他的心情迅速变差，美国总统的更迭没有带来任何变化，美军仍然按兵不动，并没有跟苏军交手的意思，这就意味着罗斯福的死并未改变他的处境，他最合理的

# 法西斯的覆灭
· faxisi de fumie ·

## 攻克柏林
· gongke bolin ·

结局应当是投降。

希特勒不愿意投降，他打算继续战斗下去，他还是在期盼着奇迹的出现，他打算留在柏林，死守纳粹德国的"心脏"。

柏林战役即将打响。

・第七章・

## 突破奥得—尼斯河防线

## 第一节
## 逼近柏林

1945年4月上旬，奥得—尼斯河沿线一片寂静，从表面上来看，苏军似乎并无大规模进攻的意思，但是德国人却明白，这只不过是暴风雨来临前的可怕宁静而已。

当德国最高统帅部为柏林战役配置好军队、构筑好防线以后，为了进一步提升士气，增强德军的战斗力，希特勒于1945年4月15日发表《告东线官兵特别书》。

在这份文件中，希特勒先是安慰他的士兵们，他宣称德国最高统帅部已经预见到苏军会对柏林发动进攻，他已经组织极为坚强的战线来阻挡苏军。德国元首尤其强调说，苏联人的进攻将淹没在他们自己的血泊中，他最后表示："柏林是德国人的，维也纳也将重归德国人。"

说完这些打气话，希特勒又颁布森严的战场纪律，他明确指出要就地枪毙那些下令后撤，或者企图逃走的人，不管他们是什么官衔和职务。

除了针对前线官兵个人施加战场纪律外，希特勒还推出"连坐"制度，他表示一旦哪个德国军人逃离前线，那个德国军人的家人就要受到严厉处罚。

为了更快速和高效地执行战场纪律，德国最高统帅部决定设立一个由瓦尔特豪森为首的特别军事法庭。该法庭成立后，立即开展大量活动，这个法庭的执法特点，用德国人自己的话来说是这样的："一系列案件不必通过任何审查和情况说明便可立即执行死刑"。

这样的措施的确可以提高德军官兵们的抵抗意志，不过这并不能促使德军击败苏军，这只能使苏军占领柏林的时间延迟一点儿而已。

1945年4月中旬，苏军为柏林战役所做的准备工作已经大致完成，只待总攻时刻的到来。

这次柏林战役，苏联方面的计划是，战线最南面的第2、第3和第4乌克兰方面军保持对德军的压力，以阻止舍尔纳麾下中央集团军群，和伦杜利克麾下南方集团军群的预备队朝着柏林地区移动，从而降低参与柏林战役苏军的攻击阻力。

柏林战役的主攻任务，将由朱可夫麾下的第1白俄罗斯方面军承担，他的部队将于1945年4月16日，柏林时间凌晨3点发动总攻，其主要突击方向将是屈斯特林登陆场。

掩护朱可夫南翼的科涅夫麾下第1乌克兰方面军，将于1945年4月16日凌晨6点15分发动总攻。由于科涅夫的部队并未在尼斯河上取得登陆场，他还必须指挥部队强渡尼斯河才行。

掩护朱可夫北翼的罗科索夫斯基麾下第2白俄罗斯方面军，由于需要肃清还在格丁尼亚和丹泽地区的德军，无法在1945年4月16日投入柏林战役，他的部队要比其他两个方面军迟4天才能发动进攻，这一情况就使得朱可夫的北翼有4天的时间无法得到很好的掩护，不过朱可夫却并不认为这是个大问题。

4月14日，朱可夫派出多个配属有足够数量坦克的营级侦察部队去进攻德军阵地，以便试探德军的防御强度，并且摸清楚德军的火力配属情况。如果情况允许的话，苏军的侦察部队甚至还能攻占德军的第一道防线，让整个总攻提前开始。

至于苏军的战前侦察为何会达到这个效果，这跟德军的战法有关。在苏德战场上，从1943年下半年开始，苏德两军的战斗态势一般是苏军进攻，德军防守。

一般而言，苏军在总攻开始之前的拂晓，会使用数目众多的火炮向德军阵地倾泻无数炮弹，等德军被长达数个小时的炮击炸得头晕眼花、死伤惨重之际，天色已经放亮，苏军的坦克部队就会掩护着步兵部队，朝着德军战地发动潮水般的攻势。

德军在防御苏军进攻的初期，总喜欢把绝大多数部队留在第一道防线里，而在后面的防线中只留下少量部队。那时候德军将领的想法是，第一线的德军在给予苏军进攻部队以极大杀伤后，可以立即后撤至第二和第三道防线中，继续打击苏军。

这个想法是好的，不过在施行时却遇到很大麻烦，在苏军进攻时，他们无极限的长时间炮击，往往会把第一道防线中的德军炸得伤亡惨重，而延伸炮击又会把从第一道防线后撤的德军炸得死伤枕藉。

所以，吸取了教训的德军指挥官们，从此不敢再部署过多的部队在第一道防线中，他们只配属数量上足以应付苏军侦察兵的部队，在第一道防线中，而把其他的主要部队和预备队放在第一道防线的后方，这样就可以起到用第一道防线吸引苏军炮火、保存德军有生力量的作用。

广大的苏军指战员知道德军的战法发生了变化，他们也做出了相应的反击措施，他们往往派出较为强大的侦察部队，去攻击德军的第一道防线，如果德军配属的兵力过少，苏军侦察部队就可以攻占德军阵地。

德军当然不敢如此轻易地丢失辛苦构筑的防线，他们不得不配属数量可观的部队，来抵御苏军的侦察部队，如此，苏军还是能将较多的德军牵制在第一道防线中，让德军在苏军发动进攻之初多损失一些人员。

朱可夫的侦察部队终究还是未能攻占德军的第一道防线，不过他们已经大致上摸清德军的火力配置，这对苏军的后续进攻有极大帮助。

在第1白俄罗斯方面军的侦察部队不断地为朱可夫搜集情报之际，朱可夫开始抓紧时间布置他手下各支部队的进攻任务。

朱可夫在制定作战计划时，为了最大限度地达到突然性的效果，决定在天亮之前摸黑发动进攻，他的做法是把集结于屈斯特林登陆场的部队全部投入战斗，这些部队将在短暂炮兵火力的掩护下，借助于大量集中的防空探照灯的灯光迷惑德军。

第1白俄罗斯方面军初期进攻，将由4个步兵集团军承担，待先头部队突破德军设立在屈斯特林登陆场附近的封锁线后，波格丹洛夫的第2近卫坦克集团军，将在佩尔霍罗维奇的第47集团军和库兹涅佐夫的第3突击集团军的支援下，从北面包围柏林，与此同时，别尔扎林的第5突击集团军和崔可夫的第8近卫集团军，将从东面攻入柏林市郊。最北面，别洛夫的第61集团军和波普拉夫斯基的波兰第1集团军，将掩护其他部队的北翼，并穿过勃兰登堡前出至费尔河以及易北河。卡图佐夫的第1近卫坦克集团军，将在科尔帕克的第69和茨维塔耶夫的第33集团军左翼的两个步兵集团军的支援下，从南面包抄柏林。

4月16日，莫斯科时间凌晨3点，朱可夫来到第8近卫集团军司令崔可夫的指挥所。这时，第1白俄罗斯方面军所有单位正在做着最后的检查工作，只要检查工作结束，朱可夫一声令下，苏军的广大指战员们就可以对德军发动进攻。

莫斯科时间凌晨4点30分，所有的检查工作完毕，朱可夫决定于凌晨5点炮火开始准备。

半个小时以后，莫斯科时间凌晨5点，柏林时间凌晨3点，朱可夫对第1白俄罗斯方面军的炮兵下达炮火发射的命令。

刹那间，苏军的数万门火炮、迫击炮和"喀秋莎"火箭炮一齐轰鸣，炮口的闪光将奥得河东岸照得犹如白昼。没过多久，奥得河西岸屈斯特林登陆场对面的德军阵地上炸开万朵红花，轰隆隆的爆炸声响彻云霄。

苏军准备进攻柏林

在进行将近两个小时的炮击后，朱可夫让手下将140多部防空探照灯指向德军阵地，然后全部打开，他的目的是让这些极为强烈的光束照花德军的眼睛，产生暂时的致盲效应，以便苏军第一波次攻击梯队实施突破。

不得不说，朱可夫的主意还是很不错的，德军的确被探照灯照成了睁眼瞎，不过苏军的第一波次攻击梯队，却也被自己人的探照灯搞成了睁眼瞎。

原来，苏军在进行炮火准备时，落下的巨量炮弹爆炸带起不少烟尘，当苏军的探照灯光束照向德军阵地时，很多光束都被烟尘反射回来照得苏军进攻部队睁不开眼。

苏军的部分前沿指挥官见探照灯的效果并不理想，就匆忙下令关闭探照灯，但是一些探照灯刚刚关闭，另外的一些探照灯却又被打开。

就这样，苏军士兵们不停地把探照灯开开关关，使得战场上的局势更加混乱，以至于德军和苏军都变成夜盲。朱可夫手下的大将崔可夫，后来就对当时的场景做出了这样的批评，他说大批的部队、车辆和坦克阻塞了道路和其他通道，以至于所有的部队都动弹不得，进退两难。

所幸德军部署在第一道防线的兵力较为薄弱，苏军并未遭到很大的损失，仅用3个小时时间，苏军第1白俄罗斯方面军的第一波次攻击梯队就顺利占领德军的第一道防线，接下来，苏军将要面对的是德军重点布防的第二道防线——泽劳弗高地防线。

泽劳弗高地是一道良好的天然屏障，地势较高，坡面陡峭，犹如一堵厚墙一样，挡在屈斯特林至柏林的必经之路上，它将是苏军向柏林进攻途中的最严重的障碍。

对于守卫泽劳弗高地的德军来说，这个高地关系重大，因为它后面就是纳粹德国的首都柏林。第三帝国的宣传机构千方百计地强调，泽劳弗高地具有决定性的重要意义，吹嘘它是不可战胜的。纳粹甚至赋予它"柏林之锁"和"无法攻克的要塞"之类的称号。这个高地上的守军打算将这条防线变成苏军的坟墓。

不得不说，德国人有如此的信心还是有几分的道理的，泽劳弗高地前面河流纵横、沼泽遍地，可以用于进攻的道路非常狭窄，不利于大兵团展开作战，这就意味着苏军并不能发挥其兵力和兵器上的优势，他们只能一次投入有限的兵力来对德军发起进攻，而德军取居高临下之势，完全可以将苏军的动向一览无余，这非常有利于德军的炮兵和机枪手发挥威力。

4月16日上午，当苏军第1白俄罗斯方面军的第一波次突击梯队攻击泽劳弗高地时，立即就发现这条德军防线异常坚固，他们根本就攻不动。

13时，泽劳弗高地易守难攻的消息被上呈给朱可夫，他通过前线的战报了解到，德军在泽劳弗高地配属有为数不少的兵力和兵器，只派遣步兵去攻克它确实有很大的难度。为了加强进攻部队的冲击力，以确保按时夺取泽劳弗高地，朱可夫与其他集团军司令员商议之后，决定派遣卡图佐夫和波格丹洛夫的两个坦克集团军提前出战，帮助第一梯队攻击泽劳弗高地。

苏军坦克的加入并未能改变战场上的态势，众多坦克的加入，令本来就十分狭窄的战场更加拥挤，步兵和坦克的战斗队形互相影响，乱作一团，而在突击正面上投入的力量太少，又使苏军的攻击力量不足，这使得德军可以一次又一次打退苏军的进攻。

有的时候，有些苏军士兵好容易突破外围防御，登上泽劳弗高地时，一些隐藏在高地后方反斜面防炮击工事里的德军士兵，马上就会冲出来把苏军士兵赶下高地。就这样，苏军反复对泽劳弗高地发动冲锋，但是却根本无法将之占领，形势对苏军非常不利。朱可夫非常清楚，如果不能按时拿下泽劳弗高地，6天之内攻克柏林是绝对不可能的，由于他战前低估了德军的抵抗力，他只能自食无法按时攻克柏林这枚苦果。

16日晚，苏军休兵罢战，朱可夫向斯大林汇报苏军在泽劳弗高地遇到的困难，他忧虑地说，17日晚上以前将不可能攻破这个高地。

斯大林对朱可夫的表现有些不满，他加强语气询问朱可夫："你们有把握在明天攻占泽洛夫防线吗？"

朱可夫从斯大林的语气中听出不满，他急忙回答道："明天，4月17日日落前一定能突破泽劳弗高地的防御。我认为，敌军为抵抗我军在这儿投入的兵力越多，我们攻克柏林就会越快，因为在宽阔地带比在城市里更容易消灭敌人。"

斯大林对朱可夫给出的时间不太满意，他这时觉得，就靠第1白俄罗斯方面军，似乎无法完成攻克柏林的任务，因为德军的抵抗力度比预想中的强大得多，所以他打算让科涅夫和罗科索夫斯基派出一部分部队来，帮助朱可夫完成任务，他对朱可夫说道："我们打算命令科涅夫让雷巴尔科和列柳申科的两个坦克集团军从南面突击柏林。而罗科索夫斯基，我们打算让他加速渡河，从北面对柏林实施迂回突击。"

朱可夫心知斯大林这是在质疑第1白俄罗斯方面军是否有攻克柏林的能力，这令他感到非常难过。

当斯大林以一个十分冷淡的"再见"结束通话后，他立即苦思攻克泽劳弗高地的良方。经过对战场情况的认真分析，朱可夫决定在突破地段每公里集中250～270门火炮，在苏军发动冲击之前，以强大的炮火压制德军的防御力量，而在苏军发动冲击时，炮兵并不停止射击，仍然以逐次集中射击的方式为坦克部队和步兵提供掩护，另外，苏军在进攻时将采用"越点进攻"战术，即不理睬难以短时间攻克的德军坚固火力点，向纵深猛插，等到德军整条战线都崩溃掉，再回过头来收拾剩下的火力点。

4月17日凌晨，第1白俄罗斯方面军在进行30分钟的炮火准备后，在多个地段上发起进攻，在苏军突击时，苏军炮兵将大部分炮火用于直瞄射击，这大大压制了德军的防御火力，苏军突击部队的攻击速度明显加快。

眼见泽劳弗高地摇摇欲坠，德国最高统帅部急忙从总预备队中抽调4个师前去增援，苏德两军的争夺战愈发激烈。

17日日终前，苏军第8近卫集团军和第1近卫坦克集团军各部队密切协同配合，终于攻占泽劳弗高地。一个名叫卡特阔夫的近卫军中士将红旗插在高地上。

第1白俄罗斯方面军攻克泽劳弗高地后，朝着柏林挺进，德军继续顽强抵抗，苏德两军的交战在地面和空中全面展开。

苏军在进攻时弹药消耗是很大的，比如在攻击泽劳弗高地时就发射了数量极多的炮弹，这使得苏军的弹药储备有些捉襟见肘，所以苏军对后勤的需求极大。为了向前线及时输送弹药和兵员，在屈斯特林登陆场附近，苏军一共架设起25座浮桥，只有为第1白俄罗斯方面军提供充足后勤保障，才能保证朱可夫的部队能够对柏林发动连续突击。

为了保障交通线，阻止德国空军的破坏活动，以及支援前线的作战行动，苏军空军部队在奥得河上空，以及前线战场上空，与德国空军展开激战。

4月17日那天，德国空军出动"百舌鸟"战斗机，飞往前线，去支援德军作战，但由于这些飞机数量很少，且飞行员大多是新手，战斗力不强，根本就不是苏军空军的对手，他们对前线德军的支援极为有限。

当天晚上，德国空军派出飞机，攻击苏军在奥得河上架设的浮桥。苏军用密密麻麻的高射炮来回击德军飞机，德军轰炸机根本就不敢低飞投弹，他们的轰炸效果自然大打折扣，苏军的浮桥基本上都安然无恙。

有的时候，当一些德国飞行员眼见自身难保的情况下，他们干脆驾驶飞机、不顾苏军战斗机的拦截，径直撞向苏军轰炸机。

天空中，德军上演的这一幕自杀式攻击行动，令苏军飞行员瞠目结舌，这种场景不禁使他们想起1941年6月22日的苏德战场，那个时候，视死如归的苏军飞行员驾驶着飞机狠狠地撞向德国飞机。现如今，形势逆转，轮到穷途末路的德军飞行员，来对苏军飞机进行自杀式撞击。

也许是个别德军飞行员的自杀式袭击激发了德国空军司令部的想象力，戈林等人开始认真思考，是否可以将"自杀式"袭击变成一种新的战术。德国空军的指挥官们认为，在油料短缺，以及德军飞行员驾驶技术不高的情况下，自杀式袭击反而可以取得最佳攻击效果，于是他们决定成立一个"卡米卡兹"轰炸中队。

这个新成立的"卡米卡兹"轰炸中队，是一个极为特殊的飞行部队，这个中队的飞行员都怀着必死之心去攻击，他们在军官的鼓动下，写下这样的宣言书："我非常清楚这项任务将以我的死亡而结束"。

4月17日，这支特殊的部队正式出击，德军飞机的攻击目标，是架设在奥得河以及尼斯河上的水上或者水下浮桥。在这次自杀式攻击战中，德军出动了所有的机型，比如"百舌鸟"式战斗机、Bf-109式战斗机和容克88式运输机。

上述飞机上都满载炸药，这令它们的动作非常笨拙，几乎无法从苏军战斗机手里脱身，不过驾驶这些飞机的飞行员毫不在乎，他们的目的就是把自己当作炸弹，炸毁苏军架设的浮桥，摧毁苏军补给线，让苏军的进攻受阻。

这些德军空军敢死队的战果，据德国人自己的说法，是在4月17日至19日3天的时间里，炸毁17座浮桥（苏军一共在奥得河以及尼斯河上架设32浮桥座），但这明显过于夸张。或许苏军的飞行员暂时不能适应德军不要命的打法，才使得德军飞机突破高空封锁线，不过，苏军的高射炮却可以在低空把德军飞机给打下来。

总体来说，德军的战果还是有的，不过不是特别大，这当然要归功于苏军空军部队。

就这样，在配属给朱可夫使用的苏军空军第16和第18集团军，以及友情相助的第4集团军的努力下，德军的战斗机和轰炸机并未对苏军的进攻部队，和后勤运输线带来太大麻烦，苏军空军不仅保障了奥得河上浮桥和渡口的安全，还多次轰炸德军的前沿阵地、增援部队和柏林城的部队，为他们提供了充足的后勤支援。

在苏军空军部队的有力协助下，第1白俄罗斯方面军的后勤补给始终很充足，前线战场的制空权也牢牢地掌握在苏军的手里，朱可夫的部队毫无后顾之忧地朝着柏林方向猛扑过去。

从4月16日至21日，尽管德军在希特勒"后退者死"政策的驱使下死命抵抗，给苏军带来巨大伤亡，但是苏军仍然突破了德军防线。在6天的时间里，苏军第1白俄罗斯方面军，击溃德军第9集团军主力16个师，其中6个师是在战斗过程中，由德军第3和第4坦克集团军调到该集团军的。德军一共损失官兵7.8万人，坦克和自行火炮292辆，飞机566架。

截止到目前，德军为了抵御苏军第1白俄罗斯方面军，而修筑的奥得河防线全部崩溃，朱可夫的中路部队已经抵达柏林的外围防线，而他的北路和南路部队也在向柏林的北面和南面迂回。

这时，朱可夫的部队在 4 月 22 日以前绝对无法攻克柏林，他只好稳扎稳打，待合围柏林之后再打一场攻坚战。在合围柏林之前，朱可夫比较担心北翼和南翼，在他的两翼都存在着被德军反突击的风险，所以，他必须等待科涅夫和罗科索夫斯基为他扫清柏林北面和南面的德军，才能安心地攻打柏林。

接下来，轮到科涅夫和罗科索夫斯基的部队出场表演了。

## 第二节
## 苏军的侧翼攻势

朱可夫所部第1白俄罗斯方面军自东向西朝着柏林推进时，他的南、北两个侧翼将分别由科涅夫的第1乌克兰方面军，和罗科索夫斯基的第2白俄罗斯方面军来负责，其中，罗科索夫斯基的部队为了肃清格丁尼亚和但泽地区的德军，要在1945年4月20日才能发动总攻，而科涅夫的部队发起进攻的时间与朱可夫的部队完全一致。

科涅夫的部队在1945年1月进行的维斯瓦—奥得河战役，以及随后的上西里西亚战役中，未能在尼斯河西岸获得一个登陆场，所以第1乌克兰方面军的攻击难度要大于朱可夫所部，该方面军必须在福斯特至穆思考之间，狭窄的正面强渡尼斯河、获得登陆场，才能进行下一步进攻。

要渡过尼斯河，科涅夫的部队首先要面对德军尼斯河防线。德军在尼斯河西岸构筑有数目众多的防御工事，并大量埋设地雷，还架设有绵长的铁丝网。在整条防线上，德军还设有许多坚固的要塞式堡垒，这些堡垒都由一些古老城镇改造而来，这些要塞中比较典型的有吕本要塞、福尔斯特要塞、科特布斯要塞和施普伦贝格要塞。

对于如何突破尼斯河防线并强渡尼斯河，科涅夫的计划是，利用黑夜的掩护，让渡河部队尽可能隐蔽地接近河岸，等苏军猛烈的炮火准备结束以后，趁着德军被炮弹炸得七荤八素之际，一鼓作气渡过尼斯河。渡河时，科涅夫并不打算像朱可夫的部队那样，使用探照灯来照亮整个战场，因为事实证明使用探照灯对苏军的进攻部队也有影响，他的计划是等到天色完全放亮以后，借着大炮和飞机发出的烟幕弹掩护苏军渡河。

参与这次强渡尼斯河战斗的部队，有戈尔多夫的第3近卫集团军、普霍夫的第13集团军，以及扎多夫的第5近卫集团军。

苏军为了成功地实施渡河进攻计划，隐蔽工作做得相当出色。他们把大量的兵力、火炮以及其他装备秘密地运送到尼斯河东岸的森林中，运送工作结束后，细心的苏军工兵会抹掉一切痕迹。白天，所有的苏军指战员都静静地躲藏着，谁也不敢大声说话，谁也不敢吸烟。当德军的侦察机飞临尼斯河东岸上空例行侦察时，收入飞行员眼底的只是一望无际的森林。

德国人满以为尼斯河东岸的苏军兵力和兵器不足，短期内不会发动大规模攻势，而事实证明他们错的相当离谱。

1945年4月16日凌晨6点15分，科涅夫来到第13集团军的观察所亲自指挥作战，随着他一声令下，方面军所属火炮全部轰鸣起来，将数不清的炮弹砸向尼斯河对岸的德军阵地。

在苏军强大炮火的突击下，德军伤亡惨重，阵地一片狼藉。当苏军的炮兵持续发威的时候，苏军的空军也来助兴。配属给科涅夫使用的苏军空军第2集团军，派出大批轰炸机和战斗机飞临德军阵地上空，来回扫射和轰炸。德军阵地受到苏军炮兵和空军的双重夹击，顿成一片火海。

为达到进攻的突然性，科涅夫并未命令苏军炮兵像往常一样，进行长达数个小时的炮火准备，他只要求进行40分钟的炮火准备。

凌晨6点55分，科涅夫命令第1乌克兰方面军的第一波次攻击梯队渡河。苏军的各个突击集团军的加强突击营，乘着橡皮艇朝着对岸前进，此时，对岸的德军被苏军的炮火炸得晕头转向，根本就无法组织起有效的反击。

7点5分，苏军炮兵停止炮击，空军轰炸机飞临德军阵地上空，对残存的火力点进行精确轰炸。

8点30分，苏军出动对地强击攻击机对德军进行扫射。

8点40分，苏军第一波次攻击梯队成功渡过尼斯河，抵达西岸。这些部队在河岸边稍事休息，便投入到攻击德军沿岸阵地的战斗中，这引起了德军的强烈抵抗。

为了防止苏军攻破沿河防线，避免他们朝着纵深发展，德国最高统帅部急忙从预备队中抽调第21装甲师，和"元首卫队"装甲师的部分兵力，驰援守卫尼斯河防线的格雷泽尔麾下德国第4装甲集团军。

生力军的加入使德军稳住阵脚，德军的疯狂抵抗令苏军的进攻部队步履维艰。16日一整天，苏军第1乌克兰方面军的主攻部队，只向前推进8～13公里，仅仅突破德军尼斯河防线的第一防御地带而已，未能完成预定任务。

而在主攻部队南面的德累斯顿方向上，隶属于第1乌克兰方面军的第52集团军和波兰第2集团军，一天之内也只向前推进6～10公里，仅仅突破德军防御比较薄弱的第一道防御地带。

眼见得苏军的步兵部队攻不下德军防线，科涅夫命令苏军工兵抢班加点，迅速架设浮桥和舟桥，以便坦克部队渡过尼斯河，帮助步兵部队突破德军防线。

苏军工兵部队不顾早春河水的寒冷，跳入水中辛勤工作，将一座座浮桥和舟桥建立起来。至4月16日晚上，一共有20座舟桥、17座浮桥建成并投入使用，除此之外，还有数量可观的渡船，可以为苏军运送兵员和物资。

苏军的舟桥和浮桥刚刚架设完毕，雷巴尔科的第3近卫坦克集团军和列柳申科的第4近卫坦克集团军，就急不可待地分批越过浮桥，抵达尼斯河西岸。

4月17日，苏军两个坦克集团军全部渡过尼斯河，并按照科涅夫的命令，帮助步兵攻击德军阵地。

苏军坦克部队的加入，大大加快了突破德军阵地的速度，只见密密麻麻的苏军坦克当先行进，为后续随行的苏军步兵遮挡子弹，而苏军的工程兵则紧随着坦克，用各种器械扫除德军的反坦克壕沟和各种障碍物。

德军终究抵挡不住苏军的猛攻，截至4月17日日终时，苏军的步兵部队在坦克部队的协助下，利用"步坦协同战术"，成功突破德军部署的尼斯河防线第二道防御地带，突进至施普雷河沿岸的科特布斯要塞和施普伦贝格要塞。

科涅夫所部迅猛的推进速度，无疑跟朱可夫所部形成了鲜明对比，朱可夫的部队屯兵泽劳弗高地之下，寸步难行，这令苏联统帅斯大林很为恼火。

17日晚上，斯大林通过短波无线电话，与第1乌克兰方面军司令员科涅夫通话，他把朱可夫的部队进攻受阻的情况告诉科涅夫，他建议第1乌克兰方面军的一些坦克部队在柏林南部打开一些突破口，以便朱可夫的坦克部队前进。

科涅夫反对这个建议，他指出此举纯属浪费时间，他建议让他所部的坦克部队直接去攻击柏林南部地区，清除那里的德军部队。

斯大林或许是觉得，朱可夫所部的推进速度，未必能够赶得上科涅夫的部队，所以他同意让科涅夫派遣雷巴尔科的第3近卫坦克集团军和列柳申科的第4坦克集团军，去进攻柏林南部的措森和波茨坦，而如果条件允许，斯大林甚至还同意科涅夫的部队去攻占柏林。

当科涅夫听闻斯大林允许他去攻打柏林时，他颇为心动，因为攻克敌军首都必然会使他名垂青史，这是任何一个高级指挥官都渴望得到的殊荣，他急忙表示他一定会尽快突破的德军防线，打到柏林去。

斯大林听了科涅夫的保证，没再多说什么，挂断电话。科涅夫马上就把他的参谋人员召集起来开会，商议如何突破德军的防线，争取早日打到柏林去。

德军在防守尼斯河防线第二道防御地带的战斗中失利以后，立即调整部署，试图利用施普雷河这一天然屏障组织防线。为了达到将科涅夫的部队阻止在施普雷河一线的目的，德国最高统帅部将该条河流以东，还可以调动的部队都调到河的西岸去加强防守。

德军全部后撤，使得科特布斯要塞和施普伦贝格要塞成为深陷苏军围困之中的孤岛，不过苏军虽然使出浑身解数，却无法攻克上述两个要塞。科涅夫见德军的要塞在短时间内不能攻克，干脆将之丢在一旁，围而不攻，开始思考如何横渡施普雷河，在德军的防线上撕开一条大口子，以便苏军向德军向纵深发展。

苏军为了向德军防御纵深发展，不得不又打一场渡河战役，这一次苏军第1乌克兰方面军需要强渡施普雷河。

德国统帅部为了守住柏林南方的战线，阻击苏军，又继续向施普雷河西岸派遣更多预备队。德军的企图是，依托科特布斯和施普伦贝格两大要塞，将苏军拖在施普雷河东岸。

4月18日，德国最高统帅部向科特布斯至施普伦贝格一线的第三防御地带，调去了1个预备兵团、步兵第275师、1个元首装甲师和党卫军"弗伦斯贝格"第10装甲师。除了这些部队之外，伞兵第2摩托化师和第344步兵师，也开始到达施普伦贝格以西26公里的曾夫滕贝格地区，第214步兵师也将部分兵力调到科特布斯附近地区。当这些德国部队朝着施普雷前线移动之际，德国最高统帅部还打算派出一些部队，攻击第1乌克兰方面军的南翼，以截断苏军的后勤补给线，限制苏军的攻势。

同一天，第1乌克兰方面军开始强渡施普雷河。该方面军第7机械化军和第2步兵军担负渡河突击任务。

苏军的进攻战术并没太大改变，成千上万门火炮将各式炮弹狠狠地砸向德军阵地，把一切暴露在地表的工事、武器和德军官兵撕成碎片，空军战斗机和轰炸机飞临德军阵地上空反复投弹，炮兵和航空兵发射的烟幕弹将德军阵地置入云山雾海之中，德军士兵对河对岸的情况根本就看不清楚。

借着在强大火力和烟幕的掩护下，苏军突击部队没费多大工夫就渡过施普雷河，并且建立起坚固的桥头堡，紧随突击部队之后的苏军工程兵，立即抓紧时间架设浮桥和舟桥。

待一座座浮桥和舟桥在施普雷河上架设完毕，苏军的后续主力部队源源不断地越过舟桥和浮桥，到达施普雷河西岸。到4月18日日落前，苏军已经在科特布斯以南建立起一个规模极大的桥头堡。

4月19日早晨，苏军第3和第4近卫坦克集团军，和第13近卫集团军全部渡过施普雷河，并在桥头堡上建立起一个进攻的阵地。

苏军第1乌克兰方面军的部队只要渡过施普雷河，在他们的进攻路线上，就再也没有什么较大的河流。科涅夫命令他麾下的第3和第4近卫坦克集团军朝着北面进攻，目标是扫清柏林南部的德军，其余的部队则向西面和西南面进攻，目标是突进至易北河，与早就等候在那里的美军会师。另外，科涅夫还预留下足够多的部队来保障补给线，只有保障了后勤补给，才能保证苏军坦克冲到柏林城下和易北河边。

科涅夫的部队所进攻的区域，虽然布满河流，但水位都很浅，而且河床底部都是沙地，没有淤泥，坦克部队行进时，完全可以涉水而过，不会陷入河床中。

苏军官兵普遍认为，唯一有可能给他们的行进带来麻烦的，是茂密的森林，他们觉得在森林中开辟道路无疑会大大降低坦克部队的行进速度。

事实上，等苏军的坦克部队真正开入森林时，他们简直是大开眼界，德国人在森林中修建宽阔的道路，这些道路四通八达，交通非常便利。

苏军士兵对德国的交通运输感慨真是便利之后，就驾驶着他们的坦克，朝着易北河以及柏林南部冲杀过去。

朝着柏林南部推进的苏军第3和第4近卫坦克集团军，遇到的阻力较大，而朝着易北河推进的苏军部队，遇到的阻力就要小得多。这个情况显然在科涅夫的意料之中，因为他知道德军为了守卫他们的首都是一定会死战不退的，不过他并不认为强弩之末的德军还能有什么作为，他所需要做的，就是派出炮兵、坦克、空军和步兵部队，将德军所有的阵地都打得粉碎。

科涅夫非常希望能够抢在朱可夫之前攻入柏林，所以他专心指挥部队对柏林南部发起进攻，而向易北河突进的战斗，他虽然关注不多，但是在方向上显然不会出现问题。

朝着柏林南面进攻的苏军第1乌克兰方面军部队有两支，一支是第3近卫坦克集团军，这支部队的目标是从南面攻击德国陆军最高司令部所在地—措森；另外一支部队是第4近卫坦克集团军和第13近卫集团军的两个军，这支部队的目标，是卢肯瓦尔德和波茨坦。

上述两支部队，自施普雷河西岸登陆场发动攻势以来，推进速度极快。至4月19日中午时分，苏军第3近卫坦克集团军突进至措森南部小城巴鲁特，苏军第4近卫坦克集团军和两个步兵军，也已经逼近卢肯瓦尔德。

科涅夫非常希望第3近卫坦克集团军能够攻占措森，因为措森这个地方非常重要，它在二战以前以及二战时期，一直是德国陆军总参谋部所在地，如果苏军能够攻克这个地方，一定能挫伤德国陆军的士气。

既然措森如此重要，德国人当然会不惜一切代价死守。为了守住这个地方，德国最高统帅部不惜从守卫柏林城的部队中抽出预备队，驰援措森。

苏军要想攻占措森，首先必须攻占措森南部小城巴鲁特，这个小城恰好又是措森的南部屏障，于是苏德两军的斗争焦点，集中在措森南部小城巴鲁特上面。

巴鲁特是柏林南部重要的外围屏障，地理位置极为重要，一直被兵家称为通往柏林的门户，是守卫柏林的"门闩"。这就意味着，只要拿下巴鲁特，就相当于拿到从南部进入柏林的第1把钥匙，打开了通往柏林的第1道大门，开辟了进入柏林的通路。

担负进攻巴鲁特任务的，是隶属于苏军第3近卫坦克集团军的第6近卫坦克军，该军军长是米特罗法洛夫少将。

米特罗法洛夫少将在认真分析敌情以后，决定派遣第53近卫坦克旅担负主攻任务，第52近卫坦克旅担负助攻任务，这两个旅的部队将在炮火的掩护下拿下巴鲁特，再进军措森城。

正式进攻发起之前，米特罗法洛夫少将正式向第52和第53近卫坦克旅下达命令：第53近卫坦克旅以3个加强营，从东南进攻巴鲁特城，第52近卫坦克旅以部分兵力，从西南实施迂回攻击，其任务是潜伏到德军守备部队后方，协同主攻部队消灭巴鲁特城守军。

巴鲁特城内的德国守军早已做好准备，来迎接苏军，他们炸毁一切桥梁，并且在各条道路上布置反坦克障碍物，在道路交叉点上埋设大量地雷。

德国陆军最高司令部命令巴鲁特城守军，要不惜一切代价守住阵地，为大部队调整部署争取时间。为了加强巴鲁特城的守备力量，德国陆军司令部把原准备派往戈尔森（已失守）的预备队，改派到巴鲁特。

根据德国最高司令部的命令，巴鲁特城防司令把全城军民都组织起来，参与到守城任务中。然后，当巴鲁特城防司令还在为新开来的预备队布置任务时，苏军已经开始进行炮火袭击。

苏军炮兵将成千上万发炮弹发射到巴鲁特城中，由于这座小城并不是很大，苏军在炮击时根本就不必区分目标重要与否，他们用"犁地"式炮击法，一寸一寸猛轰德军阵地。

在苏军猛烈炮火的打击下，整个巴鲁特城几乎被夷为平地，德军构筑的钢筋混凝土防御工事被摧毁，炮兵阵地被炸平，所有的反坦克障碍物都不复存在，所有暴露在地表的德军官兵非死即伤，只有及时躲入地下掩体的德军才幸免于难。

等到苏军的炮击结束，躲在地下掩体中的德军官兵纷纷进入地表工事，准备迎接苏军的进攻。

苏军的战法并无新意，仍然是"惩罚营"（由逃兵组成的敢死队）当先开路，用血肉之躯为坦克扫除地雷，坦克部队紧随"惩罚营"之后，用直瞄火炮攻击德军火力点，苏军步兵拉出散兵线，跟随在坦克后面，准备攻占被坦克突破的德军阵地。

巴鲁特城中的德军用少量反坦克炮，和"铁拳"反坦克火箭弹攻击苏军坦克，但根本不能阻挡苏军坦克，很快，苏军坦克就碾过德军防御阵地，苏军后续部队随即进入德军战壕，用手枪、冲锋枪、刺刀甚至工兵铲与德军步兵肉搏战。

在苏军与德军进行白刃战时，缺乏战争经验的德军新兵吃了大亏，这些没有经过多少拼刺和格斗训练的德军士兵，根本就不是久经战阵的苏军士兵的对手。苏军战士们没费多大工夫，就把德军守军解决了。

截至1945年4月19日13时，巴鲁特被苏军攻占，柏林和措森的南面门户大开，科涅夫命令苏军部队继续前进，攻击措森，直扑柏林南部。

德军当然不能容许苏军就此占领措森，他们在措森方向上加强抵抗力量，苏军第3近卫坦克集团军被挡在措森南面，暂时无法推进。这样，第1乌克兰方面军也无法在4月22日攻克柏林。

## 攻克柏林

4月20日上午，在奥得河下游，经过60分钟炮火准备之后，罗科索夫斯基麾下第2白俄罗斯方面军强渡奥得河，对曼特菲尔麾下麾下第3装甲集团军发动猛攻。

曼特菲尔早就预料到苏军会发起进攻，这位德国第3装甲集团军的司令，前几天乘坐飞机视察前线时，掌握了苏军的意图。面对苏军即将发起的大规模攻势，曼特菲尔认为，就凭他的部队是绝对守不住奥得河防线的，而事实也与他所想分毫不差。

罗科索夫斯基所部轻松地突破了德军的奥得河防线，不过受限于后勤补给，第2白俄罗斯方面军推进速度并不很快，不过这足以将德国第3装甲集团军拖在柏林北部，使其无法驰援柏林。

截至1945年4月20日，参加柏林战役的苏军3个方面军，都已经形成向柏林城推进的有利态势。

对于此时的军事形势，德国最高统帅部的作战日志是这样记载的："对最高指挥机构来说，德国武装力量悲惨死亡的最后一幕业已开始，一切都是在匆忙之中进行的，已经可以听见俄国坦克在远处开炮，情绪十分沮丧。"

坐镇莫斯科的斯大林对前线战况较为满意，虽然在4月22日，这个列宁诞辰日无法攻克柏林，不过他现在终于完全确定，美英盟军绝对不会抢在苏军的前面攻入柏林，现在他所要做的是，等待前线将领们为他发回攻克柏林的消息。

## 第三节
## 希特勒的最后一个生日

1945年4月20日，星期天，天气晴朗，令人愉悦。这一天恰好是德国元首希特勒的生日，往年这个时候，德国总理府会收到来自全国各地的信件和包裹，这些信件的纸张上都写着恭贺希特勒寿辰的词句，而包裹中则塞满了德国人送给希特勒的生日礼物。

6年前，当德国国势强盛，希特勒的个人威望达到顶峰时，柏林动物园的医学教授卢策·黑克为了给希特勒贺寿，特地把一枚重约1230克的鸵鸟蛋献给希特勒，并制作了镶金编带。

到了1945年4月20日，一切都变了，那个昔日威震欧洲的纳粹德国，现如今在东、西两线，都受到美英盟军和苏军的挤压，地盘日益缩小，就连德国本土都被敌军占去不少。

如今，柏林市民最关心的，已经不是德军是否还能取得战争胜利，普通德国人关心的是，究竟会是苏军还是美英盟军来占领德国首都。当柏林市民聊天时，谈论的主要话题是，他们到底是该学习俄语还是英语、如何喊"斯大林万岁"这样的口号，以及如何应付战争结束之后的饥荒。

这种情况下，绝大多数德国人民自身难保，当然没有心思为躲藏在德国总理府的元首希特勒祝寿，所以今年德国总理府应该不会收到信件和包裹。

不过，虽然绝大多数德国平民似乎已经遗忘希特勒的生日，却还是有一些死忠于希特勒的纳粹分子进行庆祝活动。希特勒的忠实信徒们在毁坏的建筑物上挂上纳粹的新旗帜和标语牌，标语牌上这样写道："帝国首都向元首致敬。"这些醒目的标语挂在早已残破不堪的建筑物上，真是有一种莫名的讽刺感！

美英盟军非常清楚今天是个特殊的日子，他们打算用轰炸机投掷航空炸弹这种独特的方式，为希特勒祝寿。

20日一大早，柏林城的防空警报就响了起来，遮天蔽日的美英轰炸机机群飞临柏林上空，开始轰炸这座满目疮痍的城市。

柏林市民对轰炸早就习以为常，自1944年诺曼底战役结束之后，白天美国飞机到柏林来轰炸，夜晚英国轰炸机来轰炸。柏林城里的纳粹军政官员和市民不得不经常遁入地下防空洞躲避，这样造成的结果就是，柏林人在柏林城的地底下生活的时间远远多于地上。

盟军机组人员对柏林已经非常熟悉，在他们眼中，柏林早已是没有什么可炸的，他们的轰炸所造成的战果，无外乎是多添一些瓦砾和碎砖石而已。不过，他们仍然很负责任地把炸弹丢进柏林城。由于苏军已经无限逼近柏林城，这将是美英机组人员倒数第二次向柏林投掷航空炸弹。

苏军同样清楚4月20日是德国元首希特勒的生日，他们同样打算给希特勒送上一份"礼物"，这份"礼物"比起美英盟军送给希特勒的航空炸弹而言更加致命，朱可夫所部先头部队的远程炮兵部队，已经发炮轰击柏林城的东部远郊地区，这意味着苏军用不了多久就会直接攻击柏林。

防守柏林的德国第9集团军司令布赛，和中央集团军群司令舍尔纳，虽然很想把苏军挡在奥得—尼斯河防线以东，但他们实在是力不从心。

布赛精心布置的泽劳弗高地防线，的确将朱可夫的部队阻挡了一阵子，不过为了守卫这个防线，德国最高统帅部几乎将防御柏林外围的预备队抽调一空，这让柏林城防司令雷曼将军很为不满，他向德国最高统帅部抗议说："现在无法想象如何对帝国首都组织防御。"

雷曼的抗议并不能改变任何事情，自4月16日开始，柏林城中的部队被陆续抽调到东部战线，这些援军的士兵有很多是不满16岁的少年，他们都是希特勒青年团学员。

德军前线指挥官拒绝使用这些少年兵，因为这些仅有1枚"铁拳"反坦克火箭弹和少量枪支作为武器、严重缺乏训练的小孩子们，根本就是到前线来送死的，他们不愿意让这些德国的"种子"白白牺牲掉。

希特勒青年团负责人阿图尔·阿克斯曼，同意不使用少年兵担负攻击任务，不过他却让这些德国小孩子待在战壕里担负防守任务，少年兵常常被命令守卫注定要失陷的阵地。

当苏军坦克靠近德国少年兵把守的阵地时，这些小孩子往往挤作一团，从战壕里冲出来，对着苏军胡乱开火，他们发射的反坦克火箭弹，以及发射的枪弹很难击中目标。一旦他们用完弹药，就会流着泪高喊："希特勒万岁，斯大林灭亡"等口号。

苏军战士面对这些还略显稚嫩的孩子时，都会感到吃惊，不过他们知道战场不是发慈悲的地方，他们通常会硬起心肠，把这些可怜的孩子们杀死，然后，继续进攻。

4月19日，尽管布赛使出浑身解数，却仍然无法阻挡苏军，泽洛夫防线有3处崩溃。战线最北面，苏军第3突击集团军攻占弗里岑，并向新哈登堡后面的平原推进，这使得隶属于德国第9集团军的第101军，不得不朝着埃伯斯瓦尔德和柏林北面撤退；战线中部，魏德林麾下德国第56装甲军，向西退进柏林城；战线南部，德国党卫军第101装甲军向泽劳弗高地西南方的费尔滕瓦尔德方向撤退而去。

德军的溃败带来的是又一轮难民潮，敏感的德国居民知道苏军兵锋将近，他们急忙打点好行囊，使用马车、独轮车、甚至婴儿车带着行李，朝着西部逃难。

普通德国百姓和撤退的德军将道路挤得水泄不通，这大大阻碍了阻击部队的行进速度，有些德军军官为了开辟一条通往前线的道路，不得不借助手枪。

而宪兵队则四处游荡，将一切看起来可疑的逃兵抓起来处以死刑，德国宪兵队处死"逃兵"的方式已经不是传统的枪决，而是把"逃兵"吊死在路边的树上，这么做一来可以让德国宪兵节省子弹，二来可以起到警示作用。

## 攻克柏林

当然，在德军大撤退的大背景下，如何区分正常撤退的部队和逃兵是一件很困难的事，所以，德国宪兵在甄别逃兵时，常常会因为一些模棱两可的证据而处死德军士兵。这样的行为在当时的德国人看来，是百分之百的谋杀，不过没有什么人来追究这些事情。

至4月20日，形势对德军极为不利。苏军第2近卫坦克集团军，在库兹涅佐夫麾下第3突击集团军的协助下，突入柏林东北部贝尔瑙地区；苏军第3和第5突击集团军，以及崔可夫麾下第8近卫集团军，突破德军奥得河防线3道防御地带，突进至柏林东部远郊吕德斯多夫、埃尔克纳和乌斯滕豪森地区；苏军第1近卫坦克集团军则前出到卡格尔、菲尔斯腾瓦尔格和爱尼肯多夫地区。

20日当天，为了向全世界，尤其是斯大林显示苏军第1白俄罗方面军先于科涅夫麾下第1乌克兰方面军，攻击了德国首都，朱可夫特地命令前线远程炮兵部队轰击柏林。

苏军第3突击集团军所属第79步兵军的远程炮兵部队，对柏林发射了炮弹。苏军的炮击，就其实质而言，仅仅只具有些许的象征意义而已。因为苏军炮弹落下的地点，是柏林东北部郊区，所以处于柏林市中心的德国人根本就没有感觉到这次炮击，普通柏林市民并不知道苏军已经近在咫尺。

与不明就里的柏林市民不同，纳粹的军政高层们非常清楚柏林迟早要落入苏联人之手，希特勒的亲信以及军事将领们打算齐聚柏林，一方面他们将为德国元首祝寿，另一方面，他们将与希特勒共同商讨如何应对目前的军事形势。

4月20日上午，德国空军司令戈林原

戈林

本还在柏林北部乡间别墅卡林赫尔居住，但是随着苏军步步逼近，他觉得他的别墅已经很不安全，于是打算撤到柏林，或者更南方的安全地区去。

这位肥胖的纳粹空军司令，为了将他多年来搜刮得来的金银财宝和艺术珍品带走，特地调来一支运输车队。在离开卡林赫尔别墅之前，戈林命令工兵部队埋设充足的炸药，将他的豪华别墅炸得粉碎。

戈林对负责押运他财物的摩托车队指挥官叮嘱一番，便进入早已备好的豪华轿车，向柏林方向而去，他要赶在中午前去给希特勒贺寿。

党卫军全国领袖希姆莱，早在4月19日就从吕贝克回到柏林，他手下的人，在他的默许下，有些仍然在瑞典与西方谈判，谈判的目的是从集中营里释放一些犹太人，以换取希姆莱的生命；他的另外一个手下沃尔夫将军，仍然在瑞士与美国谈判，这个谈判的目的是让西线德军全部投降，以便美军尽快接管柏林地区。

希姆莱知道希特勒厌恶任何谈判，所以他在进行这些谈判时非常小心，他生怕谈判的风声走漏出去，引来希特勒的制裁。这时，希姆莱的某些比较激进的手下希望发动政变除掉希特勒，以便尽快与西方和谈，但是希姆莱没有胆量做这件事，他还是愿意服从希特勒。

戈培尔，纳粹德国宣传部长，一个死心塌地追随希特勒的纳粹党徒，在20日早上发表了一篇元首生日祝词。在祝词中，戈培尔号召所有德国人，义无反顾地支持希特勒，并相信元首会带领他们走出困境。

几乎没有什么德国人响应戈培尔的号召，这个时候，最乐观的德国人也已经认识到，纳粹的事业注定是要失败。

4月20日中午之前，德国空军司令戈林、纳粹德国外交部部长里宾特洛甫、德国海军元帅邓尼茨、战时军需生产部长施佩尔、约德尔、凯特尔等人驱车来到德国总理府地下暗堡。

那天，许多人见到希特勒本人时，都觉得他至少比实际年龄大了20岁，那个曾经睥睨天下的枭雄如今已经难觅当年的霸气。

在生日庆祝会之后，希特勒先主持召开一个例行军事会议，这个军事会议所讨论的主要问题是，德国会在多长时间以后，会被在柏林以南的易北河上会师的美英盟军和苏军一分为二，以及德国被一分为二之后，应该采取什么样的措施来应对新形势。

当时的战场局势是这样的：英军第21集团军群到达吕纳堡，并正向汉堡推进；美军第9集团军抵达易北河中部，美国第3集团军已抵达捷克斯洛伐克边境，并正在向巴伐利亚进军；法国第1集团军正向德国南部前进；在东南部，苏军已经进抵维也纳西部地区；在意大利，盟军正突破德军的山地防线，朝着意大利的北部推进。

以上战场的形势无不显示着德军的处境已经极为糟糕，而更糟糕的是，目前纳粹德国的首都柏林也即将遭到苏军的进攻。

当时参与军事会议的绝大多数人都认为，柏林必然是守不住的，所以胆子比较大的人提议说放弃柏林，乘着苏军尚未与美军会合，元首最好带着最高统帅部，到南方德国与奥地利之间的深山里，继续指挥抵抗，因为那个方向上，舍尔纳和凯塞林的部队还保存的比较完整。

希特勒拒绝这个建议，他说他将留在柏林直到最后一刻，然后才会飞向南部，他充满信心地说"俄国人在柏林城下将遭到最惨重的失败"。

德国的将军完全无法理解德国元首的信心来自何方，他们苦劝希特勒离开柏林，以便留在一个相对安全的地方继续指挥德军作战，他们再三强调，再过一两天，俄国人就要把通往南方的最后逃生之路切断。

希特勒丝毫不为所动，他只是对德军后一阶段的作战指挥权问题做出部署，他表示，如果美英盟军和苏军在易北河成功会师的话，他会建立两个分开的司令部。其中北部战区的司令是邓尼茨，南部战区的司令德国元首当时没有拿定主意，他有时候觉得西线德军总司令凯塞林很合适，有时候又觉得戈林似乎更合适，他有些拿不定主意，最后，他只好说他会让上帝去抉择。

说完划分战区的问题，希特勒又开始分配参谋人员，他建议说，目前的参谋人员分作两半，愿意前往南部战区的，需于4月20日晚上南下贝希特斯加登（希特勒私人别墅所在地）。这时，戈林询问希特勒，究竟是他本人南下，还是派他的参谋长科勒前往南部战区？

希特勒的意思，是让戈林本人到南部战区去，至于柏林地区的空军事务，交给空军参谋长科勒处理就可以，戈林接受希特勒的命令。

那天下午，一些希特勒青年团的成员，站在帝国总理府破损的花园外面，接受了德国元首的检阅。希特勒从这些十几岁的小孩子面前缓缓走过，他本想给这些勇敢的小家伙们颁发勋章，但是由于他的手实在是抖得厉害，只好作罢。

晚上，大批人员撤离柏林。德国元首最信任的两个老部下，希姆莱和戈林都走了。戈林所带领的汽车队，满载着从他豪华别墅卡林赫尔中运出来的金银财宝和艺术珍品。纳粹德国的外交部部长里宾特洛甫，也溜到一个较为安全的地方，躲了起来。上述3位纳粹高官，在4月20日以后再也没有见到过希特勒。

4月21日，星期六，今天天气同样不错，盟军空军战机最后一次飞临柏林上空轰炸。

空袭过后，柏林城防司令雷曼将军设在霍恩措伦达姆的指挥部里，挤满了穿着棕色制服的纳粹党官员，他们必须来到这里获得许可证才能离开柏林。

纳粹党的官员们是遵照德国宣传部长戈培尔的命令办事的，戈培尔宣称："任何携带武器的人都不能离开柏林。"只有柏林城防司令部可以签发特别通行证。

柏林城防司令雷曼将军对这一幕感到十分好笑，因为在战争期间，这些柏林城里的纳粹党党徒们总是喜欢谴责军队的撤退行为，而现如今他们却火急火燎地要撤退，这真是莫大的讽刺。

雷曼将军十分爽快地颁发了2000份特别通行证，给这些长期坐办公室的"扶手椅勇士"，他在事后还非常高调地表示，他非常乐意颁发通行证，因为柏林城在清除这些懦夫后，在防御上会更加有利。

其实雷曼将军的说法是有些问题的，因为即便是留下来守卫柏林的德国军人，也不见得个个都是勇士。占柏林守军数目一多半的人民冲锋队成员，或者临时征募者（也就是壮丁），并不愿意白白送死，他们只是害

## 法西斯的覆灭
### 攻克柏林

怕被无处不在的宪兵队处以绞刑，或者被死刑射击队射杀，才被迫留下来防守柏林。

21日上午9点30分，苏军对柏林发动大规模的炮火袭击，被炮弹爆炸声惊醒的希特勒，跑到地堡走廊里询问布格多夫将军究竟是怎么回事，这些炮火究竟来自何方。

布格多夫将军回答说，柏林市中心受到苏军重型炮兵部队的袭击。听闻这个消息，希特勒万分震惊地说道："俄国人离得这么近了吗？"

也许苏军步兵距离柏林核心城区还有一段距离，但苏军炮兵却可以让炮弹越过德军防线，在柏林市中心爆炸。这次炮击柏林的，是苏军152毫米和203毫米重型火炮，苏军炮手们在发射炮弹前，总是喜欢写上一些有意思的标语，来宣泄他们向德国法西斯复仇的情感，苏军士兵使用的标语有以下几种："向戈培尔这个鼠辈开炮""为斯大林格勒开炮""向戈林的大腹便便的肚子开炮""为战争中的孤儿寡母开炮"。

苏军政治军官非常善于调动士兵的战斗积极性，这些不知疲倦的炮兵们，从1945年4月21日开始直到5月2日为止，一共向柏林城区发射炮弹180多万发。

留在柏林城里的市民通过各种渠道了解到，苏军即将围攻德国首都，很多妇女立即抓紧时间领取食物和水储存起来，以便未来几天柏林成为战场时，她们能够借助较为充足的水和食物，使他们自己和她们的家人活下来。

一场围绕着德国首都柏林的攻防战即将打响。

空袭柏林

## 第四节
## 苏军就在柏林城外

1945年4月21日,希特勒生日过后第2天,苏军第1白俄罗斯方面军和第1乌克兰方面军从东面和南面逼近柏林。

尽管希特勒要求布赛务必守住奥得河防线,保卫柏林,但是布赛却根本做不到这一点,他的军队正在各个战线上溃败。

德国第9集团军北翼第101军残部,被苏军赶出贝尔瑙,该军残余兵力不得不朝着柏林方向撤退;位于第9集团军中路的魏德林麾下第56装甲军,在苏军的追击下也在不断往后撤,这支德军在穿越柏林东部远郊宽阔的环城公路时,遭到了苏军"空中坦克"对地攻击机的猛烈袭击,不少德军士兵命丧当场;在德国第9集团军南翼的党卫军第101装甲军!守卫奥得河畔法兰克福一线的党卫军第5山地军,以及法兰克福卫戍部队,则被苏军第1白俄罗斯方面军切断了与柏林守军的联系。

柏林南面,科涅夫麾下第1乌克兰方面军,正朝着波茨坦和措森猛冲而去。

朱可夫的部队总算是突破了泽劳弗高地防线,并且距离柏林已经很近,但是他本人却受到斯大林的严厉批评。

斯大林非常担心美英盟军会因为苏军进攻柏林的速度过于迟缓,而抢在苏军前面攻占柏林,他认为德军必然会敞开西部防线,让美军或者英军不费一枪一弹进入柏林,所以他多次催促朱可夫加快进军步伐,务必在短时间内攻克柏林,不给美国人和英国人任何染指柏林的机会。

其实苏联统帅完全是多虑了,虽然在莱茵河战役中,德军对美英盟军的抵抗行动简直就是个笑话，不过当美军终于出现在易北河上的时候，德军确实进行了认真抵抗。

德国空军曾对横渡易北河的美军部队发动出其不意的空袭，这个行动令许久未曾遭到德军攻击的美军部队吃了不小苦头，美军随即展开大规模报复行动。

美国地面和空中部队在德邵北部，对隶温克将军所部德国第12集团军"沙恩霍斯特"师发动持续攻击，并把后者打得落花流水。

相似的交战行动发生在易北河的多个地段，事实表明，德军并不会放弃西线防守，让美英盟军长驱直入。

斯大林对西线战场发生的事情知之甚少，他始终惦记着那场在瑞士进行的、没有苏联人参加的谈判，他总是疑心德国人跟美国人达成了某种秘密协议，他高度怀疑这个秘密协议的核心内容，是德国将无条件的向西方投降，而西方将利用德国军队打击苏联。当然，如果认真计较起来，这个协议还是有些过于脱离实际的，所以，斯大林猜想最有可能的协议是德国人，会把柏林让给西方来占领。这种情况斯大林绝对不能接受，为了确保苏军抢在盟军之前占领柏林，斯大林采用了一种激将的策略，他让科涅夫和朱可夫抢着进攻柏林，以便加快苏军朝着柏林推进的速度。

朱可夫在多次受到斯大林的批评之后，感到事态严重，他这时不得不考虑两个方面的问题，第一个问题：他要阻止西方盟军进军柏林，以免柏林落入西方之手；第二个问题：他要阻止科涅夫的部队进军柏林，以免科涅夫从他手里抢走攻占柏林的殊荣。

为了解决上述两个问题，朱可夫对他的部队进行新的部署，他命令第47集团军和第2近卫坦克集团军，先分别向柏林北面和西北面的奥拉宁堡和施潘达发起突击，然后再攻击柏林的西部地区，这些部队明面上的任务，是切断柏林守军与北面和西面德军的联系，从北面和西面包围柏林，而另外一层意思，是阻止美英盟军从西面和北面进入柏林；在中路，他命令第5突击集团军继续从东面攻击柏林，第3突击集团军从东北面攻击柏林；先前与第5突击集团军一同攻击柏林东部的第8近卫集团军，被命令与第2近卫坦克集团军协同合作，顺着施普雷河南下攻击，然后再从西南方向攻击柏林，这么做的目的，首先是阻断柏林德国守军与残留在奥得河防线上德国第9集团军剩余部队的联系，从南面包围柏林，另外的一个目的则是阻止科涅夫的部队从南面攻击柏林。

朱可夫的各支部队越接近柏林城，遭遇到的抵抗就越激烈。德军人民冲锋队士兵，和手持"铁拳"反坦克火箭弹的希特勒青年团少年兵，往往会躲藏在树林里，房舍中，沟渠旁边，田野里，等到苏军部队接近时突然发动袭击。

苏军的坦克部队是这些德军士兵的第一攻击目标，他们往往会近距离使用反坦克火箭弹攻击坦克发动机、履带和后侧方装甲，苏军坦克一旦被击中，一般都会报废掉。为了应付这些星星散散的德军小股部队，苏军前进速度简直可以用蜗牛爬行来形容。

直到4月21日晚上，朱可夫所部先头坦克部队才抵达柏林市郊区。在同一天晚上，苏军第3和第5突击集团军所属步兵团，也到达柏林东北部郊区的马尔肖和霍恩申豪森。

朱可夫所部第1白俄罗斯方面军总算是真正踏入柏林地界，而科涅夫所部第1乌克兰方面军在柏林南部也取得不小进展。

措森，距离柏林20公里远，是德国陆军总参谋部所在地，这里有一个巨大的地下指挥中心，在这个指挥中心，目前还有很多德国陆军军官工作，负责指挥这些军官的是德国陆军总参谋长克莱勃斯。

当科涅夫的坦克部队无限逼近措森之际，在这里工作的每一个德国陆军军官，都感到无比焦虑。

前一天，也就是4月20日，克莱勃斯将军派遣一支小型侦察先遣队，到南方去探察苏军的进展情况。4月21日早上，克莱勃斯的第二副官博尔特少校，收到侦察队发回的情报，侦察队指挥官克拉克尔声称，他发现40多辆苏军坦克正沿着巴鲁特至措森的公路，朝着措森推进，他请求对这支苏军部队进行攻击。

博尔特非常清楚，克拉克尔装备的轻型装甲车绝对不是苏军T-34坦克的对手，不过他并未多说什么，他认为卡拉克尔的部队固然不是苏军的对手，不过多少也能抵挡苏军一阵，为德国陆军总参谋部争取到转移时间。

没过多久，博尔特就把苏军坦克即将攻入措森的消息，上报给克莱勃斯将军，后者立即给德国总理府挂了个电话，要求转移德国陆军总参谋部。德国总理府回复称，需要一定时间的商讨，才能答复是否批准这个要求。

在德国总理府尚未给出明确答复之前，困在措森的德国陆军军官们更加焦虑。这时，苏军坦克的炮声已经从远处传到德国陆军总参谋部，一名参谋军官非常笃定地说，苏联人半个小时以内就能可以抵达措森。

这时，在公路上与苏军坦克部队交战的克拉克尔传来一个坏消息，他说他的部队在与苏军坦克的对战中一败涂地，损失极为惨重，他已经无法再阻挡苏军前进。

克莱勃斯将军心知事态严重，就从自己的办公室走出来，主持召开一个临时军事会议。会上，克莱勃斯将军要求各个部门做好撤退准备，以便德国总理府下达命令时，可以随时动身转移。

与会的陆军军官大多心不在焉，他们此时非常担心苏军坦克部队会突然杀到眼前，将他们全部俘虏，然后将他们投入战俘营。

直到下午1点钟，德国总理府的布格多夫将军才打来回复电话，他在电话中给出德国陆军总参谋部的迁移方案：参谋人员和机要人员前往柏林西南部波茨坦附近的艾谢空军基地，非机要人员和其他人员前往德国南部的慕尼黑。

接到撤退的命令，德国陆军军官们都松了一口气，他们急忙按照各自的岗位性质分为两拨，一部分前往波茨坦，另一部分前往慕尼黑。

相比较而言，前往波茨坦的那一拨德国陆军参谋人员，不会遇到什么危险，而前往慕尼黑的那一拨人，却注定要经历惊险的旅程。在南下的道路上，德国陆军参谋人员极有可能碰上列柳申科所部第4近卫坦克集团军，而在他们刚刚离开措森没多久时，他们就遭到了德国空军的袭击，德国空军袭击他们的原因是，他们乘坐的车辆与众不同，令德军飞行员无法识别。

21日晚上，苏军士兵小心翼翼地进入措森城，他们知道这个地方对德军来说极为重要，所以，他们本来做好打一场恶战的准备。不过，当苏军士兵真正进入这座小城时，他们才发现他们先前的担心纯属多余，德军根本就没有打算进行抵抗。

没多久，一些苏军士兵就走进威震天下的德国陆军总参谋部，这个指挥部曾经参与指挥了二战中的所有重大战役。现如今，这个指挥部早已是人去楼空，守卫这里的德军，包括一名醉汉在内，仅有4个人而已，他们很快就被缴械。

当苏军士兵们还在参观德国陆军总参谋部时，电话铃声响了起来，一名苏军士兵拿起话筒。电话中一名德国将军询问这里发生了什么事，撤退工作做得如何了？

听电话的苏军士兵先是回答说："苏军在这儿"，接着，他又对这名军官说："你见鬼去吧！"

希特勒直到此时仍然没有放弃希望，他还指望德军部队能够击败苏军，解除柏林之围，而当他的将军们把每个小时都在更新的坏消息告诉他时，他会长时间辱骂德国将军们。

被希特勒骂的比较惨的一个将军，是德国空军参谋长科勒。

自4月21日上午，美英盟军轰炸机最后一次光顾柏林之后，苏军空军战机就从美英盟军手里接过了轰炸柏林的任务。本来柏林被敌军飞机轰炸这种事，在近两年已经是稀松平常，但希特勒似乎分外不能忍受苏联人的飞机在他的头顶上丢炸弹。

德国元首多次批评空军参谋长科勒没有尽到职责，以至于苏军飞机肆无忌惮地在柏林上空丢炸弹。有时候，气愤到极点的希特勒甚至威胁说要处死科勒。

每当希特勒狠狠地批评科勒，或者放狠话说要被处死科勒时，科勒都觉得他比窦娥还冤。到了1945年4月份，德国空军能够投入作战的飞机已经相当稀少，而且航空燃油也是用一升少一升，根本就得不到补充，这种情况下，德国空军根本就无法正常作战，他也只能眼睁睁地看着苏军飞机在柏林上空飞来飞去，一点儿办法也没有。

科勒试图把德国空军面临的实际困难讲给希特勒听，但希特勒却一个字也听不进去，他一直发脾气，因为他觉得这样可以促使他的手下们更卖力地去执行任务。

4月21日当天，当苏军正在各条战线上推进时，希特勒通过侦察部门了解到，朱可夫麾下的第47集团军和第2近卫坦克集团军，正朝着柏林北部和西北部移动，这两支部队，与正在猛攻柏林东部和东北部郊区的苏军第3和第5突击集团军之间，有很大的空隙，他就谋划着发动一次攻击，从后面包抄，切断苏军第47集团军和第2近卫坦克集团军的后勤补给线，然后将上述两支苏军部队歼灭掉。

至于派遣哪支部队来完成这个攻击任务，希特勒仔细研究一下局势，发现被部署在埃伯斯瓦尔德西北部，由党卫军全国副总指挥菲利克斯·施泰纳指挥的党卫军第3"日耳曼"军，正好可以参与此次攻势。

菲利克斯·施泰纳是党卫军里的重要人物，希特勒对此人非常熟悉。德国元首认为施泰纳这个人聪明机智、果断灵活、善于指挥、破敌有方，是个不可多得的人才。

希特勒尤其欣赏施泰纳1945年1月份在东线的表现。当时朱可夫的部队正朝着柏林迅猛推进时，施泰纳为了阻止朱可夫所部向柏林推进，在东波美拉尼亚湾拼死发起反击，这个反击最终促使苏联最高统帅部下令暂缓进攻柏林，转而把注意力放在清剿奥得河以东残余德军部队上面，为德国最高统帅部布置柏林防线争取到一些时间。

等到确定反攻行动的将领之后，希特勒对参加例行军事会议的将领们说出他的反击计划："让施泰纳向东南方向进攻，以勇猛的攻势吃掉朱可夫的先头部队。只要他能够打一个漂亮仗，就可以解救柏林，保护曼特菲尔的侧翼，使其免遭苏军的包围。"

为了确保这次反攻得以顺利进行，希特勒发布了严厉的战场纪律："所有部队都必须全力迎战，让手下撤退的任何军官都必须在5个小时以内被枪决!"

希特勒让德国陆军参谋总长克莱勃斯,将他的命令下发给维斯瓦集团军群司令海因里希,以及其他所有参战的德军部队。

施泰纳接到德国总理府打来的电话时,极为震惊,虽然他在最近几个月里总是收到莫名其妙、根本就难以执行的命令,但这个命令相对来说,是最不可理喻的。他的部队满打满算只有约 1 万人,这些人中有很多都是刚坐船从什切青和但泽回到德国本土的,他们极度疲劳、士气低落,用这样一支缺少坦克、武器弹药的疲惫之师,去攻击有 10 万人之众的苏军坦克部队,不是以卵击石,又是什么。

海因里希随后获悉这一命令时,也极为诧异,因为他早已将施泰纳麾下的几个师都悉数调派给布赛的第 9 集团军,目前施泰纳手上的部队,据维斯瓦集团军群指挥部估计,仅仅只有 3 个营,而且坦克也只有区区几辆而已。

施泰纳立即给克莱勃斯将军挂了个电话,他将自己的真实的兵力做了汇报,他希望克莱勃斯能够劝劝德国元首,让后者放弃这个反攻计划,克莱勃斯拒绝施泰纳的请求。随后,海因里希也打来电话,要求取消这个神经质的命令,克莱勃斯明明白白地告知海因里希,希特勒的命令绝对不容更改。

事情到了这个地步,已经相当明显,施泰纳如果执行这个命令,将死于苏军之手;如果不执行命令,又会死于纳粹行刑队之手。想来想去,施泰纳决定做出最佳选择,他决定不再让自己的部队为一项毫无希望的事业作,无谓牺牲,他打算做做表面功夫,来个阳奉阴违,他会装作要进攻苏军,但是不会真的发动攻势。这意味着施泰纳将在实际上时直接违抗希特勒的命令。

地堡中的希特勒深知就凭施泰纳的部队,无法解救柏林,所以他致电在捷克斯洛伐克境内,指挥中央集团军群作战的舍尔纳将军,希望后者能够带兵冲进柏林,保卫德国首都。

为了激励舍尔纳解救柏林,希特勒直接下令将他提拔为元帅。

这是希特勒在21日那天做出的，两个重大人事任命中的其中一个，另外一个人事任命，则与柏林城防司令这个职位有关。

希特勒的亲信中，有很多人对现任柏林城防司令雷曼不满，比如布格多夫将军就曾多次对希特勒说，雷曼的才干实在是不足以担任城防司令，而戈培尔也由于雷曼不肯将他的司令部转移到指定地点，而对雷曼牢骚满腹。

雷曼很快就丢掉柏林城防司令的职务，他的新职务是位于波茨坦一个师的师长，这个师的实力虽然非常寒酸，不过名字却威风凛凛，这个师的全称是"施普雷陆军集团军群"。

有人为柏林城防司令提出两个人选，都被希特勒给否决，他选择卡特来接管柏林防务，不过卡特只当了一天的城防司令，就被免除职务。后来，当苏军4月23日进攻柏林时，柏林城防司令一职居然还空着。

4月22日早上的大部分时间里，希特勒都在跟人谈论施泰纳，他在热切地期盼施泰纳反攻得胜的消息。德国总理府地堡中的其他人，也跟希特勒一样，关心着施泰纳的反攻情况，大家都希望施泰纳能够反攻得胜，将苏军赶回老家去。

为了准确地了解施泰纳的反攻情况，希特勒专门命令德国空军参谋长科勒，乘飞机飞到前线去，查看施泰纳是否发动了攻势，进展如何？

除了派出科勒从空中观测施泰纳的行动之外，希特勒还向各个指挥战打电话，试图了解施泰纳的反攻情况。所有接到希特勒电话的人，给出的回复都一模一样——他们根本就不知道施泰纳所部的进展情况。

这时，乘坐着飞机飞临战场上空的科勒左看右看，望眼欲穿，也没有发现施泰纳的部队有任何反攻的迹象。

上午11时，德国陆军参谋总长接到海因里希的电话，电话中，克莱勃斯询问了施泰纳的反攻情况。

海因里希对克莱勃斯说，施泰纳指挥的那支可怜小部队，仅仅朝着西南方向推进区区10多公里，就被钉在原地，再也动弹不得。

克莱勃斯听到这个消息，张口结舌，他马上意识到，绝对不能让希特勒知道这个消息，因为这毫无疑问会让希特勒发怒好一阵子。

在下午3点举行的最高统帅部例行军事会议上，希特勒怒气冲冲询问参与会议的人，施泰纳的反攻行动进展如何了？

除了克莱勃斯之外，包括约德尔和凯特尔在内的人谁也不知道，不过，约德尔却向希特勒报告一个最坏的消息，他说，由于把军队从柏林北部撤出来去支援施泰纳的攻势，北面的防御被大大削弱，苏军已经突进至柏林北面，目前柏林已经三面被围。

约德尔的话令希特勒大受震动，他半信半疑地询问克莱勃斯："约德尔说的话是真实的吗？"

克莱勃斯极为不满地盯了约德尔一眼，沉重地点了一下头。

希特勒这时才有些感觉到他的将军们也许是为了少挨骂，或者不让他生气而刻意隐瞒很多消息，于是他逼问克莱勃斯，施泰纳到底在哪儿？情况怎么样？

克莱勃斯只好吐露了实情："施泰纳的情况很不好，他只前进了10多公里，就陷入了俄军的重围。"

希特勒不解地问道："他的人干什么去了？"

显然，在希特勒心目中，一个"坦克军"的部队，是足以打垮苏军两个集团军的，不过克莱勃斯却将德国元首拉回了现实，克莱勃斯说："施泰纳只有不到1万人的兵力。"

"别说了！"希特勒用一句粗暴的话，打断克莱勃斯的解释，他这时才发现，就连他的嫡系部队党卫军都已靠不住。

德国元首命令，除了凯特尔、约德尔、克莱勃斯、布格多夫和马丁·鲍曼之外的其他人离开会议室，他对留在会议室里的人大发脾气，他指责这些将军们多次欺瞒他，不把真实的情况告诉他，他称这些将军们都是德国的罪人。

等希特勒倾泻完怒火，他整个人都瘫坐在椅子上，痛苦地低语道："败了！败了！"德国元首说完这些丧气话，就坐在椅子上久久不语。

过了许久，待得众人确信希特勒的心情已经平静下来之后，鲍曼和凯特尔抓住机会，恳求德国元首保持信心。他们说只要元首不丧失信心，德国还是有希望的。

布格多夫也及时站出来规劝德国元首改变指挥环境，到贝希特斯加登去继续指挥全军作战，他反复重申这不仅对元首本人有利，对德国也有利。

希特勒拒绝众人的建议，他表示他要留在柏林，他愿意亲自保卫第三帝国的首都，谁愿意走，谁就可以走，他愿意留下来以身殉国。

· 第八章 ·

兵围德国首都

## 第一节
## 纳粹高层的闹剧

在1945年4月22日下午3点，在德国最高统帅部例行军事会议上，当希特勒做出留在柏林、与德国首都共存亡的决定时，他的手下们都劝他不要这么做。他们说，如果德国元首放弃柏林，退到南方去，还是有希望的。在南方，舍尔纳元帅的部队还在捷克斯洛伐克作战，凯塞林率领的西线部队也还保持的比较完整，他完全可以继续指挥德军作战。

已经离开柏林，到西北部去指挥军队的海军元帅邓尼茨，和党卫军领袖希姆莱，也给希特勒打来电话，劝他离开柏林。几乎没有什么邦交任务需要处理的德国外交部部长里宾特洛甫，也打来电话说，他要搞一次拯救全局的"外交妙计"，他希望元首离开柏林，在相对安全的地方掌控局面。

德国元首此时对任何人都已丧失信心，他对大家说，他已经做出留守柏林的决定。为了向手下们表明他的决定不容更改，他叫来一个秘书当面宣读指示，并通过广播对外界公布。这个指示明白无误地显示，德国元首将要留在柏林城，守卫到底。

众人还想说点儿什么，希特勒却宣布所有人都离开会议室，例行军事会议就此结束。

希特勒送走将军们，接着就邀请德国宣传部长戈培尔本人以及他的妻子和6个孩子，从他们被苏军和美英盟军炸得一塌糊涂的公馆迁到"元首地下室"来。德国元首知道，忠实的戈培尔永远都不会离开他，这位德国宣传部长和他的家属一定会留在柏林，与他一同坚持到最后。希特勒给戈培尔发出邀请函，便开始检阅文件，他把一些必须销毁的文件资料挑选出来，交给一个名叫尤里乌斯·夏勒的副官去烧掉。

做完上面的工作，希特勒要求他的情妇爱娃·布劳恩和几个亲随离开柏林。布劳恩和那几个希特勒的亲随都表示，他们并不愿意离开柏林，他们希望留在柏林与德国元首共存亡。希特勒见状，感慨道："我的将领们要是像你们这样勇敢就好了！"

发完感慨，希特勒走入邻室，对一群负责通讯联络工作的军官们说道："先生们，事情就此结束，时机一到，我便开枪自杀，每个人走的时间由你们自己定。"

下午5点，戈培尔的妻子镇定地叫保姆给她的孩子做好准备，因为他们要去见德国元首。孩子们非常高兴，因为阿迪叔叔（即希特勒）总是会给他们发糖果和巧克力。这些天真的小孩子们并不知道，他们在不久以后的确可以得到糖果和巧克力，不过他们最后都将死于非命。

戈培尔的妻子猜想到，他们一家人可能全部都要去赴死，她很伤心，不过她并未表现出来，她强作欢颜，对孩子们说："你们一人只许拿一件玩具，不许多拿。"

22日晚上，希特勒把约德尔和凯特尔叫来开会，为随后的军事行动作部署。

会议刚开始时，凯特尔把其他人从会议室里支走，只留下他和希特勒两人，他再一次要求希特勒直接前往贝希特斯加登，从那里开始投降谈判。

希特勒不想听这些陈词滥调，他直接打断凯特尔，用很大的声音表示他永远也不离开柏林，他要保卫德国的首都，直到最后一息。

在会议室外面的约德尔听见了希特勒的话，他走进会议室，希特勒把他决定自杀的事情又说一遍，他接着命令凯特尔和约德尔到南方去指挥残余的军队。凯特尔首先站出来说，他不愿意离开德国元首，希特勒回复道："你必须服从命令。"

一贯对希特勒俯首帖耳的凯特尔乖乖地接受命令，而不那么听话的约德尔却认为，作为德国国防军总司令的希特勒是在放弃他对军队的指挥，在大难临头之际推卸责任。

约德尔比较委婉地对希特勒说道:"你在这里没有办法指挥,你身边没有进行领导的参谋部,怎样进行领导。"希特勒截断约德尔的话,回了这样一句话:"还有什么仗好打的!"看起来,德国元首终于稍微清醒了一下,他总算认识到他的"千年帝国"注定是要崩溃了,他征服世界的美梦也已成空。

希特勒把鲍曼找来,令他与凯特尔和约德尔一起飞往贝希特斯加登。那个南部战区的司令部将由凯特尔指挥,由戈林任元首的私人代表,主持全局。

凯特尔不同意这个部署,他强调说没有人愿意为那个失败透顶的空军司令戈林作战。希特勒反驳凯特尔说:"仗已经没有什么好打的了。如果要谈判,帝国元帅(即戈林)会比我干的更出色。在保卫柏林的战役中,我不是战斗至胜利便死在柏林,我不能冒险落入敌手,我会在最后时期开枪自杀,这是我的最后决定,不可撤销!"

从希特勒的表现来看,他已经心如死灰,他认为柏林已是孤城一座,苏军必然会将之占领,他的最好结局就是自尽。

德国的将军们这时反而比希特勒本人更加有信心坚持下去,他们对希特勒说,柏林并非完全没有希望,他们可以让驻防在易北河边的温克所部第12集团军增援柏林,打退苏联人的进攻。

听到温克的名字,以及第12集团军这个番号,希特勒本来黯淡的双眼中重新燃起希望,他马上就与众人一起商量如何让温克的部队拯救柏林的计划。凯特尔被命令协调第12集团军,与第9集团军退入柏林的余部,共同合作实施拯救柏林的行动。

凯特尔表示他要立刻动身前往温克的司令部,敦促第12集团军援救柏林,但希特勒却坚持请他吃一顿便饭,然后才放他走。约德尔在吃过饭之后,前往德国国防军最高统帅部设在波茨坦北部克兰尼茨的新基地。

温克的第12集团军可能拯救柏林这个振奋人心的好消息,多少令希特勒稍稍高兴了一下,但是,凯特尔走后没多久,德国元首不知为何又沮丧起来。他对贴身人员说,希望已经没有了。

当有人指着腓特烈二世的画像问他,是否仍相信会有"七年战争"中那样的历史奇迹出现时，德国元首疲倦地摇摇头，他说："陆军出卖了我，我的将领都是饭桶，他们不再执行我的命令。一切都完了。国家社会主义也已经死亡，永远不会东山再起！也许在100年后会出现类似的思想，其势有如宗教一样，在全世界传播，但是德国却失败了。说真的，德国还未完全做好准备，也不够强大，还接受不了我给它定下的使命。"

希特勒在4月22日这一天的大发雷霆，以及他随后做出的留守柏林，并随时准备自杀的决定引起了巨大反响。

在柏林西北部霍亨里亨主持工作的希姆莱，从党卫军派驻德国总理府的联络官赫尔曼·飞哥莱茵那里，得到了希特勒决定留守柏林并随时自杀的消息，他对部下们大喊道："在柏林的人全都疯了，我现在该怎么办？"

希姆莱最重要的手下，党卫军办公厅主任戈特洛勃·柏格尔说："你需要马上到柏林去。"

柏格尔是希特勒的忠实拥护者，他的意思是让希姆莱到柏林去劝希特勒离开柏林，或者，如果希特勒执意不肯离开柏林，那么希姆莱至少应该留在柏林，为希特勒殉葬。

但希姆莱显然不愿意去柏林等死，他早就在党卫军将军瓦尔特·施伦堡的鼓动下，通过瑞典的福尔克·博纳多特伯爵这个中间人，与西方盟国商洽西线德军的投降事宜。党卫军总司令的如意算盘是，一旦希特勒死亡，他就立即代表德国向美英盟军投降，然后他再组织新的政府，作为西方盟军的反苏先锋在东线抵抗苏军。这样的情况下，希姆莱自然不愿意再回柏林，他这个时候反而更加希望希特勒马上就自杀掉。

在第三帝国的大厦将倾之际，希姆莱这位希特勒非常看重的亲信有这种想法并不奇怪，其实纳粹政权中的很多人都希望希特勒快点自杀，这样他们就可以迅速展开与西方盟国的和平谈判。他们认为只要能够马上实现停火，可以拯救无数德国士兵和平民的生命，他们认为他们有义务这样做，比如纳粹德国空军的参谋长科勒就是这类人的典型代表。

4月22日晚上8点15分，科勒在柏林郊外的空军司令部，接见德国空军派驻德国总理府的联络官埃卡德·克里斯蒂安。克里斯蒂安结结巴巴地告诉科勒，希特勒决定以身殉国，并且下令焚毁文件。

科勒听了克里斯蒂安的话，大感震惊，他当即动身去见约德尔，想搞清楚22号这一天德国元首的地下避弹室里究竟发生了什么事。他在柏林与波茨坦之间的克兰尼茨见到了约德尔，约德尔把他与希特勒之间谈话和盘托出，并着重强调说希特勒已经决定自杀，并且居然还破天荒地提到和平谈判这件事，他说戈林主持这项工作最为合适，因为德国空军司令很会和对方打交道。

德国空军参谋长听说希特勒居然同意戈林与西方谈判时，他认为有责任立即把这个消息通知戈林，但由于敌军有监听站，用无线电通话说明情况有很大的风险，所以他决定亲自乘飞机到慕尼黑去。

4月23日凌晨3点30分，科勒乘坐一架飞机飞往慕尼黑。中午时分，他抵达上萨尔茨堡，把来自德国总理府的新消息告知戈林。

科勒本以为戈林听到这个消息一定会万分惊讶，可是，戈林事实上却表现得异常镇定。戈林早已了解到柏林总理府地堡内发生的事情，告诉他这些事情的人是希特勒的首席秘书鲍曼。

在科勒来到上萨尔茨堡之前，鲍曼给戈林发来一份密件。鲍曼在密件中通知戈林，德国元首患了精神崩溃症，已经不能视事，叫他接掌德国元首之位。戈林并不明白鲍曼这么做到底有什么目的，他在想，由他来接掌德国元首这个位子，到底是希特勒的本意、还是鲍曼的阴谋？也许希特勒的这个野心极大的秘书，是想用假传圣旨的方法让他戈林贸然行动，造成他想抢班夺权的假象，然后借希特勒的手，除掉他这个德国元首的法定继承人，然后他自己再顺理成章地接管德国。

戈林非常清楚，由于他领导的空军在战争中表现拙劣，希特勒对他已经非常不满，德国元首现在最欣赏的人是他的秘书鲍曼，他完全可能把德国元首的位子传给鲍曼。戈林问科勒，希特勒是否仍然还活着，他是否已经指定鲍曼为继位人？科勒回答说，他离开柏林时元首仍然活着，且并未传出让鲍曼成为德国元首继承人的消息，他提醒戈林："反正，现在要靠你去采取行动了，帝国元帅！"

科勒发现戈林还是犹豫不决，就说希特勒事实上已经垮了，他已不能视事，目前戈林应该做的就是根据希特勒所说的话，继承德国元首的职位，肩负起与西方国家谈判的重任，把更多的德国人和整个德国从战争中拯救出来。戈林陷入进退两难的境地，一方面他确实想继承德国元首的位子，跟西方国家谈判，但是他又不知道希特勒是否真的愿意把德国元首的位置传给他，并希望他与西方谈判，如果希特勒只是一时激愤，才说出那样的话，那他擅自接掌德国元首职位的行为就是叛乱，这让他实在是拿不定主意。

戈林犹豫了好一阵，最终决定把住在贝希特斯加登的德国总理府国务秘书汉斯·拉麦斯招来，征求他在法律上的意见。拉麦斯从保险柜里拿出一份1941年6月29日希特勒签署命令给众人看，这道命令规定得明明白白，如果希特勒去世，戈林将是他的继承人；如果元首不能视事，戈林将代表他。

当戈林身边的人看完了希特勒留给戈林的命令后，他们一致认为，希特勒既然打算留在柏林等死，在最后时刻与各个军事指挥部和政府机构割断联系，他事实上已经不能履行德国元首的职责，因此，戈林完全可以根据1941年6月29日发布的这道命令，继承德国元首之位。

尽管众人一再怂恿戈林立即接掌德国元首之位，并与西方盟国谈判，但是戈林还是决定给希特勒拍发一份电报，他要获得希特勒的首肯才能放心下来，这份电文的内容如下：

我的元首！有鉴于您已经决定留在柏林堡垒内，请问您是否同意我根据您1941年6月29日的命令，马上接管帝国全部领导权，代表您在国内外充分自由地采取行动？如果在今晚10点钟还没有从您那里得到回音，我将认为您已经失去行动自由，并且认为执行您的命令的条件已经具备。我将为了国家和人民的最大利益采取行动。您知道在我这一生最严重的时刻我对您的情感，非语言所能表达。愿上帝保佑您，使您能克服一切困难迅速来此。您最忠诚的赫尔曼·戈林。

当戈林在上萨尔茨堡与众人反复讨论，他是否该接掌德国元首之位与西方谈判时，希特勒的另外一名心腹爱将希姆莱，正在德国北部城市吕贝克的瑞典领事馆中与伯纳多特伯爵会谈。

希姆莱虽然并非希特勒钦定的元首继承人，不过这丝毫不妨碍他将自己视为能够代表德国与西方谈判的人，他对伯纳多特说："元首的伟大生命就要结束了，一两天之内，他便会与世长辞！"他要求伯纳多特马上告诉艾森豪威尔，德国愿意向西方投降，但是，在东方，战争仍将继续进行下去，直到西方国家来接替这一抗苏战线为止。

伯纳多特非常愿意担当信使，不过他要求希姆莱最好把这件事搞得正式一些，最好能有一个书面形式的投降书。希姆莱觉得伯纳多特说得很有道理，他立即借着蜡烛的光亮起草一封写给艾森豪威尔的信，并且签下了他的名字。

戈林和希姆莱都以为，希特勒马上就要死了，他们都可以代表德国与西方谈判，他们很快就会发现，他们的行动太过草率。虽然希特勒与他的部队和政府长官之间，仅仅只能通过无线电联络，但是，他仍然能够凭借着自己的威信除掉戈林和希姆莱。

4月23日晚上，希特勒收到戈林发来的电报。当希特勒阅读这份电报时，鲍曼一直在希特勒的耳边说，这封电报是戈林向德国元首下发的"最后通牒"，这是一种"窃取"领袖权力的叛逆行为。

在鲍曼的鼓动下，希特勒对戈林抢班夺权的行为深感愤怒，他立即口述了一份电报给戈林，电报中，希特勒说德国空军司令犯了"叛国罪"，理应处以死刑，但是看在其长期为第三帝国服务的份上，如果马上辞去全部职务，可免一死。

希特勒对戈林的处理方式未能令鲍曼满意，他背着德国元首私自起草一份电报，发给驻扎在贝希特斯加登的党卫队总部，命令立即将戈林及其部下和拉麦斯以叛国罪加以逮捕。

4月24日天亮之前，纳粹德国空军司令，德国历史上唯一的帝国元帅，纳粹高层中最富有的人，曾经有资格继承第三帝国的德国二号人物戈林成了党卫队的阶下囚。

## 第二节
## 孤军困守柏林城

1945 年 4 月 22 日一整天，希特勒对苏军部队进展的速度如此之快而感到震惊，朱可夫却对苏军部队进展得如此之慢而苦恼。

今天本来是苏军原定的攻克柏林城的日子，但哪怕是朱可夫所部的先头部队，也只是进入了柏林的郊区而已。那天早上，朱可夫把各个集团军的司令都找来开会，他说："柏林的防御组织较差，但我们的前进速度太慢了。"

朱可夫命令他的所有部队，不分白天和黑夜，一天 24 个小时发动全天候进攻，用"车轮战"战术摧垮德国人的防御。

由于 4 月 22 日是列宁的诞辰，苏军政治部还特地制作一些特殊的红旗分发给各个部队，以便苏军士兵将它们插在柏林重要建筑物上面。

苏军战士们忠实地执行了朱可夫的命令，他们浴血奋战，使得第 1 白俄罗斯方面军对柏林城的包围圈正在一步一步地缩小。柏林最北面，苏军第 47 集团军早已攻陷奥拉宁堡，并继续朝着柏林西部远郊进发；北面，苏军第 2 近卫坦克集团军将经过西门子施塔进入柏林城，然后向柏林西部近郊的夏洛腾堡进发；东北方向上，苏军第 3 突击集团军被命令攻击柏林的东北部郊区，然后向柏林的中心城区突击；东面，苏军第 5 突击集团军已经攻入柏林东部郊区；南面，崔可夫的苏军第 8 近卫集团军和第 1 近卫坦克集团军正打算渡过施普雷河，从南面包围柏林。

崔可夫的部队和第 1 近卫坦克集团军，在进攻柏林南部地区时，要渡过一条穿越柏林而过的施普雷河。一般而言，渡河作战都是较为复杂的军事行动，比如，当苏军横渡维斯瓦河、奥得河和尼斯河进攻德军时，往往都需要进行长时间的准备，并且付出惨重伤亡。

但苏军横渡施普雷河的行动却极为轻松，这一方面是因为德军兵力稀薄，已经无法遮护这条河流上的防线，另一方面是因为苏军渡河作战经验相当丰富，而且苏军的工程兵部队可以迅速地架设浮桥，使苏军大部队快速通过。

随着朱可夫的部队逐渐推进，德国第9集团军被剖成两半，其中一半在柏林，它们是魏德林的第56装甲军残部和第101军残部，另外一半在柏林东南方，它们是党卫军第101装甲军的残部、党卫军第5山地军和奥得河畔法兰克福卫戍部队。

第9集团军退入柏林的部队被划入到柏林卫戍部队中，继续保卫柏林，而位于柏林东南方向的残余部队（以下所说的第9集团军就是指的这支部队），则被要求继续守卫奥得河防线。

希特勒对第9集团军发布的命令，是被当作一个很不好笑的笑话来看待的，这个集团军剩下的3支主要部队的司令官一致认为，放弃奥得河防线，向柏林或者向西撤退才是最佳选择。

党卫军第101装甲军、党卫军第5山地军，和奥得河畔法兰克福卫戍部队的绝大部分部队，都在向西面的施普雷瓦尔德撤退，沿途不断有害怕苏军的德国平民加入这支撤退大军，很多车辆和坦克都因为燃料不足而被丢弃。

一些临时特遣队被指派为这支撤退大军殿后，不过他们的阻击作用相当有限。很多殿后部队往往只进行一下象征性的抵抗便投降，一些老兵会及时制止年轻士兵的自杀式袭击行动。这场战争在德军的老兵看来注定要失败，他们不希望德国年轻人白白牺牲掉。

当苏军士兵端着"波波沙"冲锋枪出现在德军战壕前面时，很多年老的德军士兵会摇动白旗，大声喊："都是战争造成了这一切，希特勒完蛋了。"

苏军士兵见德军士兵选择投降，一般不会开枪杀死后者，他们会解除德军官兵的武装，然后命令这些德国人在军官的带领下，向奥得河方向前进。

在德国第 9 集团军向西面，或者向柏林撤退的必经之路上，崔可夫的部队沿着施普雷河一路进攻，推进到北岸米格尔塞地区，而科涅夫麾下第 3 近卫坦克集团军的部分部队，也抵达柯尼希斯乌斯特豪森，这两个集团军虽然未能会师，但是在他们之间有很多湖泊和众多河流组成的密集水网，大部队根本就不能通行。这就意味着德国第 9 集团军已经被苏军包围。

科涅夫通过航空侦察了解到，他们右翼的施普雷瓦尔德有一支数目庞大的敌军，正在朝着科特布斯与措森之间的地区推进，他急忙调遣鲁钦斯基麾下第 28 集团军，去填补正在围困科特布斯要塞的第 3 近卫集团军，与正朝着柏林南部进攻的第 3 近卫坦克集团军之间，60 公里的空隙地带。

鲁钦斯基接到的任务，是堵住第 3 近卫集团军与第 3 近卫坦克集团军之间的缺口，封闭德国第 9 集团军向西，或者西南方向撤退的道路。

苏军向来擅长打阵地防御站，当年德军兵锋极盛之时，苏军就在莫斯科和斯大林格勒打过两场漂亮防御战，一举抵挡住了德军的进攻，现在苏军实力大涨，德军已处于穷途末路，连武器弹药都凑不齐，科涅夫认为德国第 9 集团军绝对不可能突破鲁钦斯基的防线。

远在莫斯科的苏联最高统帅部认为，这个连武器弹药都非常匮乏的德国第 9 集团军会掀起什么大浪来，他们把这个集团军围住之后，就不再去理睬它，他们把主要精力都放在攻击柏林上面。

科涅夫也持续关注着他的部队在柏林南面的攻势，他认为柏林地区的德国守军必然兵力雄厚，且战斗力极强，他担心只靠第 3 近卫坦克集团军所属的 3 个军，不能突破德军的防线，就给该集团军补充额外一个被作为"重型尖刀部队使用"的火炮突破军和一个师。

4 月 22 日夜幕降临前，兵力得到加强的苏军第 3 近卫坦克集团军，冲到柏林环形防御圈的南部边沿泰尔托运河边，运河北岸的德军士兵惊奇地发现，他们居然这么快就跟苏军坦克面对面了。第 3 近卫坦克集团军在给方面军指挥部发电报时，为了突出表明德军对他们前进速度之快，而表现出来的强烈震惊，居然特地使用这样一个富有诗意的词句：我们部队的降临犹如"六月飞雪"一样，出乎敌人的意料之外。

## 攻克柏林

乘着德军还没有缓过劲来,苏军第9机械化军夺占利希滕拉德,第6近卫坦克军攻占泰尔托,第7近卫坦克军攻占施坦斯多夫。

雷巴尔科第3近卫坦克集团军的西面,列柳申科的第4近卫坦克集团军距离波茨坦已经不足10公里。

4月23日最初的几个小时,凯特尔来到德国第12集团军的指挥部,他受到温克将军,及其参谋长赖希黑尔姆上校的欢迎。

凯特尔向温克和赖希黑尔姆上校大谈调遣第12集团军,将希特勒从柏林拯救出来的必要性,不过,他的听众显然无动于衷。

温克和他的参谋长其实早就想过向柏林方向进军,不过这个军事行动的目的,却不是拯救那位被困在地堡中的德国独裁者,他们希望打开一条从柏林通向易北河的通道,让士兵和平民们逃离这场战争和苏军的魔掌。

希特勒按照惯例,打算向温克下达援救柏林的正式命令,但是他又担心这位德国将军不执行他的命令,所以他干脆命令手下们用广播直接播放元首令。

德国的广播电台宣称德国元首已经发布命令,要求所有跟美国军队作战的部队东调以保卫柏林,16个师已经开始调动,预期随时可以到达柏林。

温克对希特勒天才般的想象力极为佩服,将军事命令用广播发出,这在军事战争史上绝对是开天辟地的头一遭。不过,即便希特勒用这种方法来敦促他,他照样不会从命。温克和他的参谋人员非常清楚,科涅夫手里最强的两个坦克集团军,就部署在他的部队和柏林市区之间,就凭他手里这点儿兵力和兵器,不可能冲破苏军防线的去解救希特勒,所以他的作战计划是这样的:派一支小规模部队去进攻波茨坦,派遣主力部队向东攻击,与被围困在柏林东南部的第9集团军会合,并帮助后者摆脱困境。

具体的命令迅速就被下发到各支部队,温克将军本人专程来到士兵们中间,解释他为何不愿意进攻柏林,他说这场战斗不再是为了第三帝国,是为了把更多的德国人从战争和俄国人手里救出来。

几乎没有人质疑温克将军的命令,德军士兵早已认识到战争注定要失败,他们现在的职责不再是保护地堡里的那个人,而是拯救德国人民。

23日早晨，德国第56装甲军的司令魏德林将军，给德国总理府地下堡垒里的指挥部打了个电话，他向克莱勃斯将军汇报军务。

克莱勃斯将军听完魏德林的汇报，用极为冷漠的语气对后者说，由于他临阵脱逃，他已被德国元首希特勒判处死刑。

魏德林对这个判决并不服气，他认为面对着苏军铺天盖地的炮火、漫天飞舞的飞机和密密麻麻的坦克，他的最佳选择只能是撤退，而撤退的过程中，他无法跟德国总理府联系，所以才出现了他丢下部队、逃到柏林西部的谣言。这位倔强的将军认为，希特勒只是听信传言就要将他处死实在是过于草率，他打算亲自前往德国总理府地堡，当面向希特勒陈述他的遭遇，让德国元首判断他到底是不是那种不战而逃的将军？

当希特勒发现一名被判处了死刑的将军居然还敢到总理府找他说理时，他大受震动，他不再认为魏德林是个胆小鬼，而是一个非常有勇气的将才。因为这个原因，希特勒收回处死魏德林的命令，他转而命令魏德林去担任柏林城防司令。

就这样，魏德林的人生在1945年4月23日那天发生了戏剧性的逆转，在前往德国总理府之前，他是"死刑犯"，去过那里之后，他不仅与死神擦肩而过，还连升几级，成为柏林城防司令。

魏德林刚从希特勒那里接到柏林城防司令的委任状，就开始布置柏林城的防务工作，由于他刚刚接手柏林的防务，他自然对整个柏林的防御情况一无所知，他只好参考他的前任雷曼将军留下来的资料。

雷曼在布置柏林的防务时，已经对柏林市区进行改造，整个柏林

魏德林

第八章 兵围德国首都

市，在所有居民和守军的共同努力下，已经变成一座巨大的堡垒。德军将柏林城区划分成9个防区，其中1个是特别防御区，该防御区德军负责守卫德国政府各个办公大楼、帝国办公厅、秘密警察总部和国会大厦所在地的柏林中心城区，其余8个防御区分别位于城市中心区的东、南、西、北4个方向，每个方向上都有2个防区，每个防区又被分成了4个分区。

柏林城里的大街小巷和交叉路口，都处于周围火力的控制之下，在最重要的街角建筑物里，德军不仅配属有密集的兵力，而且还配置有枪支、"铁拳"反坦克火箭筒和20～75毫米口径的各种加农炮。

守备建筑物的部队被划分成营、连、排之类的小单位，去分散守卫各个支撑点，每幢大楼的顶层，德军都配置有狙击手，靠街的窗户都被封死，并留下射击孔，用于市内机动作战的兵力和兵器，都被配置在大楼的第一层、半地下室和地下室。

在通向市中心的道路上，德军利用装满砖石的公共汽车和其他材料，制作出一些反坦克街垒，街垒的前方埋设着地雷。有一些坦克和88毫米高射炮被固定在街垒后面当作发射点，还有一些重型坦克埋伏在交叉路口和抵抗枢纽部附近，被用于阻击沿街道推进的苏军坦克。

柏林城里的每一个地下通道，朝外的那一侧都布置兵力防守。苏军攻城时，德军将充分利用发达的地下铁道和下水道网络等地下通道，袭击苏军的后方目标和孤立的小部队。

通过查阅雷曼留下的资料，魏德林对柏林的防务有了初步的了解，他发现他面临着很多问题。首先是兵力问题，他手下的兵力，算上他自己原先的部队在内，一共有4.5万正规军，4万多名人民冲锋队成员，还有希特勒青年团的一些娃娃兵，再加上一些各式各样的其他部队，满打满算有12万多人，这么一点儿兵力显然不足以防守面积达到325平方公里的大都市；其次是粮食和弹药储备问题，雷曼本来准备了足够30天使用的粮食和弹药，但由于害怕在空袭中被毁于一旦，这些物资大多分散贮存在柏林郊区和边缘市镇的仓库里，而这些地方正在逐渐落入苏军之手；第三个问题是，雷曼居然还没有为柏林城里的各个防区配备司令部。

面对如此之多的困难，魏德林对防守住柏林严重信心不足。尽管希特勒一再声称，强大的第12集团军一定会来增援柏林，魏德林却深表怀疑，他目前唯一能做的就是给各个防区配备司令部，然后派遣他自己的部队去加强各个防区的防守力量。

第56装甲军下辖的"明谢贝格"师被指派防守柏林东部第1、第2防区，主要敌人是苏军第5突击集团军；党卫军"诺尔兰德"第11装甲步兵师负责东南部第3防区，对抗苏军第8近卫集团军和第1近卫坦克集团军等部队；德国空军第9伞兵歼击师负责防守柏林北部的第7、8防区，对抗红军第3突击集团军；在柏林西南第5防区，部署了第20装甲步兵师，对付苏军第3近卫坦克集团军和第28集团军；实力最强的第18装甲步兵师是魏德林的预备队。

柏林城防司令魏德林非常清楚，只凭自己手上的力量不足以抵御苏军，不过，他是一名军人，他接到保卫柏林的命令就一定要执行，他将义无反顾地带领他手下的这一支孤军，守卫即将陷入苏军重围的柏林城。

## 第三节
## 紧缩包围圈

截至1945年4月23日下午，魏德林面临的最大威胁来自苏军第5突击集团军、第8近卫集团军和第1近卫坦克集团军，他们正对柏林的东部郊区和东南部郊区发动着持续攻击。

本来按照苏军最高统帅部的意图，早在1945年4月22日，柏林市中心就该插上苏军的红旗，但是直到4月23日，朱可夫的部队居然还只是进入了柏林的郊区，这令苏联最高统帅斯大林极为恼火。

斯大林多次打电话批评朱可夫进展太慢，他要求朱可夫加快进度，尽快占领柏林。朱可夫也许是被斯大林逼急了，毅然决定在城市战中使用"大纵深战法"。

所谓的"大纵深战法"，就是让坦克集群集中冲击敌军防线的薄弱地带，撕开敌军的防线，将敌军分割包围，使敌军各集团之间不能呼应，然后再派步兵出击消灭敌军的作战方法。

苏军在野战条件下使用这种战法时，常常把德军防线打得千疮百孔，德军的大部队动辄被包围，并被歼灭。这说明"大纵深战略"非常有效，不过在城市战中使用该战略却并不合适。

像柏林这样的大城市，高楼林立，街道相对来说较为狭窄，道路由于受到美英盟军的轰炸和苏军的炮击而坑坑洼洼，再加上德军还布设了非常多的反坦克障碍，都使得苏军坦克的机动力大大降低，突击能力也随之下降，且非常容易被击毁。

当苏军第1近卫坦克集团军的坦克，开进柏林郊区的街道参加巷战时，他们遭受了巨大的损失。

本来，苏军坦克的车长在作战时总是喜欢打开顶盖，探出头来观察战场情况，指挥坦克作战，但是为了防止德国人通过顶盖把手榴弹直接丢进坦克里，1945年的苏军作战条令中特别规定，坦克在城市作战中必须关闭顶盖。苏军的很多坦克车车长都对这个条令颇有微词，因为关闭顶盖就意味着坦克乘员的视野非常有限，如果德军坦克手们从看不见的方向上袭击坦克，他们根本就没有什么防御办法。不过，苏军统帅部根本就不理会前线将士们的抱怨。

苏军炮兵对进攻区域进行火力准备后，坦克部队就以纵队队形开入柏林郊区的大街，由于街道上遍地的瓦砾和弹坑，使本来对坦克部队来说就不算宽的街道变得更加狭窄。苏军坦克只好排成"一字长蛇阵"行进，闷在坦克里的车长和炮长紧张地注视着周围的情况，他们基本上发现不了目标，因为德军士兵们都躲藏在建筑物或者废墟深处。

等苏军坦克编队完全进入街道后，埋伏的德军立即使用"铁拳"反坦克火箭弹、88毫米高射炮轰击苏军坦克。

德军的坦克大杀器88毫米高射炮，可以从正面击穿苏军坦克的装甲，侧面就更是不在话下，而"铁拳"反坦克火箭弹虽然无法从正面对"斯大林"式重型坦克造成什么影响，不过如果使用"铁拳"反坦克火箭弹从顶部，或者侧后方攻击"斯大林"式重型坦克，则完全可以将之击毁。

一旦进入街道的苏军坦克纵队的最前面和最后面几辆坦克被击毁，留在中间的那些坦克就会被卡在原地，动弹不得，德军只需要挨个儿对苏军坦克"补枪"，就可以把整整一个纵队的坦克消灭干净。

有时候，即便苏军坦克部队进入较为宽阔的街道，可以并排行驶两辆坦克，也逃脱不了被歼灭的厄运。德军的战法还是那一套，他们会打掉排头和最后的几辆坦克，把坦克纵队困在原地。

然后，德军从各个角落里一拥而上，先消灭跟随坦克的少量苏军步兵，然后用经济实惠的"铁拳"反坦克火箭弹，把苏军坦克一辆一辆摧毁掉。苏军坦克手在惊慌之下，往往会盲目地攻击两侧的建筑物，一般来说，这种攻击除了敲掉一些水泥和砖块儿之外，对德军的威胁并不大。

一些苏军坦克手刚一逃离被毁的坦克，就又陷入德军步兵的重围，仅仅装备了手枪的苏军坦克手，当然不可能是装备有毛瑟步枪、冲锋枪和突击步枪的德军步兵的对手，他们很快就会被德军打成筛子。

等到喧闹的街道重归寂静时，整个大街上到处都是战死的苏军坦克乘员尸体，和起火燃烧的坦克残骸。在柏林巷战的初期，苏军坦克部队独立作战时，普遍都遭遇到惨重损失。

仗打成这样，朱可夫总算是清醒了些，他意识到在巷战中搞坦克集中突击基本等于送死，于是他决定改弦更张，使用最有效，但是也是最缓慢的办法来攻击柏林，他命令手下各支部队，改变战术，稳扎稳打，一小口一小口地啃碎德军防线。4月22日至23日，苏军的柏林巷战转入了以强击支队和强击群为主要方式的新阶段。

所谓的强击支队和强击群作战方式，就其实质而言，就是"拆房子战术"。强击支队和强击群，是指强行攻击坚固目标的战斗编组，强击支队一般下设若干个强击群。

苏军的强击支队是由多个兵种联合组成的，通常包括步兵、炮兵、坦克兵、工兵，有时候还包括一些喷火兵，1个典型的强击支队一般有1个加强营的兵力，其兵力配置如下：1个营的步兵，加上1个坦克排或者连、1个自行火炮连、1个120毫米迫击炮连、1个122毫米榴弹炮排或者连（或者更大口径的排或连）、1个工兵连，有时包括1个喷火班。强击支队一般在攻击某一方向（如某一条长街）或者某一个大型目标（比如火车站）时使用。

强击群的规模比强击支队要小一些，一般由步兵排或者步兵连为基础，加强1~2个重机枪班、1~2个背囊式喷火器班、1~2个火炮派、1个坦克排或者自行火炮排。

强击群和强击支队的全体成员都会携带很多手榴弹，包括发烟手榴弹、燃烧弹、反坦克手榴弹和缴获的"铁拳"，以便更好地进行室内作战和克服坚固工事。他们在攻击某一筑垒建筑前，通常会进行猛烈的炮火急袭，然后分成突击组和巩固战果组攻击。

突击组的任务，是在坦克和火炮的掩护下冲进建筑物，首先封锁屯兵洞（一般是地下室），然后用手榴弹、燃烧弹和冲锋枪消灭里面的敌人。战果巩固组的任务是消灭建筑里的其他敌人，并且组织对该建筑物的防御。由于地形生疏，苏军往往使用强击群来作战。

苏军的合成集团军一般会采用上述方式，编成强击群和强击支队，而专门的坦克集团军在接到突击任务时，也会与以坦克连为基础加上步兵、炮兵、工兵编成相应的强击群作战。

4月22日至23日的巷战中，德军打退苏军坦克部队的行动给了魏德林不小的信心，这位新履职的柏林城防司令决定，集中所有的装甲力量对柏林东南方的布里茨发动反攻。23日晚上，仍然有作战能力的装甲车辆被命令返回滕伯尔霍夫机场加油，他们在进攻时将得到几辆"虎"式坦克，以及一些烟幕弹投射器的支援。

同样是在23日晚上，朱可夫收到卡图佐夫所部第1近卫坦克集团军联络官带来的消息，他直到这时才知道，科涅夫的部队已经如此之快地抵达柏林以南，他非常沮丧地发现，他部队已经无法独享攻克柏林的殊荣，他必须与科涅夫分享这一荣誉。

雷巴尔科的苏军第3近卫坦克集团军，于4月22日晚抵达泰尔托运河南岸之后，该集团军所属的3个军进行了一天的休整，为即将发动的全面渡河行动做着准备，该集团军的渡河行动将得到鲁钦斯基第28集团军部分部队的支援。

科涅夫的部队即将要强渡的泰尔托运河宽约40~50米，深约2~3米，多处河岸由混凝土构成，且高度都达到了2~3米。这条河流的水虽然并不太深，不过水流却非常湍急。

守卫在河流北岸的德军原本都是些人民冲锋队的成员，他们根本就不能与久经沙场的百战苏军相比，不过魏德林及时调派了第18和第20装甲掷弹兵师的"骨干力量"来此增援，德军在泰尔托运河北岸的防御力量瞬间就提升了好几个档次。

德军所依托的防御阵地，是沿着运河一线展开，巨大工厂厂房和居民楼的墙壁都由水泥构筑而成，墙体极为坚固，墙根直入水底，以无门的一

## 攻克柏林

面朝向运河，窗户都被封死，只留下射击孔，整体来看易守难攻。

为了顺利渡过泰尔托运河，尽快投入攻打柏林市区的战斗，第1乌克兰方面军指挥部为雷巴尔科和鲁钦斯基配属了强大的炮兵部队，在4～5公里的突破正面上，苏军一共集中火炮和迫击炮1420多门，每公里正面上的火炮密度为315门，如果把自行火炮也计算在内，每公里正面的火炮密度可以达到348门。对于攻坚战特别有效的45、57、76和122毫米口径火炮有400门，平均每公里有90门。

进攻之前，雷巴尔科和鲁钦斯基组织各个坦克军、机械化军军长和各炮兵师师长参加实地侦察，这么做的主要目的，是让每个参战单位明确各自的渡河位置，查明德军的火力配置，研究渡河时的火力掩护方案和登岸后的后续行动方案。

4月24日上午6点20分，苏军的火炮一齐发出怒吼，近万发炮弹短时间内全部砸在河北岸的德军阵地上，一波波苏军轰炸机也飞临德军阵地上空，将航空炸弹下饺子似的往下扔。河对岸的德军早已习惯苏军的进攻套路，苏军炮声一响、飞机一来，除了个别观察哨兵之外，绝大部分德军都会躲进防炮洞，躲避苏军的炮击和飞机轰炸。

55分钟后，苏军的炮火准备逐渐停息，运河北岸的德军阵地早已是墙倒屋塌，一片狼藉。第3近卫坦克集团军的先锋部队乘坐着小木船开始渡河，40米宽的河道上，苏军的船只船头挨着船尾，一直从南岸延伸到了北岸。

当第一艘小船就要靠岸时，早已钻出防炮洞并隐蔽着的德军士兵，马上就把各种子弹和手榴弹泼水似地洒向苏军士兵。苏军士兵挤在小船上，毫无遮拦，转眼就被杀伤大半。不少死伤的苏军士兵跌入河中，转眼间就被湍急的河水冲得无影无踪。

苏军的首次突袭宣告失败。

雷巴尔科立即命令所有炮兵，再次对北岸德军进行火力压制射击，并同时命令第6近卫坦克军、第9机械化军和第28集团军的第61步兵师再次发起冲击。

苏军猛烈的炮火将德军的火力压制了下来，这次第9机械化军和第61

步兵师的先头部队顺利登上河岸，不过，他们在开辟桥头堡时遭遇到德军的顽强抵抗。德军的猛烈火力使不少苏军士兵倒在血泊中，余下的苏军士兵不得不退回南岸。

雷巴尔科目睹第9机械化军和第61步兵师渡河被阻的全过程，他不再指望这两支部队在运河北岸建立桥头堡，他决定让进展较为顺利的第6近卫坦克军抢占登陆场，为大部队渡河提供一个坚固的桥头堡。

第6近卫坦克集团军选择的渡河地点，在一座被德军炸掉的大桥旁边，该集团军的先遣渡河部队第22摩托化步兵旅，在旅长沙伯瓦洛夫中校的带领下，借着炮兵和坦克炮火的掩护，以较小代价成功渡过运河。

这支部队刚刚抵达北岸，还立足未稳，德军就对他们发动猛烈攻击，苏军士兵马上投入战斗，与德军战作一团。苏军的后续部队在先遣部队的掩护下，陆陆续续渡过运河，随着苏军兵力的增多，德军已经无法将苏军赶回南岸。

随着第6近卫坦克集团军的渡河部队开辟的登陆场越来越多，德军的兵力都被吸引过去，苏军的工程兵部队立即抓紧时间抢修舟桥通道。

上午10点30分，第一批浮桥架设完毕，第6近卫坦克军一马当先，冲向泰尔托运河北岸，第9机械化军、第7近卫坦克军和第61步兵师紧随第6近卫坦克军之后渡河。苏军的坦克部队刚一过河，就立即向西、北、东3个方向出击，攻击德军。

至24日傍晚，苏军第6近卫坦克军向北突进2～2.5公里，于日落前抵达查希特费尔德和策伦多夫地区；第61步兵师和第9机械化军向东突进，在布科和布里茨地区与崔可夫的第8近卫集团军取得联系。

至此，苏军第1白俄罗斯方面军和第1乌克兰方面军终于在柏林东南面会师，德国第9集团军与柏林守军的联系被完全切断。

在柏林以南，第1乌克兰方面军所部第3近卫坦克集团军，跟第28集团军合作攻击施玛尔根多夫地区时，由于协同方面出了点儿问题，雷巴尔科的坦克部队由于遭到苏军自己航空兵的攻击，而出现较大损失。

为了避免误伤事件再次发生，苏军最高统帅部下达训令，确定了第1白俄罗斯方面军，和第1乌克兰方面军的作战区域分界线，这条分界线由滕瓦尔德开始，通过马林多夫、滕伯尔霍夫直到波茨坦车站，分界线上的目标均由第1乌克兰方面军攻占。

按照苏军最高统帅部的安排，原则上柏林中心城区将由朱可夫的部队来最终攻占，不过，斯大林还是暗示科涅夫，如果朱可夫的部队进展不利，那么科涅夫的部队完全可以越过分界线，去攻击柏林的中心城区，把攻占德国国会大厦和帝国总理府的荣誉，从朱可夫的手里抢过来。

斯大林采用的是一种激励制度，他打算通过这种方法，加快柏林战役的速度，他的方法应当是还是非常合理的，当柏林战役进入到攻打市区的阶段时，苏军的攻城部队根本就没有把德军的守城部队放在眼里，他们最害怕的是友邻部队抢在他们的前面，攻占柏林中心城区。

4月25日日终时分，从柏林东北方向南下的第1白俄罗斯方面军第47集团军和第2近卫坦克集团军，与第1乌克兰方面军第3近卫坦克集团军，在柏林以西的凯特钦地区会师，柏林市区就此完全陷入苏军的包围之中。

在苏军强大炮兵和坦克兵的攻击下，德军几乎丢失柏林全部郊区，所有部队都在朝着柏林市区撤退。希特勒25日下午将柏林城防司令魏德林召至德国总理府地下避弹室，德国元首又开始给魏德林打气，他对后者说："局势一定会好转起来的，在西南方向，温克的第12集团军会赶来救援柏林，他们将与第9集团军会合，并给予敌军毁灭性的打击。舍尔纳将从南部发动攻击，形势将对我们有利。"

这种不切实际的话，魏德林已经听希特勒说过好几次，他并不认为局势会发生什么好转，他所知道的是奥得河下游的战线持续恶化，曼特菲尔发来电报说，罗科索夫斯基的部队刚刚在什切青以南突破他的防线，他恐怕已经守不住奥得河防线。

1945年4月25日是个值得纪念的日子，这一天，苏军两个方面军的部队将柏林完全包围起来，而在柏林的南面，苏军第1白俄罗斯方面军第58近卫步兵师的先头部队，与美军在易北河畔的托尔高会师，纳粹德国就此被一分为二。

第二次世界大战的欧洲战场即将迎来最后一战——攻克柏林的战役。

· 第九章 ·

## 欧洲的最后一战

攻克柏林

## 第一节
## 向柏林市中心突进

苏军进攻柏林市区的战斗序幕即将拉开。

此时的柏林城中,魏德林手上的防守部队已经不到12万人,这支被围的孤军几乎没有空中支援,仅有几十辆坦克,少量的火炮,弹药和粮食都不充足,在苏军庞大的攻城部队面前,德军的力量微不足道。

到了1945年4月26日,直接攻击柏林城的苏军部队一共有464000人,装备有12700门火炮和迫击炮,2100门"喀秋莎"火箭炮,1500多辆坦克和自行火炮。天空也成了苏军战机的天下,他们会飞临战场上空,用航空炮、航空机枪扫射德军地面部队,用航空炸弹清理德军的顽固火力点。

单纯从兵力的和兵器的数量来看,苏军都远远多于德军,这场柏林攻坚战苏军胜利的概率很大。参战的苏军部队中,很多部队经历过列宁格勒战役、斯大林格勒战役和基辅战役等城市攻防战,具有城市攻坚战的经验。德军虽然还具有一定的规模,但是经过柏林外围战斗的打击,已经成为强弩之末,其建制极为混乱,而各部队的通信设施,由于受到苏军炮兵和航空兵的持续破坏,大多被击毁,这使得德军部队彼此之间难以保持有效通讯,也就无法协同作战,防御苏军。

当然,尽管苏军有如此之大的优势,这场柏林攻坚战却并不好打。首先,苏军这次是在德国本土作战,对地形不熟,并且不可能得到当地居民支持,所以,苏军只能依靠军队独立作战;其次,柏林是纳粹德国的巢穴,是希特勒的大本营,德军必然会拼死抵抗,保卫他们的首都和元首。

总体来说,柏林攻防战将是一场残酷的战役,这一点,苏军广大指战员都非常清楚，不过，就算有再大的困难，他们也会一往无前，打好最后一仗。

按照苏联最高统帅部的部署，攻打柏林市区的军事任务将由第1白俄罗斯方面军和第1乌克兰方面军协同完成，且第1白俄罗斯方面担负主攻任务，第1乌克兰方面军担辅助攻任务。

原则上，斯大林将攻占柏林市中心德国国会大厦的任务交给朱可夫的第1白俄罗斯方面军，但他私下里却对科涅夫说，如果第1乌克兰方面军的部队进展比第1白俄罗斯方面军快，国会大厦也可以交由第1乌克兰方面军来攻克。苏联统帅在两个方面军之间制造竞争气氛，借以敦促他们尽快攻克柏林。

斯大林的激励制度发挥了一定的作用，朱可夫在召集各个集团军司令讨论攻击柏林市区的作战计划时，在分派作战任务之余，还特别强调各集团军务必加快进度，绝对不能让科涅夫的部队抢在前面攻克德国国会大厦。与会的各集团军司令纷纷向朱可夫保证，第一个将红旗插上国会大厦的苏军部队一定会是第1白俄罗斯方面军的部队。

即将迎来苏军进攻的柏林市区的防御阵地，是以环城铁路线为依托构筑的，城市的市中心地区是一个由施普雷河、兰德维尔运河以及西边的一条运河围城的岛形区域，名叫蒂尔加滕沙洲，第三帝国的国会大厦、帝国办公厅等重要建筑坐落于其中，这个区域是柏林最核心的第9防区，也是苏军各支部队最想攻克的防区。

朱可夫和科涅夫经过协商，对各支参战部队的进攻区域做出划分：第1白俄罗斯方面军第5突击集团军，从柏林东部向市中心突击；崔可夫的第8近卫集团军和第1近卫坦克集团军，从柏林东南部往市中心突击；第1乌克兰方面军的第3近卫坦克集团军，从西面向市中心突击；第1白俄罗斯方面军第2近卫坦克集团军和第1乌克兰方面军第13集团军，从西面向市中心突击。

总攻开始之前，苏军为了给攻城部队提供充足的炮火支援，将各式各样的火炮都通通拉进柏林城。苏军使用的火炮，除了常规的中小口径火炮之外，还有SU-152大口径自行火炮、更适合巷战的BR-4型203毫米榴弹炮，以及炮弹重达半吨的356毫米铁道炮这样的"巨无霸"。

城市作战，尤其是在柏林这样的超大型城市里作战，要比单纯在野外条件下作战复杂得多。在城市里，大兵团司令部和指挥员对战争进程的影响，要比野战状态下小得多，因此，城市战进行得顺利与否，取决于营、连、排等小部队指战员是否具有主动进取的精神。

为了充分调动苏军战士的积极性，苏军的政治部做了大量的工作。苏军政委会经常召开士兵大会，历数德国法西斯在苏联犯下的滔天罪行，借以激起苏军官兵的强烈愤慨之情。经过政委们长时间的宣传和鼓动，苏军战士们往往怒火中烧，恨不能马上把法西斯士兵撕成碎片，于是，动员工作圆满完成。攻打柏林市区时，苏军官兵们勇猛异常，很有进取心。

1945年4月26日，苏军发动总攻，按照惯例，苏军的炮兵和航空兵先对德军防区进行炮击和轰炸。随着指挥员一声令下，苏军的各型火炮将成千上万发炮弹狠狠地朝着德军阵地砸过去，轰炸机则将雨点儿似的航空炸弹往德军头上丢。一时间，德军的布防区域浓烟滚滚、灰尘遮天蔽日，不少火力点顷刻间化为碎砖烂石。

苏军的炮声一响、飞机一来，有经验的德军老兵马上就会带着其他战斗人员进入地下室或者地下通道，躲避苏军的猛烈炮火，地表上一般只留下少数几个人观察敌情。炮击一停止，德军战斗人员就会进入建筑物的上层，依托每一条街道和每一幢楼房向苏军射击，阻挡苏军。

在城市近战中，由老弱病残组成的人民冲锋队利用"铁拳"反坦克火箭弹这种简陋的武器，给苏军的坦克部队带来了巨大麻烦，而德军装备的另一种坦克大杀器88毫米高射炮，同样战果不俗。

苏军的坦克强击群进入狭窄的街道后，通常会遭到埋伏在碎石堆里的德军的突然袭击。德军士兵一般都采用"打了就跑"的游击战术来对付苏军坦克，他们会近距离发射"铁拳"反坦克火箭弹攻击坦克的炮塔。被"铁拳"击中的坦克，一般都会被击毁，或者其内部成员遭受巨大伤亡，从而失去战斗力。

德军士兵只要一击得手，马上就会快速遁入房屋深处或者地下通道，保护苏军坦克的部队的步兵往往追之不及，只能眼睁睁地看着德军士兵逃之夭夭。

苏军为了克制德军的游击战，在强击群战术的基础上又来了个创新，他们不再让步兵分散在坦克的周围，而是让步兵坐在坦克上，让坦克的每个方向上都有一个冲锋枪手，当德军突然出现，想用"铁拳"攻击坦克时，苏军的冲锋枪手会立即用密集的火力把德军打成一个个"血人"。

当然，这种战术也不是万无一失，有时候，德军的火力太猛时，苏军的冲锋枪手这种醒目的目标，通常会被德军的机枪子弹清扫一空，苏军坦克照样会被"铁拳"反坦克火箭弹炸毁。

苏军马上就想出了应付的方法，坦克手们会四处寻找德国人的弹簧软床，将床垫卸下来绑在坦克的炮塔上（德国人总是喜欢攻击炮塔）。德军的反坦克火箭弹打在弹簧上，会被提前引爆，坦克就得以保存下来。

用弹簧床垫的方法虽然可以保护苏军的坦克，不过德国人的"席梦思"毕竟有限，不可能给每一辆苏军坦克都提供一个床垫，所以，苏军坦克部队后来干脆使用最简单的方式来攻击德军阵地，他们直接用大口径火炮轰击前进道路上的建筑物，把靠街一侧的房子全部炸毁，然后再前进。

苏军的步兵战术就是小分队强击群战术，这是崔可夫的部队创立的一种战术。1942年7月至1943年2月，崔可夫所部第8近卫集团军的前身——第62集团军在守卫斯大林格勒时，与德国第9集团军在斯大林格勒上演了好几个月的城市攻防战，从而积攒出丰富的巷战经验。

崔可夫的部队曾经凭借各种城市防御战术挡住德军，对如何进行城市防御相当熟悉，那么相对应的对于如何攻克敌军把守的城市也很在行。在攻击柏林之前，崔可夫的部队就经历过一场波森要塞攻防战。这场波森攻防战不仅检验了崔可夫的强击支队和强击群战术，还使这个战术得到进一步完善。

步兵强击支队和强击群战术，特别注意发挥自动火器的近战作用以及大威力火炮、坦克炮直瞄射击的毁灭性火力，在攻击中，装备有手榴弹、冲锋枪、匕首、火焰喷射器的作战小组，全逐屋清扫敌军部队。

强击群在攻击德军设防的建筑物时，避开笔直的大街，专挑斜街小巷

## 法西斯的覆灭 · faxisi de fumie ·
### 攻克柏林 · gongke bolin ·

走，利用旁门后院，以及在房屋中打穿的墙洞进行穿插。如果是对一个街区实施冲击，则会把该街区分割成数块，使守敌变成彼此孤立的几个部分。对一座楼房或一个街区的冲击时，则从不同的方向同时实施攻击。炮兵以拦阻射击的方法，对冲击目标的两翼和纵深进行周边射击，将该目标与它的友邻隔离开来，从而使敌人得不到外界支持，同时炮兵以火力制止敌人反冲击。由于射击距离近，火炮必须精确瞄准，以1~2发炮弹解决问题，否则很容易因为暴露位置而被击毁。

强击部队冲击到目标建筑物前方30米处时，如果是白天，使用烟幕弹遮蔽敌人的视线，掩护自己的行动；如果是夜晚，则利用夜幕的掩护。

进入建筑物内部后，强击群突击小组立即攻击德军的屯兵洞，巩固小组则攻击散落在各个房间里的德军。此时，直接穿越走廊或者过道去清缴各个房间里的德军是极不理智的行为，因为德军只需使用冲锋枪，就可以把苏军压制在狭窄的走廊或者过道里。

苏军战士当然不会通过走廊去进攻德军，他们通常会直接用手榴弹在墙上炸一个洞，然后穿越墙洞去消灭德军。这个"穿墙战术"可以出其不意地打击德军，不过也有些美中不足之处，比如，苏军的手榴弹威力不是很大，往往只能炸开墙壁而不能对墙那边的德军造成多大的伤害，德军一旦发现苏军炸开墙壁，立刻就会从墙那头丢几颗高爆手榴弹过来，给苏军带来伤亡。苏军战士对这一点问题感到很无奈，不过他们很快就找到破解这个难题的办法，他们发现缴获而来的"铁拳"反坦克火箭弹威力比手榴弹大得多，不仅可以炸开墙壁，而且还可以对墙那边的人员造成杀伤，于是这个新战术立刻就得到广泛应用。

战果巩固小组的苏军战士，除了一个房间一个房间地清除德军之外，还有一些人会在房顶前进，消灭德军狙击手，而另外一些战士则会一个地下室接着一个地下室地清缴德军的反坦克火箭弹小组。有的时候，苏军碰到入口狭窄的地下室或者地下通道而久攻不下时，就会利用火焰喷射器。火焰喷射器喷射出的汽油在狭窄的空间里燃烧，不仅可以烧死德军官兵，还可以会带来浓烟，卷走空气中的氧气，防守的德军如果侥幸没有被烧死，也会被呛死或者窒息而死。

在市区建筑内，经常上演突然遭遇战。狭路相逢的两军官兵，如果来不及拔枪互射，就干脆直接进行肉搏战。苏德两军的官兵会扭打在一起，用刺刀、枪托、匕首、工兵铲、拳头甚至牙齿打击敌人。

为了对付苏军的强击群战术和空前强大的火力，德军的防御部队只能采用"打一枪换一个地方"的游击战术，德军充分利用柏林城下面的下水道、地铁线路、地下管道和排水沟进行机动，用手榴弹、"铁拳"反坦克火箭弹、机枪和迫击炮，对苏军进行阻击和偷袭，而屋顶上的狙击手也会时常冷枪射杀下级军官等重要苏军目标。在德军的抵抗下，苏军坦克部队和步兵部队伤亡都比较大。

不得不说，德军的抵抗极为顽强，给苏军造成了一定损失，不过，由于苏军具有巨大的兵力和兵器优势，并且使用了较为恰当的强击群战术，德军的抵抗据点依然被苏军小分队一个接一个拔除，苏军的进展比较顺利。

在苏军以军事手段剿灭德军的同时，苏军的政治部门还通过宣传手段，来促使德军放下武器投降，以便减少德军抵抗的强度，以减少苏军伤亡。

比如，第1白俄罗斯方面军的第7政治部，向柏林空投大量传单发动宣传攻势。苏军政治部通过其中一些传单奉劝德军士兵："继续战斗下去是没有什么希望的，走进苏联的监狱是活命的唯一方式，你们根本不值得为法西斯政府送命。"另外一些传单是"安全通行证"，据说，拿着这种传单的德军投降者，不仅可以免于一死，甚至可以享受减少刑期的待遇。

战后，苏军的政治部宣称，他们的宣传攻势取得了"显著的效果"，因为在柏林投降的德国人中，有50%持有"安全通行证"之类的传单。

柏林攻防战期间，苏军政治部一共印发666万张传单，其中有500万张通过空投形式散发，另外的166万张则通过德国平民，和被暂时释放的德军战俘穿越火线送入城中。

德国平民和战俘进入城中，先将传单分发给德军士兵，再劝导对方不要再为希特勒卖命，投降还可以活下来，见他们的家人。

防守柏林城的部队中，只有党卫军和希特勒青年团的官兵，是真心拥护希特勒而保卫柏林的，德国国防军官兵则是由于宣誓向希特勒效忠而尽力保卫柏林，至于战斗力最差的人民冲锋队官兵，大多数是因为纳粹政府的胁迫才参加柏林战役。

基本上，只要人民冲锋队的官兵得到明确的保证——苏军并不会因为他们临时参加德军而遭到严酷对待，他们马上就会投降。他们的要求很容易得到满足，苏军释放的德军战俘通常会带来"特别通行证"，并保证如果他们持有此证件并且早些投降，就只会受到相对较轻的处罚。于是，人民冲锋队的官兵们立即丢弃配发给他们的武器，穿越火线向苏军投降。

一般而言，苏军释放的德军战俘往往会带回数量超出他们自身很多倍的新战俘，苏军政治部见宣传战如此成功，立即释放更多战俘到柏林去开展策反工作。

不得不承认，苏军的策反行动的确很有收获，不过苏军政治部也不可能招降所有德军，要想攻克柏林最终还是要靠军事行动，这一点儿苏军政治部非常清楚，所以拿下柏林还是要依靠苏军战斗部队。

苏军的战斗部队在攻击柏林市区时，在非中心城区遇到的阻力比较小，而越接近柏林的市中心，德军的抵抗就越激烈，苏军的推进速度也随之缓慢下来。为了支持强击群作战，苏军1万多门火炮每隔一段时间就同时发炮射击，轰击德军阵地。而涂着红色五角星机徽的苏军对地攻击机和轰炸机也会飞临德军阵地上空，扫射德军士兵，并丢下航空炸弹定点清除德军的顽固火力点。苏军的火力准备一停歇，无数的苏军强击群立即又对德军发动攻击，德军继续顽强抵抗，这样的过程在柏林攻坚战中周而复始，日夜不停地交替上演。

4月26日这一天，苏军第8近卫集团军向市中心推进3公里，在个别地段上推进4公里左右。这是一个了不起的数字，因为当时苏军市区作战时，一昼夜能够推进两公里就算很不错的成绩。

崔可夫的部队在26日这一天的最大成就，是攻克了滕佩尔霍夫机场！

滕佩尔霍夫机场是当时柏林市唯一还能使用的大型机场，存放在该机场地下机库里的飞机都被加满燃油，随时准备起飞。苏军最高统帅部非常担心希特勒会乘坐某一架飞机逃离柏林，所以，特别命令一定要占领这个机场，截断纳粹头目们的逃跑之路。

守卫机场的德军由高炮部队和党卫军组成，战斗力较强，为他们提供火力支援的是一些没有燃料，而被当作固定火力点使用的坦克。崔可夫麾下两个师的部队负责攻击这个机场。

滕佩尔霍夫机场

按照攻击流程，苏军先对机场进行长时间的炮轰，然后派遣强击群出击。苏军的强击群经过一番苦战，陆续攻克航空港、地下机库、通信枢纽等一个又一个建筑物，最终完全占领机场。此时，柏林同外界的通道，只剩下勃兰登堡门附近，一个勉强可以起降飞机的简易机场。

4月27日，柏林城区的攻防战逐渐向市中心一带转移，德军在占据绝对优势的苏军部队的打击下，战斗人员持续减少，防御阵地也在苏军的蚕食之下不断缩小。

截至27日日落时，第1白俄罗斯方面军第3和第5突击集团军，已突进至柏林市的第9防御区——蒂尔加滕沙洲，他们距离德国帝国办公厅、国会大厦等第三帝国核心权力机构已经非常接近；崔可夫的第8近卫集团军和第1近卫坦克集团军，也已进入柏林中心城区，在德国空军部一带与德军缠战；在第1乌克兰方面军的攻击区域内，雷巴尔科的第3近卫坦克集团军并不适应城市巷战，他的部队陷入城区作战的泥沼，不过他的部队仍然在推进，而德军则不断在后退。整个柏林市区的德军部队，已经被苏军压缩到一条由东到西长16公里，宽2～3公里（个别地方5公里）的狭长地带。

对于柏林的德国守军来说，最后的战斗即将来临；对于德国元首希特勒来说，他即将走到生命的尽头。

## 第二节
## 攻克德国国会大厦

1945年4月27日夜，苏军第1白俄罗斯方面军的5个集团军，已把柏林市中心所在地——蒂尔加滕沙洲团团围住。在它的东南面，是别尔扎林所部第5突击集团军的3个军；南面，是崔可夫所部第8近卫集团军的2个军；西面，是波格丹洛夫的第2近卫坦克集团军和佩尔霍罗维奇的第47集团军；北面，是库兹涅佐夫所部第3突击集团军的2个军。

此时，守卫柏林城区的德军部队，逐步撤退至蒂尔加滕沙洲组织防守。德军最重要的防御阵地蒂尔加滕沙洲四面环水，位于北面的施普雷河与南面的兰德维尔运河之间，形状酷似一个超大号橄榄球，两个尖角分别指向西北和东南，这个沙洲长约8公里，宽2公里。德意志第三帝国主要的政府机关，包括帝国办公厅（其中有希特勒的总理府）和国会大厦（斯大林指定的象征德国法西斯的标志性建筑），以及最重要的德国元首希特勒，都在这个沙洲里。

守卫蒂尔加滕沙洲的部队，有元首警卫队、第18装甲步兵师、党卫军"诺尔兰德"师的主力，以及一些退守到这里的海军和其他被打散部队的残部，这些负隅顽抗的德军打算凭借坚固的大楼，监视四周的地形，并用凶猛火力控制沙洲对面的河岸，阻止苏军进入柏林中心城区。

4月28日，苏军几个集团军全部把部队压到施普雷河与兰德维尔运河的河岸边，为强渡河流做着准备。在进攻开始之前，苏军各支部队接到这样的命令："不要心疼炮弹，也不要节省子弹，迫击炮弹和手榴弹要敞开打。"

围攻柏林市中心的苏军部队忠实地执行了上级的命令，他们把各种口径的火炮，从小口径的反坦克炮到威力巨大的要塞炮，比如203毫米口径的重型榴弹炮，全部都拉到阵地前沿，这些火炮的用途是直瞄射击，摧毁一切挡路的建筑物和德军部队。就连并非对点攻击武器的"喀秋莎"火箭炮，也在烟幕和烟尘的掩护下被拉到河岸边，被用于对德军防御阵地进行覆盖式轰击。

苏军在发起强渡施普雷河和兰德维尔运河的战斗之前，按照惯例，先给河对岸的德军送去大量炮弹和航空炸弹。德军对苏军的套路早已非常熟悉，他们躲入各种地下防弹洞里，静静地欣赏苏军的"烟花"表演。

待苏军的炮火停歇，德军立即进入预设阵地，压好子弹，准备好手榴弹，准备迎接苏军的进攻。

苏军正式发起攻击时，他们渡河攻击的方式多种多样，比如，有的苏军部队发现，己方的炮火已经将对岸的德军压制的抬不起头来，就立即组织善于游泳的战士直接游过河；有的苏军部队发现，一些下水道和地铁线路正好可以通向蒂尔加滕沙洲，就利用这些通道悄悄地摸到德军防线的后面；还有的苏军部队则乘坐着橡皮艇和小木舟，借着弹幕、烟幕和炸弹扬起的灰尘的掩护，渡过河流。

在有的河段上，即使德军的火力点能够短暂的压制苏军的渡河攻势，他们也会在很短的时间内，被苏军的直瞄炮火炸成碎片。总的来说，苏军的绝大多数部队没费多大力气就顺利攻入蒂尔加滕沙洲。不过，渡河成功之后的苏军部队由于不能得到重火力的直接支援，攻击速度并不快，这就需要苏军的坦克和自行火炮部队迅速渡河，来协助步兵进攻。如果要让坦克和自行火炮渡河，可以使用的方法有使用现成的桥梁、架设浮桥和轮渡。本来直接使用桥梁对苏军来说是最便捷的方法，但由于沙洲附近的桥梁几乎都被盟军或者苏军炸断，或者被德军自己炸毁。苏军应当使用的最佳渡河方案，似乎只能是架设浮桥，但凡事总有例外。

距离德国政府办公大楼和德国国会大厦最近的、位于蒂尔加滕沙洲北面的第3突击集团军，和蒂尔加滕沙洲南面的崔可夫第8近卫集团军就不需要架设浮桥。因为这两个集团军的攻击河段上，正好还有未被摧毁的桥梁，他们只需夺取桥梁，就可以让坦克部队和自行火炮部队直接过河，协助步兵进攻。

在第8集团军面前的兰德维尔运河上，第79近卫步兵师第220团的进攻地段上，有一座拱形大桥躲过了美英盟军飞机的轰炸、苏军飞机的轰炸以及德军自己的爆破，完整地保存了下来。崔可夫命令第79师师长务必夺取桥梁，加快第8近卫集团军的进攻速度。

第79近卫步兵师想要攻击的这座大桥叫作波茨坦桥，它本来是作为德军撤退通道而被保留下来，所以德军指挥部特别指派党卫军"诺尔兰德"师的丹麦志愿军战斗群，和挪威志愿军战斗群来防守该桥。

德军为了守住这座对他们自己来说至关重要的大桥，着实花了一番功夫来布置防御阵地。他们在桥梁下面靠近水面的地方，构筑很多隐蔽火力点，位于河对面大街上的苏军大炮根本就打不着它们，而苏军坦克和步兵攻上桥梁时，德军的反坦克炮和机枪却能非常从容地把苏军解决掉。

4月28日一整天，第79近卫步兵师都没有拿下波茨坦桥。28日夜间，苏军通过往河里扔装有刨花的麻袋的办法，制造苏军企图强行横渡的假象。黑暗中，不明情况的德军指挥官命令所有的火力点一齐开火打击苏军，苏军侦察兵借着武器开火带来的闪光，摸清了德军的火力配置情况。

4月29日清晨，苏军炮兵将大炮抵近河岸，按照昨夜侦察兵提供的情报，通过直瞄射击将德军暴露出来的火力点全部摧毁，但是有几辆德军"虎"式坦克，由于隐蔽在纵深防御工事中，没有被侦察兵发现。

当苏军坦克开上大桥时，立刻遭到"虎"式坦克的射击，苏军的两辆坦克顷刻间被击毁。吃了大亏的苏军坦克兵立即把被击毁的坦克从桥上拖走，并决定采用一种聪明的战术来夺取桥梁。

一辆T-34坦克的坦克手在坦克上挂满发烟罐，再驾驶着坦克直冲桥头，当坦克接近大桥时，这辆坦克的坦克手点燃发烟罐，使得自己的坦克看起来就像是被反坦克炮击中一样。

对岸的德军炮手见苏军的T-34坦克"起火燃烧"起来，都以为是别的坦克下手干的，也就不再理会那辆"被击毁"的苏军坦克。那辆苏军坦克就这么"燃烧着",朝着德军的阵地开过去。

等这辆T-34坦克即将接近德军控制的桥头时,它突然加速,一举冲到德军坦克阵地旁边。德军被这一变故惊得目瞪口呆,他们急忙开动坦克应付近在眼前的苏军坦克。这样,德军坦克无法兼顾大桥的防守,其他苏军坦克赶紧利用这个好机会冲过大桥,一举控制住大桥。

如此,崔可夫的部队就得到了一座完整的桥梁,他的大部队源源不断地通过这座桥梁,进入蒂尔加滕沙洲。由于崔可夫带领着他的部队从斯大林格勒一直打到柏林城,他就特别希望自己的部队能够参与到攻克德国国会大厦的任务中,所以他命令自己的部队务必加快速度,朝着德国国会大厦的方向突击。

崔可夫的部队还需要拼命突击,才能得到攻打国会大厦的任务,而库兹涅佐夫却不需要担心能不能捞到进攻德国国会大厦的任务,因为德国国会大厦与他的部队之间就隔着一条施普雷河,所以,朱可夫就顺理成章地把进攻德国国会大厦的任务交予第3突击集团军。

库兹涅佐夫很清楚,攻击一个大楼用不着集团军所有部队都出击,所以,他选择第79步兵军来担负攻击任务。第79步兵军是一个刚投入战斗的新锐部队,士气高昂,且官兵们的精神和体力很不错,非常适合用来攻击德国国会大厦这种德军守卫森严的重要目标。

第79步兵军军长佩列韦尔特金,接到攻占德国国会大厦这个任务时感到万分荣幸,他立即把自己麾下第171步兵师、150步兵师和第207步兵师的师长叫来开会,会议的主要目的是制定作战计划,并划分作战任务。

3个师的师长都希望军长让自己的师去攻击国会大厦,并且担负将红旗插上国会大厦的任务,因为对于苏军来说,将红旗插上象征德国法西斯邪恶政权的国会大厦,是一种无上荣耀。

在宣布作战计划之前,佩列韦尔特金先介绍德国国会大厦的布防情况:

德国国会大厦紧靠施普雷河南岸,由莫尔特克桥将之与北岸连通,它的周围有德国内务部大楼、帝国大剧院、政府大楼、勃兰登堡门等建筑,

法西斯的覆灭

攻克柏林

苏军攻打柏林的惨烈景象

它们一起构成大厦的屏障。

守卫大厦的部队大约有1000多人，由空投到大厦附近的罗斯托克市海军学校学员、炮兵、没有飞机的飞行员、党卫军"诺尔兰德"师的部分部队，以及人民冲锋队组成。

大厦内的守军可以得到的较大规模炮火支援，主要由柏林动物园的高射炮炮台提供，其他的火力支援则由大厦周围建筑物里的守军提供。

介绍完德国国会大厦的布防情况，佩列韦尔特金开始宣布作战计划并分派任务。

第150师负责占领内务部大楼和国会大厦，并负责将代表第3突击集团军的5号红旗在国会大厦上升起，该师师长沙季洛夫对这个安排极为满意。

第171步兵师作为先遣队，于28日晚上夺取莫尔比克桥，然后把大桥周围建筑物里的德军赶走，保障后续部队过河，并向大楼接近，协助第150师攻击国会大厦。该师师长对自己的部队不能得到在国会大厦上升起红旗的荣誉而懊恼万分。

第207师负责占领帝国大剧院，并做好与崔可夫的第8近卫集团军会合的准备，同时还要保护好攻击国会大厦部队的大后方。这个师的师长更加郁闷，因为他的部队连攻击国会大厦的机会都没有。

4月29日零点30分，苏军第171步兵师第765团第1营和第380团第1营，在强大炮火的掩护下，一举夺得莫尔特克桥。

清晨，苏军炮兵对被德国人称为"吉姆勒宫"的内务部大楼实施了10多分钟的炮击。苏军的炮兵火力向来凶猛，德军早有领教，不过这次苏军在炮击时还玩了点儿新花样。

操作"喀秋莎"火箭炮的苏军炮手们，将火箭炮运到内务部大楼对面的建筑物中，将火箭发射器发射口正对着内务部大楼，然后发射火箭弹。一枚枚火箭笔直地飞向内务部大楼，有的撞上大楼外侧墙壁爆炸，有的钻进窗户以后才爆炸，它带来的覆盖式爆炸杀伤效果非常可观，给德军带来了不小伤亡。

在炮兵火力的掩护下，第150步兵师第756团越过莫尔特克桥来到河对岸，与308团一道攻击内务部大楼。

756团和308团的战士们组成多个强击群通过炮弹炸出的缺口进入大楼内部，与守卫大楼的德军展开短兵相接的战斗，在大楼里，手榴弹、刺刀和冲锋枪成为最有效的武器，德军的抵抗极为顽强，几乎人人都死战到底，拒不投降。

内务部大楼里的战斗从29日早晨，一直打到晚上都没有结束，佩列韦尔特金只好又派遣1个团增援。到4月30日凌晨4点，苏军才完全占领内务部大楼。

帝国大剧院同样是一座坚固堡垒，苏军第207师在经历一场激战后，才从德军手中夺得剧院的控制权。

德国国会大厦已经被孤立，负责攻击该目标的第150师师长，开始为这场重要的战斗做准备。

德军为了守卫大厦早已对大厦和周围的地形进行改造，大厦的所有门窗都被封死，只留下观察孔和射击孔，其中，观察孔被用来观察敌情，射击孔被用来射击苏军官兵。

大厦外面的空地，一个原本非常平坦的美丽花园，被德军的土工作业全毁了。这片空地上布满了纵横交错的交通壕、反坦克壕和各种堑壕。

1945年4月30日13点，苏军89门火炮、自行火炮和火箭炮对国会大厦进行了30多分钟的直接射击。国会大厦的墙面顿时变得千疮百孔，用砖石堵住门窗构筑的火力点连同躲在后面的德军士兵，都被炸弹撕成碎片，203毫米大炮的轰击，更是直接在大厦厚实的墙体上凿开不少大洞。

趁着德军火力被压制的机会，苏军第171师的萨姆索洛夫上尉、第150师的维多夫少校和涅乌斯科罗耶夫上尉，各带着一个突击营避开德军正面火力，借助障碍物和武器残骸的掩护，潜入到接近大厦的壕沟里隐藏起来，随时准备冲锋。炮击结束后，这两支苏军立即乘着德军尚未组织起有效火力网的机会，一举冲入国会大厦内部。

14点25分，第150师师长沙季洛夫通过望远镜，隐约看见在国会大厦右侧裙楼的二层窗户里伸出一面红旗，他还以为那是涅乌斯科罗耶夫上尉率领的护旗突击营攻入大厦内部，并将代表第3突击集团军的5号突击红旗展示出来。

兴奋不已的沙季洛夫为了给自己的师挣得荣誉，立即接通第3突击集团军司令部的电话，声称他的部队已经占领纳粹德国的国会大厦，并在其上升起了红旗。库兹涅佐夫立即将这一消息汇报给朱可夫，后者又立刻将其汇报给莫斯科的苏军最高统帅部，并通过莫斯科电台向全世界宣布："伟大的苏联红军已经在今天下午2点25分，夺取了法西斯德国的老巢国会大厦，并在其上空升起了红旗。"

沙季洛夫显然是过于乐观了，他报告给上级的消息很快就被证明是错误的，因为涅乌斯科罗耶夫上尉的护旗突击营，以及另外两个突击营根本就没有攻克国会大厦，他们目前正在大厦里跟德军激战。

涅乌斯科罗耶夫上尉的护旗突击营和另外两个突击营的苏军战士，与德军官兵在房间里、走廊上、楼梯上展开激烈的近距离交战，包括匕首、刺刀、手榴弹、重机枪和火焰喷射器在内的所有类型武器，都被用来打击敌人。有时候，杀红了眼的德军士兵，干脆拿起专门对付坦克的"铁拳"反坦克火箭弹朝着苏军步兵发射，这种火箭弹所到住处，不是把苏军士兵炸成了肉泥，就是把苏军战士变成了"零件"。

由于国会大厦的建筑面积太大了，也太重要了，苏军攻进来之后，推进速度异常缓慢。为了加强火力，苏军战士干脆把重机枪和迫击炮也带进国会大厦，对着一切有可能藏匿德军的地方猛扫。

交战时，如果苏军缴获"铁拳"反坦克火箭弹，他们立刻就会把这种炸弹直接朝着德军发射，让对方也体味一下被反坦克炸弹击中是何种感觉。在硝烟弥漫，光线昏暗的大厦内部，不断有上方士兵从楼梯或者楼板上大洞跌下来，摔在坚硬的地面上死去。

苏军在付出惨重的代价后，终于肃清大厦底层和下面几层的德军，但是大厦上面几层的德军继续顽抗，拒不投降，他们居高临下，让苏军的攻击部队寸步难行。

朱可夫很快就了解到国会大厦还在德军的手里，他严厉地批评了沙季洛夫，说他谎报军情，简直是胡闹。

沙季洛夫为了将功补过，对他的部队下达一道死命令：不惜一切代价，尽快把红旗插到国会大厦的顶部。

4月30日18点，得到坦克全力支援的第150步兵师又派出两个突击营冲入国会大厦，苏军的实力得到极大增强。随着越来越多的德军士兵被打死，德军的抵抗力越来越弱，苏军继续朝着大厦顶部推进。

当苏军的攻击部队被守卫在国会大厦上面几层的德军拦住去路时，随行的几名坦克通信兵就会立即使用无线电，呼叫停留在国会大厦外面广场上的苏军坦克提供炮火支援。苏军坦克只要接到请求火力支援的信号，立刻就会将密集的炮弹发射到通信兵提供的坐标上，将负隅顽

红旗插上德国国会大厦

抗的德军消灭掉。

就这样，苏军战士们摸着黑一层楼一层楼地肃清残敌，并朝着国会大厦圆顶所在的方向行进。终于，几名苏军战士突破德军最后的防御火力点，并摸索着向主楼圆顶爬去。

在漆黑的乱战中，米宁中士摸到了顶层，于1945年4月30日22点30分，把一面红旗插在顶层外边被炸弹炸开一条裂缝的水泥雕塑中。代表着第3突击集团军的那面5号红旗在45分钟后，也被插在德国国会大厦的顶部。

随着德国国会大厦的陷落，柏林的城市攻防战也进入到最后阶段，整个柏林城，虽然还有部分地区有零星抵抗，但是已经无关大局，柏林的最终陷落是迟早的事。

## 第三节
## 希特勒自尽

1945年4月24日,德国著名女飞行员汉娜·莱契和空军一级上将里特·冯·格莱姆,接到德国总理府的命令,要求他们飞往柏林,与希特勒相见。

4月26日晚上,他们的乘坐的飞机飞临柏林动物园附近的机场上空。飞机在降落时遭到苏军高射炮火的猛烈袭击,格莱姆的脚被击伤。

希特勒亲自到急救室探望格莱姆,并且将召见后者的原因说了出来。德国元首把戈林"叛国"的事情告诉格莱姆,他表示戈林已经不配再领导德国空军,德国空军司令一职将由他接任。

格莱姆随即被火线提升为德国空军元帅,他是纳粹德国最晚受封的元帅,同时也是最寒酸的空军总司令,因为可供他调遣的德国飞机实在是少得可怜。

汉娜·莱契是著名的德国女飞行员,她的驾驶技术足以跟德国空军的王牌男飞行员比肩,她也跟当年的大多数德国人一样,狂热地崇拜着希特勒。她此次冒险来到柏林的目的,是希望用飞机接走希特勒,以及希特勒希望带走的人。

希特勒拒绝莱契的好意,他表示他一定要坚守柏林,直到最后一刻,他向莱契提出这样一个坚守柏林的理由:"我的好姑娘,我原本并没有打算这样做。我曾坚信在奥得河的岸边可以保卫柏林,但是,当我们尽了最大的努力仍旧失败以后,我是比别人都感到惊慌。在柏林被围以后,我曾相信我的留守会使全国军队效法我的行动前来解救柏林之围。我仍抱有希望，温克将军的部队会从南面打过来，他必须而且一定会把俄国人击退，以便解救我们。那时，我们将举行反攻并守住阵地。"

这就是希特勒26日晚上所抱有的幻想，他仍指望着温克将军的部队能够解除柏林之围，但是，当苏军的炮兵开始轰击总理府时，他又陷入绝望之中。他给莱契和格莱姆每人一瓶毒药，让他们可以在危急时刻，用比较体面的方式结束生命。

莱契和格莱姆接受了希特勒提供的毒药，他们决定在"最后时刻真正到来时"将毒药吞下去，而且为了万无一失，他们在服毒之后会将绑在身上的手榴弹引线拉掉。他们的忠诚打动了希特勒，德国元首那颗因为戈林的"背叛"而受损的心得到很大慰藉。

希特勒寄予厚望的温克将军，于4月24日对苏军发动进攻，不过温克所部军事行动的最终目的，并不是解救德国总理府地堡中的希特勒，而是攻击波茨坦，为被困在柏林的德国军民开辟一条逃往易北河的通道，另外还有向东突破苏军的防线，与第9集团军会师，把这支部队以及跟随着这支部队的德国平民给解救出来。

至4月27日拂晓，柏林已经完全被包围，就连最后的几个大型机场也被苏军占领。尽管对于希特勒地堡中的人来说，局势已经相当糟糕，不过，当温克拍来电报说他的第20军距离波茨坦只有不到10公里时，他们的忧愁情绪立即得到缓解。

德国宣传部长戈培尔立即发布广播，宣称温克的部队已经抵达波茨坦，并预言他们不久之后就会进入首都，他还用这样的谎言来鼓励还在坚守的部队："局势已经转变，肯定有利于我们，美国人正在朝着柏林进军。战争的伟大转变就在眼前。我们一定要坚守柏林等待温克的部队前来。不管代价有多大！"

普通的德国人并不知道美军已经停留在易北河畔，丝毫也没有攻击柏林的意思，不过，他们相信戈培尔的宣传，继续顽强抵抗，等待着温克的部队，也等待着美国人把他们从苏军的魔掌中解救出去。

本来，戈培尔在广播上发送军事情报的目的，是想让柏林守军看到坚持下去的希望,从而继续抵抗,不过温克却对戈培尔的做法颇为不满,因为苏军可以通过收听广播毫不费力地了解到第20军的动向,并立即集中兵力来围剿他的部队,他气哼哼地说这几乎是出卖。

在中午的例行军事会议上,希特勒大肆夸奖服从命令的温克,他称后者"是一条真正的汉子",德国元首看起来又满怀希望。不过,仅仅过了几分钟,他就又沮丧起来,他又觉得温克救援他的希望非常渺茫。又过了几分钟,他再次恢复信心,他希望苏联人会在柏林流干鲜血,最终退回东方去。就这样,曾经跺一跺脚就会使地球颤抖的德国元首,在他生命的最后时刻里,变成了一个疑神疑鬼的人。

晚间的碰头会上,柏林城防司令魏德林试图让希特勒明白,柏林全城已经被围,德军的防御圈正在迅速缩小,他说最困难的是给养不足,空军空投下来的物资根本就不够使用,他继而又谈到伤员和平民所受的苦难,他强烈建议突围。

希特勒对魏德林的话毫无反应,他此时最关心的是他自己的命运,他表示他绝不能让俄国人施奸计将他俘房,然后被斯大林关进笼子里,放在莫斯科展览,所以,他对魏德林说他不能离开柏林,如果他自己都拒绝在祖国的心脏指挥战斗的话,他怎好意思让别人为祖国献身?

魏德林无言以对,军事会议就此结束。

4月28日,苏军第1白俄罗斯方面军已经逼近柏林中心城区,距离希特勒的总理府仅有几条街的距离。

焦急的希特勒打电话给凯特尔,询问道:"急盼柏林解围。海因里希的部队在干什么?温克在什么地方?第9集团军怎么样了?温克什么时候能与第9集团军会师(来解救柏林)?"

德国总理府地堡中的每一个人都在守候着希特勒所说的3支部队,特别是温克所部的进展情况。

地堡里的人们注定是等不来任何一支部队了。第9集团军在朱可夫所部第1白俄罗斯方面军,以及科涅夫所部第1乌克兰方面军的联合碾压下,大部分官兵被歼灭在柏林东南的森林中,仅有2.5万名官兵和几千名平民成功突破第 1 乌克兰方面军设立的 3 道防线，与第 12 集团军会合。

这两个集团军会合后，温克和布赛都不打算去援救柏林，这是因为他们非常清楚，带着一支连武器弹药都不是很充足的部队去攻击苏军坦克军团，基本等于送死。

柏林北面，曼特菲尔麾下第 3 装甲集团军，抵挡不住罗科索夫斯基第 2 白俄罗斯方面军的攻势，被迫向西边打边撤，维斯瓦集团军群司令海因里希也跟着曼特菲尔一起撤往西方。此时，这两位德国将军根本就顾不上柏林，他们打算抢在苏军合围他们的部队之前，赶紧逃过易北河，去向美英盟军投降。

既然温克、布赛、曼特菲尔和海因里希都不打算援救柏林，他们自然也不会再发送什么消息给德国总理府。

地堡中的人们等来等去也等不到救援部队的消息，这令他们异常恐慌。当援兵毫无消息时，希特勒的秘书鲍曼晚上 8 点给德国海军邓尼茨发去一封求援电报，电报中说："掌握军权的人不但不敦促军队前来解围，反而保持沉默。叛变似乎已经代替忠诚。我们仍然守在这里。总理府已成一片废墟。"

不久后，鲍曼又给邓尼茨发去一个电报：

> 舍尔纳、温克等人必须火速前来解围，以证明他们对元首的忠诚。

德国海军元帅邓尼茨想必不能理解，为什么鲍曼会发电报给他来询问陆军的事情，于是，德国海军派驻总理府的代表福斯海军少将给邓尼茨打去一个电报，说德国总理府与陆军的一切联系都被切断，他希望海军的无线电能够提供一些陆军的消息。

1 个小时以后，德国总理府总算是收到一些外界的消息，不过这个消息并不是关于德国陆军动向的，而是关于德国党卫军头子希姆莱的。

德国宣传部收听英国广播公司的广播时，得悉一个惊人的消息：希姆莱瞒着希特勒，与瑞典的伯纳多特伯爵进行了多次秘密谈判，他并且还签署了一份投降书，打算让西线德军向艾森豪威尔投降。

当希特勒听说对他绝对忠诚的希姆莱，居然瞒着他私自与西方谈判并且还打算投降时，他怒不可遏，发了好大一阵脾气，他对他的部下说，他所遇到的所有叛国行为中这个是最严重的。

希姆莱在希特勒尚未自尽时就火急火燎地签下投降书，而且西方国家居然还直接把这个秘密协定给公布出来，他的这个草率行为看起来马上就要给他带来灾祸了。希特勒打算毫不留情地除掉希姆莱。

随后的晚间会议上，魏德林向希特勒报告苏军最新的进展情况，他说苏军正在攻击国会大厦，不久就会到达总理府，守军的状况非常糟糕，所有的武器、粮食和军需供应站都已陷入敌手，再过两天，他的部队就会弹尽粮绝，无法再战。

魏德林说完战场的形势，便提议从柏林突围出去，他早已制定详细的计划，并把他的计划念了一遍。戈培尔认为突围计划纯属异想天开，而德国陆军总参谋长却认为值得一试，当然，是否突围需要由希特勒来决定。

希特勒对突围行动并不感兴趣，他问魏德林："突围若真的成功了又能怎样呢？这只不过是从一个锅底掉入另一个锅底罢了。我作为元首，难道就睡在田间，或某农庄里，坐待末日不成？"

德国元首的意思相当明确，与其突围出去被盟军或者苏军抓捕，他还不如像个烈士那样死在德国总理府。

魏德林的突围计划没有获得通过，他只好返回前线继续指挥战斗。希特勒离开会议室后，便去看望脚部负伤的格莱姆，女飞行员莱契正好也在那里。

希特勒坐在格莱姆的床边，将希姆莱背叛他的事说了出来，然后，他委托莱契和格莱姆为他做两件事：第一件事，他要求莱契驾驶飞机把格莱姆带至莱希林机场，在那里组织机群，轰炸正在进攻德国国会大厦的苏军；第二件事，他要求格莱姆以他的名义将希姆莱作为叛国贼加以逮捕，他说一个卖国贼是不能继承他的位子当元首的，他让格莱姆和莱契无论如何也要阻止希姆莱继承他的位子。

格莱姆忍着痛与莱契钻进一辆装甲车，来到勃兰登堡门附近的一个简易机场。他们登上一架教练机，莱契驾驶着它腾空而起。凭借着高超的驾驶技术，莱契成功地带着格莱姆飞离一片火海的柏林。

4月29日凌晨1点至3点，德国总理府地堡的会议室里举行了一个简短的结婚仪式，新郎是希特勒，新娘是希特勒的情妇爱娃·布劳恩。

爱娃·布劳恩1929年与希特勒相识并相恋，她十几年来一直守候着希特勒，并且在希特勒决定留守柏林时，毅然决定留下与元首共赴黄泉。

希特勒一直以来都认为，婚姻会阻碍他把全部精力用于领导他的纳粹党获得政权，领导他的国家称霸世界，所以他始终没有给布劳恩一个妻子的名分。现在，他已经没有什么可以领导的了，他决定跟布劳恩结婚。

一个名叫瓦尔特·瓦格纳的柏林市议员被请来主持希特勒的婚礼，仪式十分简单，新郎希特勒和新娘爱娃·布劳恩都宣称，他们是纯雅利安人，没有遗传病症。由于当时的军事形势和非常状态，他们决定只作口头仪式。

婚礼结束后，希特勒离开会议室，来到隔壁的房间。他叫来秘书特劳德尔·荣格，开始口述他的遗嘱。

希特勒的遗嘱有两个，一个是政治遗嘱，一个是私人遗嘱。

在政治遗嘱中，希特勒强调说，战争是犹太人和为犹太财团服务的国际政治家挑起的，他本人和德国的任何一个人，都不想进行战争，然后又说他将自尽，不过他命令他的将领们继续进行斗争，最后，他拟定一份新政府成员的名单。他革除了戈林和希姆莱的一切职务，指定邓尼茨作为他的接班人担任德国总统和德国武装力量总司令，戈培尔出任总理，鲍曼出任党务部主任。

为希特勒的遗嘱做记录的特劳德尔非常不能理解的是，如果德国被敌人毁灭掉，国家社会主义也被消灭时，这些所谓的"新政府"首脑又有什么可做的呢？

在私人遗嘱中,希特勒解释了他的婚姻,处理了他的财产,并宣布他将自杀。

宣读完遗嘱,希特勒便命令特劳德尔将它们打印出来。为了使这两份重要遗嘱不至于遗失和转交方便,希特勒特别要求特劳德尔每一个遗嘱都打印3份。

希特勒在每一份遗嘱上都签上字,戈培尔、鲍曼、克莱勃斯和布格多夫作为政治遗嘱的见证人也签了名,随后,戈培尔、鲍曼和希特勒的空军副官科拉·冯·贝洛上校,又作为元首私人遗嘱的见证人签字。

29日上午,苏军的部队兵分3路,正朝着德国元首的地堡逼近。鲍曼选择3个信使把希特勒的遗嘱的副本带出去,这3个信使分别是希特勒的军事副官维利·约翰迈耶少校,党卫军军官个鲍曼的顾问威廉·山德尔,还有宣传部的官员海因茨·洛伦兹。

这3个信使中,洛伦兹和山德尔负责将遗嘱带给海军元帅邓尼茨,约翰迈耶负责将遗嘱带给还在捷克斯洛伐克的波西米亚山区里奋战的舍尔纳陆军元帅。

29日下午,德国总理府的地下避弹室收到来自外界的最后一批消息,希特勒的伙伴,意大利的独裁者已经毙命,陪着他死去的是他的情妇克拉拉·贝塔西。

他们是在4月26日企图从意大利北部逃往瑞士时,被意大利游击队捕获的。4月28日,几个手提机枪手处死了墨索里尼和他情妇,他们的尸体被运到米兰城示众。

这个消息令希特勒异常担心他的尸身也会遭遇如此对待,所以他对自己的手下说,如果他自尽身亡,就把他的尸体完全焚毁。

在当天的最后一次碰头会上,魏德林带来最新战报,他表示战斗打得异常残酷,他们已经没有什么希望了,他悲观地预言,24个小时之内他的部队就会耗尽弹药,那个时候战斗就将结束。

众人大吃一惊,默然无语。魏德林趁机再次请求突围,希特勒拒绝他的请求,但他允许少数人突围出去,然后他又补充说,投降是不可能的。

## 法西斯的覆灭
·faxisi de fumie·

### 攻克柏林
·gongke bolin·

希特勒自杀

魏德林有些不能理解元首的话，但其实希特勒的意思是他本人既不愿意突围也不愿意投降，但他允许其他人这么做。

4月30日凌晨，当苏军正在发起攻打国会大厦的军事行动时，希特勒在地堡的大饭厅里向20名左右的军官和女秘书们道别，他眼睛湿润，与众人一一握手，然后回到自己的卧室。

30日中午，苏军已经推进到国会大厦和柏林动物园附近，距离德国总理府只有一条街。德国元首阿道夫·希特勒实现他决心的时刻到了。

1945年4月30日，星期一，15点30分，希特勒与他的新婚妻子爱娃·布劳恩双双自杀身亡，他们的尸身被运至总理府花园，浇上汽油，烧成了灰烬。

德国法西斯的头子希特勒，在大厦将倾之际结束了他的生命，他的手下们在参加完他的火葬仪式之后，便开始为自己的前程作打算，他们此时最迫切的愿望就是赶紧离开柏林，无论如何都不能落入苏军的手里。

## 第四节
## 德国法西斯覆灭

希特勒死了,他的亲信鲍曼和戈培尔打算执行他的遗嘱。在鲍曼和戈培尔看来,任命邓尼茨为德国元首继承人的遗嘱,依靠那几个送信的人很难送到邓尼茨手中,目前最稳妥的办法是通过无线电将消息告诉邓尼茨。

由于鲍曼在希特勒死前一直担当着为德国元首起草命令并与外界联系的任务,这个工作理应由他来完成。不过,鲍曼却在犹豫到底该不该把希特勒已死的消息告诉邓尼茨,他很清楚,只要邓尼茨接任德国元首之位,那么邓尼茨必然会任用自己的亲信来掌握政府,他就会失去目前已经掌握的权力——可以假借希特勒的名义发号施令的权力。

尝过权力的滋味之后,鲍曼舍不得手中的权力,于是他打算先不把希特勒已经死亡的消息告诉邓尼茨,先只告诉对方希特勒打算让他继承德国元首的职位,这样,邓尼茨以为希特勒尚在人间,就一定会努力派兵来营救希特勒。等到邓尼茨派来的援兵将他们还困在地堡中人解救出去时,鲍曼就会抓住机会,争取第一个将德国元首已经死亡的消息告诉邓尼茨,以便赢得新任元首的欢心,在新的政府里继续担当要职。

鲍曼打定主意,便给邓尼茨拍发一份电报:

> 德国海军元帅邓尼茨,元首任命你为继承人,以代替前帝国元帅戈林。任命状现在途中。你必须采取适应形势需要的一切措施。

按照原定的计划，鲍曼并未说明希特勒已经自杀身亡。

正在德国石勒苏益格邦普罗恩地区指挥北部德国军队的邓尼茨，接到这个消息时大吃一惊。邓尼茨从未想过他居然可以接任德国元首的职位，他一直以为戈林下台后，德国元首最合理的继任者应当是希姆莱，所以在两天以前，他还专门跑到希姆莱的住处，表示如果希姆莱当上德国元首，他一定会协助对方开展工作。

当然，对希特勒较为忠诚的邓尼茨并不想违背德国元首的命令，他接受任命，并且给他所认为的还活在人间的希特勒发送了这样一封电报：

> 我的元首！我对您的忠诚是无条件的。我将尽一切努力解除柏林之围。然而如果命运一定要我作为您的继承人统治德国的话，我将把战争打到底，以便无愧于德国人民的史无前例的、英勇的斗争。

鲍曼和戈培尔收到了邓尼茨的回电，他们发现对希特勒是很忠诚的。德国海军元帅到了这个地步，还在想着解救希特勒和他们这些还留在元首地下避弹室的人，但他们此时非常清楚，即便邓尼茨现在就发兵来解柏林之围也来不及了，因为苏军现在就在总理府的外面，而邓尼茨的部队估计还在组织之中。

为了脱离危险，鲍曼和戈培尔产生了一个新的想法，他们决定尝试跟苏联人谈判。仍然留在德国总理府地下避弹室的德国陆军参谋总长克莱勃斯将军，是个"俄国通"，鲍曼和戈培尔打算让克莱勃斯将军出面跟苏联人周旋，看能不能搞到一条生路。

克莱勃斯将军得到的谈判条件是：德军放弃柏林，苏军放戈培尔、鲍曼和德国总理府地堡中的其他人一条生路，以便他们到邓尼茨的新政府里去任职。

德国人通过无线电向苏军提出谈判的要求，苏军接受德国人的请求，双方约定在崔可夫所部第8近卫集团军的作战区域内安排停火，进行谈判行动。

1945年4月30日22点，克莱勃斯将军带着一名副官和一个俄语翻译来到前线。5月1日凌晨4点钟之前，他们被带到崔可夫将军设在舒伦堡的指挥部。

克莱勃斯见到崔可夫后，先习惯性地给对方行一个举手礼，然后以一副极为神秘地语气对崔可夫说道："我要告诉您一个极为机密的事情。您将是我通知此事的第一个外国人。4月30日，希特勒已经通过自杀结束了自己的生命，自愿离开了我们。"

崔可夫闻听此言，内心中立即翻江倒海，但他却忍住狂喜的情绪，以一副波澜不惊地语气说道："这件事我们已经知道了。"

回答这句话时，崔可夫的脸色并无任何变化，令克莱勃斯很为惊奇，他不明白苏联人为何在听闻希特勒死讯时会如此镇定。其实，崔可夫听说苏联的头号敌人希特勒自尽而亡时，非常兴奋，不过他不想表现的过于高兴，以免克莱勃斯抓住这一点，在谈判中提出一些不恰当的条件。

谈判正式开始，克莱勃斯首先宣读希特勒的遗嘱，然后又宣读戈培尔的声明："为已遭受战争创伤的国家寻找一个最令人满意的出路。"

崔可夫问克莱勃斯，所谓的给德国找到一条最令人满意的出路，是否指的是德国无条件投降。

克莱勃斯有意回避无条件投降这件事，他转而提出一个全新建议："还有结束战争的其他方式。为此，必须组成以邓尼茨为首的新政府，这个新政府将与苏联通过谈判解决（德国的前途）问题。"

崔可夫表示苏联绝对不会跟现在的纳粹政府对话，德国的最合理出路就是无条件投降，等候反法西斯同盟国的处置。

克莱勃斯坚持必须由邓尼茨的新政府与苏联商谈苏德之间结束战争状态，恢复和平的相关事宜。

崔可夫见克莱勃斯如此坚定，不免有些拿不定主意，他当即打电话给朱可夫，将谈判中发生的所有情况告诉后者。朱可夫立刻派他的副手罗科索夫斯基前往崔可夫的指挥部，直接参与谈判。他接着又给远在莫斯科的斯大林打了一个电话。

苏联统帅当时已经休息，他的副官好心提醒朱可夫不要因为一些不太重要的事打搅领袖的美梦，但朱可夫却说事态紧急，务必要叫醒斯大林。

斯大林几分钟以后接了电话，朱可夫先汇报希特勒自杀的事情。斯大林听说希特勒自尽时，不胜唏嘘，他对苏军不能活捉希特勒而惋惜，他接着问朱可夫，希特勒的尸骨在什么地方？

朱可夫说，已被烧为灰烬。斯大林闻言，不再关注希特勒，他转而对目前正在进行的谈判提出指导意见，他对朱可夫说："告诉罗科索夫斯基，德国必须无条件投降，不要同克莱勃斯和希特勒政权的任何人谈判。"

朱可夫将斯大林的指示告知崔可夫，于是，崔可夫便提醒克莱勃斯，不要再耍花样，德国只有无条件投降这一条路可以走。

克莱勃斯顽强地说，他没有权力让德国无条件投降，只有邓尼茨代表的德国政府有这个权力，所以苏联一定要承认邓尼茨的政府，只有那样，德国才能向苏军投降，从而阻止"叛国者"与美国人和英国人单独签订投降协定。

崔可夫大概明白了德国人的意图，他认为德国人是想借着西方和苏联的矛盾，让苏联承认邓尼茨的政府，只要邓尼茨领导的新政府成为合法政府，新的德国政府就可以向反法西斯同盟国无条件投降，在盟国的监督下继续统治德国。他直截了当地告知克莱勃斯，西方国家拒绝与希姆莱单独谈判，德国必须向反法西斯同盟国中的所有国家投降，不要玩一些挑拨离间的小伎俩。

罗科索夫斯基随后也加入谈判，他转述朱可夫的最后通牒：戈培尔和鲍曼如果不同意无条件投降，就将柏林炸成废墟。无条件投降的最后期限是1945年5月1日早上10点15分。

克莱勃斯坚持说他不能决定德国的命运，罗科索夫斯基便说他可以提供电台或者汽车，让克莱勃斯把苏联提出的条件汇报给戈培尔和鲍曼，克莱勃斯同意。

崔可夫的指挥部与德国总理府之间很快就建立起通信联系，克莱勃斯告知戈培尔和鲍曼德国只能无条件投降，除此之外，别无他路。

戈培尔和鲍曼当然不愿意无条件投降，他们知道自己若不能取得合法政府首脑的身份，下场一定会是被苏联人处死，所以他们打定主意不投降，他们让克莱勃斯回到德国总理府中来。

既然戈培尔和鲍曼都不愿意投降，苏军也就不再客气了，当预定的投降时限超过以后，苏军又对柏林城里的德国守军发动猛烈的进攻。

鲍曼在5月1日上午11点钟给邓尼茨发去一封电报，电报中，鲍曼表示他将从柏林突围，到邓尼茨所在的指挥部去。

电报中，鲍曼仍然没有说明希特勒已死，他只是说遗嘱已经生效，邓尼茨已经是德国元首，他还在想着他要当第一个把希特勒已死的消息告诉邓尼茨的人，他还想着在新政府里接着当元首秘书。

鲍曼终于要逃跑了，尽管鲍曼曾在柏林战役期间，下令处死不肯坚持抵抗的任何一个人，但这丝毫不妨碍他在危险来临的时刻制定逃跑计划，他为了逃得更顺利，甚至还早就准备了好几套平民服饰。

而戈培尔跟鲍曼不一样，他不想逃亡，他决定效法希特勒在柏林自尽，为国家社会主义殉葬，他将希特勒已死的消息和新政府的成员名单告知邓尼茨，然后他派人毒死自己的6个孩子。戈培尔与他的妻子在德国总理府的花园里，被一个党卫队的勤务兵开枪打死，然后，按照他的命令，他的手下将4桶汽油泼在他和他妻子的尸身上，点火焚烧起来。

与希特勒的火葬不同，戈培尔的火葬进行得并不彻底，奉命焚烧他和他妻子尸体的人都急着从德国总理府的地堡里逃出去，没人去管戈培尔和他妻子的尸体是否已经烧为灰烬，结果，苏军战

戈培尔

士第二天来到德国总理府时，一下子就认出了戈培尔的尸体。

5月1日晚上9点钟，苏军距离德国总理府的地堡越来越近，德国元首的近600名侍从人员开始谋划着如何渡过施普雷河向德国北部逃跑。

晚上11点，鲍曼带着地堡中人，加上一些德国平民，在"诺兰德"师一辆"虎"式坦克和几辆自行火炮的掩护下，朝着柏林北部突围。

这么一大群人很快就引起苏军的注意，这支逃亡大军被苏军围住，遭受到毁灭性的打击。在混战中，自己贪生怕死、却要求别人勇敢抗敌的鲍曼死于非命，其他人则四散奔逃，至于到底能不能逃出苏军的重围，就要看他们的运气了。

晚上10点钟，汉堡的德国电台公布希特勒的死讯，然后，邓尼茨作为德国新元首发布广播讲话："我的任务是拯救德国，使他不致遭受向我们进攻的布尔什维克敌人的破坏。正是为了这个目的，才要继续把军事斗争进行下去。只要英国人和美国人阻挠这个目的的实现，我们也就不得不继续进行抵抗他们的防御战。但是，在这样的情况下，英美两国的作战不是为了他们人民的利益，而只是为了在欧洲散布布尔什维克主义。"

邓尼茨的讲话充满挑拨离间，他想让西方国家明白，希特勒死后，他领导的德国将是西方国家对抗苏联的伙伴，德国与西方是一个阵营，他希望借此保存他的政府。

艾森豪威尔识破了邓尼茨的计谋，他让人明白无误地告诉德国人，盟军与苏军的盟友关系坚如磐石，不会破裂，他告诉邓尼茨，如果德国要全面投降，就必须向美、英、苏三国代表递交投降书，他不接受德国单独向美英盟军投降。

于是，邓尼茨的诡计就此落空，他所不能明白的是，对于美国人来说，也许布尔什维克主义在将来会对资本主义国家带来威胁，但是至少目前日本和纳粹主义的威胁更大，所以德国的纳粹政府必须被完全消灭掉才行。

5月2日凌晨1点钟，刚刚入睡的崔可夫被叫醒，苏军通信员告知崔可夫，德国柏林守军派来使者来到前线，要求停火。崔可夫立即起床接见德军使者冯·杜温上校和另外两名少校。这次德国人不再有什么指望,他们同意无条件投降,但是希望苏军能够相对人道地对待德军战俘,这个要求不算过分,崔可夫满口答应。

凌晨6点,柏林城防司令魏德林带着他的参谋人员来到崔可夫的指挥部,罗科索夫斯基和崔可夫早已恭候多时。

魏德林在他参谋人员的帮助下,拟定这样一份命令:"4月30日,元首已经自杀,也抛弃了我们这些曾经效忠他的人。根据元首的命令,我们德国军队还应该为保卫柏林而战,但是,我们已有的弹药已经消耗殆尽,从总的形势来看,我们抵抗已经毫无意义。我命令'立即停止抵抗。'"这份命令的落款是柏林城防司令魏德林,并附有魏德林本人的签名。

罗科索夫斯基从魏德林手中接过柏林守军投降令,命令手下们复印多份,拿到前线去散发,苏军电台也及时播出这一消息。

还在苦战的德军官兵们听到这一消息,如释重负,他们其实早就不想再打下去,他们将自己手里的枪支交到苏军手里,乖乖地进入战俘营,等待着苏军的处置。

柏林战役就此结束,苏军在经历长达半个多月的苦战后,终于完全占领纳粹德国首都柏林,德国法西斯的末日到来。

1945年5月4日,德军最高统帅部命令所有在德国西北部、丹麦和荷兰的德军向英陆军元帅蒙哥马利投降。第二天,凯塞林领导的G集团军,包括驻扎在阿尔卑斯山北部的部队,全部投降。而驻守在意大利北部的德军,早在4月29日,德国元首希特勒自杀前就已全部投降。意大利的德军投降时,由于通信不畅,希特勒并未获悉意大利的部队投降的消息,这让他在自杀前能够稍微舒服一点,不然,他死都不能瞑目。

5月5日,新任德国海军司令汉斯·冯·弗莱德堡将军,来到设在莱姆斯的艾森豪威尔总部接洽投降事宜,他在谈判时东拉西扯,企图拖延时间,以便让更多的德国人进入美英盟军的占领区,使他们能够向美英盟军投降。

艾森豪威尔对德国人的拖沓行为很有些不耐烦,他威胁说如果德国不

## 法西斯的覆灭 攻克柏林

德国投降

认真对待谈判,他就下令封锁盟军的战线,不让德国人进入盟军控制区。

弗莱德堡只好认真洽谈投降事宜。

5月7日凌晨2点41分,在艾森豪威尔的总部——莱姆斯的一所学校里,举行了德国无条件投降的签字仪式。代表盟军在德国投降书上签字的是瓦尔特·比德尔·史密斯将军,代表苏联作为见证人签字的是伊凡·苏思洛巴诺夫将军,作为法国见证人签字的是弗朗索瓦·赛维兹将军,代表德国签字的是海军上将弗雷德堡和约德尔将军。

签字仪式结束时,约德尔将军要求讲话,得到了允许。约德尔将军请求战胜国宽大地对待德国。盟军和苏军代表对此没有任何反应。

纳粹德国无条件投降,艾森豪威尔感到非常高兴,但莫斯科却对这个投降书颇有微词,苏联人认为苏联在消灭德国法西斯的战争中居功至伟,德国人却只向美英盟军正式投降,这令他们有些不满,苏军参谋长安东诺夫向艾森豪威尔建议,在苏军刚刚攻克不久的柏林举行一个由苏联主持的德国投降仪式,并签署一个正式的投降文件,来代替在莱姆斯签订的这个。

艾森豪威尔认为苏联方面的要求不算过分,他同意安东诺夫的要求。

1945年5月8日,美、苏、英、法、德等五国代表齐聚柏林,参加由苏联元帅朱可夫主持的纳粹德国无条件投降仪式。

德国代表们在无条件投降书上签下他们的名字，朱可夫元帅代表苏联签字，然后美英法三国代表签字。这下苏联人总算是满意了。

1945年5月8日午夜，欧洲的炮火和战斗全部停止。

1933年至1945年，存在了12年之久的纳粹德国在这场战争后完全灭亡，在第一次世界大战结束时，德国本土还在德国人的手里，而这次战争结束后，整个德国，包括最小的村庄在内，都被盟军或者苏军占领着。

德国法西斯的所有高层政要，或者自杀，或者被杀，剩下的也被盟军或者苏军收押，等待着他们的将是正义的审判。

长达6年之久的欧洲战争结束了，和平降临了欧洲大地，人们接下来要开始重建自己的家园。他们希望地球上永远不再有战争！